U0794067

见识城邦

更新知识地图　拓展认知边界

THE POWER OF CONTEXT

How to Manage Our Bias and Improve Our Understanding of Others

情境的力量

如何管理认知偏差并提升对他人的理解

Daniel R. Stalder

[美] 丹尼尔·R. 斯塔尔德 著

王雨程 译

中信出版集团 | 北京

图书在版编目（CIP）数据

情境的力量 /（美）丹尼尔 · R. 斯塔尔德著；王雨程译 . —北京：中信出版社，2023.2

书名原文：The Power of Context: How to Manage Our Bias and Improve Our Understanding of Others

ISBN 978-7-5217-4991-5

Ⅰ . ①情… Ⅱ . ①丹… ②王… Ⅲ . ①社会心理学 Ⅳ . ① C912.6-0

中国版本图书馆 CIP 数据核字（2023）第 002550 号

情境的力量

著者：　［美］丹尼尔 · R. 斯塔尔德

译者：　王雨程

出版发行：中信出版集团股份有限公司

（北京市朝阳区东三环北路 27 号嘉铭中心　邮编　100020）

承印者：　北京诚信伟业印刷有限公司

开本：787mm × 1092mm　1/16　　印张：23.25　　字数：257 千字

版次：2023 年 2 月第 1 版　　印次：2023 年 2 月第 1 次印刷

京权图字：01-2019-8005　　书号：ISBN 978-7-5217-4991-5

定价：88.00 元

服务热线：400-600-8099

投稿邮箱：author@citicpub.com

目 录

CONTENTS

导　言

社会判断和认知偏差

不妄下论断，你就永远不会犯错。

——让-雅克·卢梭，哲学家

犯错是人之天性。

——亚历山大·蒲柏，诗人

这已是一个研究谬误的伟大时代。

——戴维·布鲁克斯（David Brooks），《纽约时报》专栏作家

做疯狂事之人，不一定是疯癫之人。

——艾略特·阿伦森（Elliot Aronson），

《社会性动物》（*The Social Animal*）的作者

人们很容易认为，持久的信念和欲望模式是人们行动的原因，但很难考虑到临时处境对人们的行动有着令人惊异的巨大影响。当我们观察他人时，我们总是轻易下结论，很少全面思考。无论未来对这一现象的解释采取何种形式或呈现何种样式，这一微小事实必定是导致我们经常错误评判彼此的诸多原因之一。

——丹尼尔·吉尔伯特（Daniel Gilbert）、布雷特·佩勒姆（Brett Pelham）和

道格拉斯·克鲁尔（Douglas Krull），论文《良好观念的心理学》的作者

在与他人相处的过程中，我们总免不了相互评判。我们做出的评判就是社会判断。“评判”可能是冒犯他人的字眼，但有时我们必须这么做。

如果有人喜欢你，想约你出去喝杯咖啡或看场电影，正好你也有空，那么你就必须确定自己对他的看法，也就是你必须评判这个人。你必须回答“是”或“否”，或者委婉地拒绝，再或者在恰当的时机向他传递你的看法。人人都擅长评价他人。社会判断不一定是负面的，也不一定言之凿凿。或许你会给他一次机会——先约会，而后静观其变，毕竟约会不是求婚。但是如果真有人向你求婚，那么你真的要确定自己的想法。和答应第一次约会相比，答应他人的求婚更需判断的确定性。

在投票之前，你必须对那些竞选公职的候选人做出判断。你可以去看关于候选人的新闻、演讲和文章，试着做出明智的决定，或者相信自己的直觉。绝大部分人认为自己的决定是明智的，但实际上只是在依靠直觉。[1]陪审团成员必须判断被告是否有罪，面试官必须判断求职者是否胜任这份工作，教师必须评判学生。在综艺节目《天桥骄子》* 中，名流必须评判设计师。诸如此类，数不胜数。

当然，这些判断不必涵盖被评判者的所有方面。陪审团不需要判

* 《天桥骄子》（*Project Runway*）是美国的一档真人秀，旨在为天才设计师提供一个展示自己精湛设计才华和独特审美观的机会。——译者注（以下如无特殊说明，脚注均为译者注）

断被告是不是一个幽默的约会对象，而只需要判断被告是否有犯罪动机。教师不需要评判学生的外向程度，只需要评判学生在一门课程中学到了多少内容。我们经常情不自禁地评判，在需要评判的领域之外也是如此。正如教师对学生总有一大堆看法，学生对教师也是如此。

本书要传达的信息是，无论评判的领域是什么，我们确实在评判彼此。有时我们不得不这么做，而其他时候我们无意识地这样做。我写这本书的目的不是想告诉你不要评判。评判是人性的一部分，尽管有些人评判得多一点，有些评判的后果更加严重一点。

在社会心理学领域，有关社会判断的一种理论是归因理论（attribution theory）。归因是诸多社会判断的一部分，用于解释个体的行为或行为产生的结果。进行归因意味着推断行为或结果的产生原因。本书尤其关注归因理论和我们在归因时所犯的错误。如果误解了他人行动的原因或者他人以特定方式结束自己行动的原因，那么我们就很难依据其行动或行动的结果对其做出准确评判。

乔治·齐默尔曼为什么会射杀特雷沃恩·马丁

人们有时会基于大量信息，深思熟虑后做出社会判断，但是绝大多数时候人们不假思索，在缺少必要信息的情况下，快速做出社会判断——用马尔科姆·格拉德威尔（Malcolm Gladwell）的话描述就是“眨眼之间”（blink speed）。在这样的情况下，产生谬误在所难免。但最重要的是，大多数社会判断是在过度自信和确定的情况下做出的。[2]

在备受关注的乔治·齐默尔曼（George Zimmerman）事件中，以及在此后诸多与种族有关的悲剧中，此类事件发生仅数小时后，各方就对事件发生的原因深信不疑。2012年，一个名叫乔治·齐默尔曼的白人或西班牙裔（多指拉美裔）男子枪杀了一个名叫特雷沃恩·马丁（Trayvon Martin）的17岁黑人青年。齐默尔曼隶属邻里联防组织。马丁最近才搬到这里，案发时他正走路回家。为什么齐默尔曼会向马丁开枪？出于自卫吗？齐默尔曼是否以种族特征来推测马丁的行动意图？案发当天的911报警电话录音中有男子的尖叫，它来自齐默尔曼还是马丁？

陪审团做出的判断非常重要，最终乔治·齐默尔曼被判无罪。两人的朋友、家人，博主，记者，有线电视新闻主播和他们的嘉宾，以及脸书和推特上的不少网友也做出了判断。你可以回想一下，案件的最终结果是否让你对陪审团或者美国司法体系感到愤怒？陪审团的无罪裁决是否让你备感欣慰？你的情绪可能取决于你对齐默尔曼和马丁的判断，以及你对谁应该为致命的枪击负责的判断。

我感兴趣的不是陪审团的裁决，而是为什么如此多的市民能够快速且坚定地相信枪击案发生的原因。因为没有目击者，专家和其他出庭证人对录音中尖叫声的解释也莫衷一是。齐默尔曼的家人认为尖叫声像是齐默尔曼的，而马丁的家人认为是马丁的。但是，“显而易见的是”，在一些人看来，齐默尔曼针对马丁的致命行动存在种族歧视，而在另外一些人看来，马丁“毫无疑问”袭击了齐默尔曼。如果仅仅认为不同人有不同观点，那么这一“显而易见”的认知要么是幼稚的，要么带有种族歧视，要么对社会有害。

当然，每个人都有权形成自己的观点。我目前对双方的立场持开放态度，如果坚持某一立场的读者对此心烦意乱，我只能感到抱歉。我关注的是，双方似乎都是理性之人，但他们为什么对枪击案发生的原因深信不疑。在审判之前，双方都坚信自己是正确的，甚至某些社会科学家也是如此，而在我看来，他们接受的训练应该阻止他们妄下结论。

美国全国广播公司（NBC）剪辑的报警录音需要对审判前双方坚信自己是正确的这一点负些责任。在枪击发生之前，齐默尔曼拨打911报警，以种族原因怀疑马丁的行为。齐默尔曼报告说："这家伙看上去图谋不轨……他看起来是黑人。"但完整版的录音表明，齐默尔曼之所以提到马丁的种族身份，是因为911接线员要他说明这一点。NBC故意剪掉了中间的提问。这就是断章取义！[3]我将在第二章进一步讨论这个例子，讨论许多人对自己的判断深信不疑的可能原因。既然有人确信乔治·齐默尔曼有种族主义倾向完全是因为911报警录音，那么我将讨论为什么有些人在听到完整版的录音之后仍然坚信自己的判断。

当然，我不知道那晚枪击事件背后的动机是什么，也不知道录音中的尖叫声是谁的。这本书要传达的另一个信息是，我们可能永远也无法确切地知道一些事发生的原因。在齐默尔曼的例子中，要么一方是对的，而另一方是错的，要么两人在真假难分的情况下都做出了错误的抉择。我并没有尝试为他们的行动找理由，但是我们可能永远不会知道谁更正确。事实上，我们永远无法确定他人绝大多数行为发生的原因，因为私下里我们并不了解他们，但有时即使了解他们，也找不到行为发生的原因。

不可避免的“不知”（not-knowing）会困扰许多人，所以我在导言一开始就提到这一概念，让各位读者尽早习惯。与“不知”和不确定性相处得越好，越能减少认知偏差，只是很少有人知道这一策略。

认知偏差日常案例

我们如何评判彼此，我们如何归因，此类例子数不胜数。有人跌倒了，我们认为这是他的笨拙所导致的。有人言语粗鲁，我们认为他刻薄。有人高速追尾，我们认为他是笨蛋或混蛋。有人开会或者上课迟到，我们可能推测他对此不感兴趣，或者懒散、习惯不好。有人对我们暴力相向，我们无一例外地推测对方是邪恶之徒。我们经常将社会中的贫困归咎于贫苦之人。为何会出现谴责受害者行为？可能的原因或许会让你惊讶不已，下文将讨论这一点。

我们无时无刻不在做出这样的判断。虽然不是所有人都会做出相同的判断，但是人们会因为好奇心、生物进化，或者其他可能的原因，试着根据他们在彼此身上观察到的得出一致的结论。但是另一部分人经常让我们得出错误的结论。我们的社会判断面临诸多严重的认知偏差风险。之所以有风险，部分原因是我们经常快速且过于自信地做出判断。

到目前为止的案例中，人们解释他人行动时聚焦于他人的人格特质或意图，而丝毫不考虑情境因素（被剪辑过的 911 报警录音所丢失的信息就是情境因素）。这一归因模式或倾向极为常见，它是基本归因错误（fundamental attribution error，简称FAE）的一部分。尽管术语落脚在“错误”，但这一倾向所导致的结果并不总是错误的。例如，一些高速追尾者确实是白痴和混蛋。然而，即使有证据表明不是如此，我们在解释他人行动时，还是倾向于关注他人的人格特质或意图，因为绝大多数人无法控制自己。无意识的认知偏差会产生诸多后果。针对基本归因错误，我们还有不少内容可以讨论。[4]

如果我们做出上述行为，那又会做何解释？我们跌倒，是因为我们笨拙吗？有可能是我们被推搡了。言语粗鲁，是因为我们刻薄吗？或许是那个人自找的，也有可能是我们心情不好。高速追尾，是因为我们愚蠢吗？或许我们此前正在尽可能小心地驾驶以便准时抵达重要的地方。我们迟到，难道是因为我们习惯不好吗？或许是因为有事难以及时脱身，当然也有可能是前面缓慢行驶的车辆导致我们高速追尾而无法按时抵达。

解释自己的行为，尤其是负面行为时，我们经常做出与基本归因错误不同的解释，也就是关注情境和特殊情形的解释。我们评判自己和他人的相同行为时存在差异，这一差异有很多称呼：双重标准，“严以律人，宽以待己”，责人不责己，虚伪。社会心理学称之为“行动者–观察者偏差”（actor-observer bias）。

实际上，情境可以解释我们不恰当的行为，甚至没有相关情境时，我们也会构造情境或夸大无关情境与行为之间的相关性。行动者–观察者偏差的诸多案例来自自我保护，还来自一个事实，也就是我们能从怀疑中受益。恰当的自我保护是人类机能正常运转的基本构件——它最终被证明是一种健康的心理机制。然而，也有额外的理由说明行动者–观察者偏差与自我保护、心理健康无关，那就是我们对自己当时的处境（情境）知道得更多一点。

绝大多数人感知自我、他人和世界的方式存在偏差，而且有许多种偏差。我们倾向于将成功归因于自己，而因自己的失败遣责他人。我们低估坏事发生的可能性，而高估好事发生的可能性。我们高估他人赞同自己的程度。我们认为在日常生活中自己擅长的技能远比自己所不擅长的技能重要。我们感觉自己对生活有不错的掌控力，但实际上并没有那么好。我们眼中的世界比真实世界更加公正。我们关注支持自己观点的证据，忽视甚至曲解反驳自己观点的证据，也讨厌提供此类证据的人。我们认为主流政治新闻偏向于支持我们不支持的政党。我们基于刻板印象评判他人，基于他人是否与我们属于同一个群体（如种族、政党，无论什么）评判他人，也基于最容易获取的记忆或最近的记忆评判他人。[5]

人们很难意识到出现在自己身上的大多数错误或认知偏差，却很容易从他人身上看到。上文已经提到，在充满认知偏差的判断中，我们经常表现得非常自信，但又没任何证据支持我们可以如此自信。认知偏差和错误感知（misperception，也译“误解”“知觉错误”）的例子真是不胜枚举。

最近几年，认知偏差和错误感知已经成为众多非虚构著作的内容，例如《认知力：如何超越认知盲点》（*Blindspot*）、《盲目的点》（*Blind Spots*）、《愚蠢的错误》（*Blunder*）、《切勿相信你所认为的任何事》（*Don't Believe Everything You Think*）、《看不见的大猩猩》（*The Invisible Gorilla*）、《逻辑思维》（*Mindware*）、《我懂你：如何运用

“第六感”提高洞察力》(*Mindwise*)、《怪诞行为学：可预测的非理性》(*Predictably Irrational*)、《任何人都会有的思考盲点》(*You Are Not So Smart*)、《错觉》(*Why We Make Mistakes*)。此类著作的出版数量反映出认知偏差之多，读者关心认知偏差之心切，以及对某些读者而言，避免认知偏差之渴望。

然而，哲学家让-雅克·卢梭曾经说过，避免错误的唯一方法就是不妄下论断。有不少格言也表明了类似观点，诸如，“人人都会犯错”，“不经一事，不长一智”，“人无完人”。此类格言的存在并不意味着我们应该停止评判彼此，也不意味着我们要为自己的错误找借口，当然更不意味着我们所有人都有认知偏差，个人无法自我提升。

希望你读完这本书之后，做出带有认知偏差的判断的频率会较现在有所降低。另一方面，如果你在消极方面认知过于准确，或充满偏差，那么你需要更多的正向错觉（positive illusion）发挥作用。我会讨论心理健康中正向错觉的基本作用。幸运的是，在心理健康方面，绝大多数人不会有认知过于准确的问题。[6]

不用粗线条描述法

无论是在社会判断还是在其他方面，所有人都会犯错误。但是，我们不会一直犯相同的错误，绝大多数人不会轻易承认，也不会心甘情愿地承认自己犯下的错误。但是，每个人确实都在犯错误。这可能是我在这本书中唯一一次使用“每个人”这个词。由于绝大多数人在进行社会判断时会犯的另一种错误就是过度概括（overgeneralize，也译"过度归纳""过度一般化"），所以我会尽力避免此类总括式语言。过度概括是刻板印象的一部分。社会科学领域的畅销书作者尤其容易犯这种粗线条描述错误。

心理学家尼古拉斯·埃普利（Nicholas Epley）曾写过近几年最好的关于认知偏差的著作之一《我懂你：如何运用"第六感"提高洞察力》，但他也经常犯过度概括错误。在这本书里，埃普利经常使用总括式语言表达他确信的事，例如，"你"可以以特定的方式回应某人或某事，"没有一个人"会做某事，或者"所有人"都欲求某事，被某事影响。虽然他会提及女性群体或贫困群体研究，但不会承认群体内部的个体差异。[7]

一个更让人震惊的粗线条描述的例子出现在克里斯托弗·查布里斯（Christopher Chabris）和丹尼尔·西蒙斯（Daniel Simons）合著的《看不见的大猩猩》一书中。两位作者提出了若干精妙的观点。例如，为什么共现关系无法衍推因果关系，为什么科学无法回顾性地解释只出现一次的事情。但是，查布里斯和西蒙斯经常过度概括。他们经常写"我们所有人"或事情如何"影响我们所有人"，但事实上不可能百分之百包括所有人。有时，虽然他们一致报告某一效应出现的概率还不到一半，但还是会称该效应普遍出现在"人们"身上，或"经常"出现。

查布里斯和西蒙斯甚至用过度概括得出的研究结论命名了那本书。《看不见的大猩猩》讲述了一项实验发现，实验参与者因为必须关注人群的活动而无法回忆起是否看到一个扮作大猩猩的人在人群中停留过。在他们看来，大猩猩似乎并不存在。无法回忆起大猩猩是有关“非注意盲视”（inattentional blindness，也译“无意视盲”）的例子，两位作者在1999年的研究中发现了这一效应。他们在书中报告称，“几乎一半”的实验参与者没有看到大猩猩。虽然有几乎一半的实验参与者确实看到了大猩猩，但是他们认为没有看到大猩猩仍是“让人震惊”的效应，并写道：“人们完全没有意识到当下焦点之外的世界的某些方面。”[8]

因此，当我第一次阅读《看不见的大猩猩》时，让我感到震惊的是作者的强硬措辞和命名该书的效应，因为只有一半的实验参与者表现出该效应。另一方面，即使只有一半也令人惊异，毕竟，那是一只大猩猩啊！

更为强烈的震惊来自阅读1999年的真实的实验报告。实验结果表明，在与现实生活相同的条件下，“明显少于一半”的实验参与者没有看到大猩猩。大约57%的实验参与者在这样的实验条件下报告说“看到了”大猩猩，或许真实的比例会更高，因为有些注意到大猩猩的实验参与者的数据在最终实验报告中被删掉了。大约7%的实验参与者被剔除在外，因为他们记错或忘了记录研究人员要求他们观察的传球次数。记错意味着实验参与者没有遵照实验要求，或者没有将注意力集中在研究人员要求他们集中的地方（显然这是剔除这些实验参与者的原因），但也有可能意味着他们是因为注意到了大猩猩才分心记错的。[9]

不少博主和其他受欢迎的媒体作者在评论《看不见的大猩猩》或引述实验结果时，仅仅提及其中“大约一半”的实验参与者。但是，不少作者会进一步普遍化（过度概括）消失的大猩猩这一发现。他们提到人们，甚至“绝大多数人”在一般情况下看不见大猩猩。学术论文也会掩饰这个问题，而只是简单陈述观察者“通常”看不见大猩猩，或者观察者“倾向于不去注视”，甚至“很大一部分观察者没有报告他们看到了大猩猩”。[10]但是，确实有超过一半的实验参与者真的看到了大猩猩，大猩猩并不像是真的隐身了一样。

我能提供的建议是小心出现在非虚构类大众读物或专业学术论文中的过度概括式措辞。问问自己，作者使用的“经常”“绝大多数人”，甚至“每个人”这些用语的准确含义。如果文章没有提供准确的比例，那么就需要考虑真实频率或数量少于文章所声称的可能性。当然，原始研究数据在手的话，自己检查一下结果，也是有用的。

比较男女差异的例子是粗线条描述中错误更为严重和将这一错误方法贯彻到底的案例。约翰·格雷（John Gray）在他的畅销书中声称，男人来自火星，而女人来自金星。换句话说，男人和女人没有任何相似之处。这对吗？不对，不完全是这样的。除了基于性别的身体构造差异，男女群体内的个体差异要远大于群体之间的平均差异。在男女群体内部，许多人来自不同的星球，这些星球彼此间的距离要远远大于火星与金星之间的距离。珍妮特·海德（Janet Hyde）是研究性别差异的著名学者，她有充分的证据表明“男女之间的相似性要比差异性更常见”。一些几乎人人都听说过的平均性别差异，如数学能力，最终也被证明差异是非常小的，或者并不存在。[11]科迪莉亚·法恩（Cordelia Fine）是《性别错觉》（*Delusions of Gender*，国内译作《是高跟鞋还是高尔夫修改了我的大脑？》）的作者，书名就聪明地表述了这一主题。

然而，到目前为止，不少作者在谈论性别差异时，总采用非此即彼的表述方式。显然，认为男人是这样的，而女人是那样的，是典型的过度概括，是错误的二分法。类似地，一旦作者基于种族、宗教、性取向、政治倾向等来定义群体，你就要小心了。大规模群体之间的比较不会一开始就是非此即彼的。

作为一名社会科学家，我旗帜鲜明地反对过度概括式措辞和思维方式（当然不是总能成功）。在群体内部，在人类社会生活的各个领域，总有诸多个体差异，我不可能读懂我所见到的每个人的心智，毕竟我没有心灵感应能力。作为一名教师，虽然我曾经教过成千上万名学生，但仍有可能在下个学期碰到一名学生，他不符合之前任何学生的情况，他的常见行为的动机也很独特，让我无法预测他的行为。即使你的兄长去年上过我的课，这也不意味着我就了解你。在某种程度上，大多数教师可能知道学生的个体差异，但是他们仍然在没有意识到个体差异的情况下过度概括。

我是一名临床治疗专家，拥有数千小时一对一帮助病人的经验，即使在这期间我注意到一些模式，不同于以往研究所获得的知识，这也不意味着这些模式适用于我的下一个病人（虽然有可能适用）。这同样不意味着我能读懂你的内心活动，解读你在我办公室所做的非言语行为，知道你的生活中究竟发生了什么。精神病学家吉姆·费尔普斯（Jim Phelps）是《我为什么还抑郁？》（*Why Am I Still Depressed？*）一书的作者，她写道："虽然许多人认为精神病学家能够'读懂人的内心活动'，但我们真的不会。"[12]

即使社会科学研究再三展示人与人之间有相同的情况，这些结果也始终是大致的结果，仅仅基于参加实验的人的样本，几乎总是存在例外。社会科学研究不允许我们完全理解或预测特定个体的行为，但一般而言，社会科学研究确实能够提升理解和预测他人行为的可能性。社会科学研究确实能够识别出社会现象背后的过程和原因，而且这些知识能够成功地干预教育、心理健康和商业活动。但是，“成功的干预”并不适用于所有人。

稳定人格之谜

过度概括的问题包括人们认为仅仅依靠自己和他人在若干有限的情境中（例如办公室、教室或诊疗室）打交道的经历，就可以预测他人在新情境中的行为。根据著名社会心理学家李·罗斯（Lee Ross）和理查德·尼斯贝特（Richard Nisbett）的研究，人们错误地相信自己能够预测他人在不同情境中的行为，因为他们认为每个人都有稳定且易于观察的人格，而人格是产生行为的首要因素。人们看到的是他人行为背后的稳定人格，而不是特定的情境。

如果稳定的人格真的存在，那它当然就是稳定的，因此将其推广到新的情境下，也说得通。但是人们一开始就假定稳定且可见的人格先于特定的情境存在，而这一假定是错误的。事实上，这就是一种基本归因错误。罗斯和尼斯贝特总结了学界几十年的研究成果，认为个体在不同情境下的行为“基本上不可预测”。他们写道：

> 无论是专家还是普通人都无法基于他人在过去情境中的行为

准确预测其在新情境中的行为。然而，即使证据确凿，绝大多数人还是坚定地相信通过个体差异或性格可以预测他人在新情境中将如何行动。这种“性情主义”（dispositionism）在我们的文化中非常流行。[13]

如果之前的情境包含能够影响他人行为的社会角色，那么更容易出现过度概括类描述错误。社会角色包括职员、老板、病人、医生、学生、教师、父母、警察、邻居、男人、女人等。不管人格有多么稳定，社会角色以及行为规范都会让你以特定的方式行动，这种方式可能不符合你在其他情境中的行为，也不符合你一贯的性格。低估社会角色的影响是为人熟知的反映基本归因错误的例子。[14] 我将花费一整章讨论社会角色问题（参见第五章）。

通常来说，不能仅仅因为一个人在某个情境中强硬或嚣张跋扈，就认为在另一情境中此人会冷漠无情，也不能仅仅因为一个人在某个情境中温文有礼，就认为在冲突情境中此人就无法冷静应对。上映于1999 年的电影《超时空宠爱》（*Blast from the Past*）就提供了一个完美的例子。由布伦丹·弗雷泽（Brendan Fraser）扮演的男主角亚当举止文雅，但稍显过头。亚当礼貌和天真得让人难以置信，可能是因为他从小生活在地下防核辐射掩体内，由出生在 20 世纪 60 年代的举止文雅的父母抚养长大。当亚当被一群恶霸团团围住时，他在 20 世纪 90 年代结交的新朋友担心他的安全。但是亚当怒斥恶霸的恶劣行径，并且轻而易举地抵挡住了他们的攻击，因为他的父亲曾教他练拳击。

想想你在工作之中认识的同事，你在健身俱乐部、瑜伽课或篮球场上认识的熟人，如果他们穿着便装在外闲逛，你很难认出他们。再想想那些谋杀案或恶性枪击案的凶手，在他们的邻居看来，他们安静，“不善交际”，很难想象他们会做出那些事。

特定情境不仅会约束或阻止你完成某个具体的行为，让你无法知道其他人会不会在另一个情境下做出类似的行为，而且新情境的细节可能引发或强化一些令人惊异的行为，而你以为你认识的某个人不可能做出这些行为。温和或不善表露情绪的学生可能在自己喜欢的音乐会上大声尖叫。有礼貌的同事通常不会在走廊或委员会会议上奔跑或蹦跳，但他们在篮球场上跑得比你快，抢篮板比你多，还会在网球决胜局中故意用球砸你的脑袋。

在一些体育项目上，我的干劲和能力让不少球员和场外观众感到惊奇，因为与他们互动交流的只是球场外或体育馆外的另一个我。我不是说自己是明星运动员或者浑身蛮力。有人曾告诉我，我过于温和，无法在球场上威慑到他人，因此对手经常对我放松警惕。然而在输给我之后（时有发生），对手或许会说：“不好意思，你看起来不像是会打球的，但你打得很好，我没想到你那么强。”不好意思，这是我猜的，或许他们会这么说。

我认识一位温文尔雅的教授，在我们认识之前，她已经在大城市的轮滑队玩了几年，并为自己取名“非理性天鹅绒”（Irrational Velvet），非常酷。还有一位教授参加《美国忍者武士》综艺竞技比赛，然而，平日里他身穿古板的毛背心，打着古板的领带。[15]

最后一个例子是我妻子所在的瑜伽俱乐部的一位年轻男士。他长相甜美，富有礼貌，但曾经是海军陆战队队员，被训练在战争期间奋勇杀敌。虽然战争是极端情形，但也是我关注的情境的一种。极端情形，甚至一些非极端情形，让我们的稳定人格理论变得毫无意义。如果这听起来是刻板印象的问题，那确实是我研究的一部分。难道瑜伽信徒就不能参军吗？难道军人不能长相甜美、练瑜伽吗？难道教授就不能在溜冰时打人屁股吗？当然，他们可以。

但是，如果你仅仅从课堂上了解一个人，注意到她讲课很温柔，那么你一旦知道她在高强度的竞技体育中的表现，一定会很震惊。如果你仅仅知道他参加瑜伽俱乐部，那么你一定惊讶于他曾是名海军陆战队队员。可能军人一般不练瑜伽，但总有人例外。全美瑜伽协会认为练瑜伽对现役和退役军人大有益处。[16] 协会网站记录有数十名练习瑜伽的军人。另一方面，你可能不会对个体有多种看上去相互冲突的角色感到惊讶，这也许是因为你能意识到你自身也具有多重角色。

本书作者并不认识你

前文所说的内容都假定我不认识各位读者。即使一般来说，我知道人们会对某些事情感到惊讶或对某些刺激以某种方式做出反应，但这并不意味着你已经做出了这种反应，也不意味着你将来会做出这种反应。我不是在指责你，也不是在评判你。我怎么可能这么做呢？我完全不认识你。你可以自己决定这本书谈论的研究有多少适用于你。

我不会像大众媒体的科普作者一样测试你，让你犯一个可能的错误，然后说："看，我有一些关于你的新东西要告诉你。"特别是，我不会根据你在内隐联结测验（implicit association test，简称 IAT）中的表现告诉你，你在潜意识里是种族主义者。如今，内隐联结测验在许多类型的网站都可以进行，从学术到大众心理学，从公共广播服务到奥普拉网站（Oprah.com）。暂且不管网站提供的测验结果的真实性如何，例如我们所有人或大多数人背地里都是种族主义者，我们需要知道，内隐联结测验在方法论和理论上都有局限性，而这与基本归因错误有关。内隐联结测验无法明确揭示隐藏的认知偏差（第二章将进一步讨论）。[17]

无论如何，如此多的大众读物作者喜欢用粗线条的笔墨写文章，这肯定是有原因的，除了他们确实知道“每个人”是什么样子之外。粗线条的语言听起来更好、更简单，也颇有权威，让人觉得值得一读。这种语言没有诡辩的文风，不会回避问题，也不会吞吞吐吐、支支吾吾，无法清楚表达自己的观点。出版商或编辑要求作者用这种语言，因为用这种语言论述观点更有效率。试想每隔几行作者就要提醒你实验结果是个平均数据，有些读者的表现可能与实验结果不一致，或者作者本人也不是百分之百确定某项研究的结论是否正确，那该有多麻烦啊。“从平均上讲”“绝大多数人”“典型的”“通常而言”“很有可能”“可能”“相对而言”“一般来说”“或许”“大概”“似乎”“倾向于”“看起来”“不一定”，诸如此类的词语会让关于人的陈述更为准确，但是如果用得过于频繁，它们也会掩盖作者所要传达的信息，削弱作者的权威性。（如果我泄露了售卖非虚构类大众读物的秘密，那只能向出版商和作者表示歉意。）

免责声明

请留意这一节的免责声明，那就是：即使有时我会用粗线条方式陈述，但是我想说的很可能不是针对所有人。虽然一般情况下我对我所论述的关于人的内容非常自信，但凡事总有例外。使用“绝大多数”“非常可能”“通常”“平均而言”等语词修饰绝大多数案例会显得更为准确。之所以要准确使用修饰词，是因为当我试图传达关于理解他人的信息时，总有一个令人不安的现实——我们不知道为什么特定的个体会以特定的方式行动，用罗斯和尼斯贝特提出的专业术语来说，就是个体的“不可避免的不可预测性”。但这一事实并不意味着我的每一句话都是不确定的，也不意味着我只能靠轻率的表达或优柔寡断的措辞来传递信息。

因此，在大多数情况下，我会试图写得精简，也会强调对我而言清晰明确的内容。但是我使用这些准确的限定词，并不意味着它们所修饰的内容模棱两可，它们只表明人性的复杂。

我会留出一整章来详细考察人性的复杂程度，也会研究个体差异（参见第九章）。研究个体差异是本书区别于其他研究认知偏差的著作的原因之一。我们每个人都是独一无二的，也不是每个人都存在易出现认知偏差的倾向，但是社会科学告诉我们某些类型的人更容易受到特定认知偏差的影响。

大多数社会心理学著作都会强调社会和情境因素在解释人类个体行为中的重要性，例如《路西法效应》（*The Lucifer Effect*），艾略特·阿伦森的《社会性动物》，以及《情境影响力》（*Situations*

Matter），但本书认为个体差异也非常重要。行为是情境和个人因素综合作用产生的结果。我会结合自己的研究、其他社会和人格心理学家的研究成果论述这个观点，即情境的力量不是无限的。

一个建议

希望你能将“不用粗线条描述法”这个建议牢记于心。每个人都是独一无二的，不可能和他人完全一样。你在一个情境中如此这般行事，不代表在另一个情境中也是如此。在其他人基于对你的刻板印象，基于绝大多数人的行为模式，或基于你在之前某个情境中的行动做出错误假定时，你会更容易意识到这一点。

但是，有时我们彼此相似。我们在某个情境中的行为方式确实会告知他人我们在其他情境中也会如此。或许我们相信自己能一生言行一致、心口相一地生活（尤其是值得尊敬的生活）。事实上，一些人的行为模式更加稳定，有时刻板印象在他们身上确实适用。社会科学研究得出的平均结果也确实适用于他们。我曾经建议你自己决定本书讨论的研究在多大程度上适用于你，但是我确实希望你能保持一个开放的心态，接纳绝大多数研究。

减少认知偏差的第一步是要开放地接受自己存在认知偏差的可能性。虽然认知偏差只出现在平均水平上，不是所有人都会表现出每一种认知偏差，但请注意高于平均水平效应——你会倾向于相信自己好于一半人，认为自己不是存在认知偏差的大多数人的一员。当涉及负面特征时，大多数人认为自己不是其中之一。我们倾向于认为特定认知偏差是其他人才需要担心的，而不是自己。提及要避免高于平均水平效应时，绝大多数人甚至会认为自己就是有高于平均水平的特点。[18]

或许你是例外，但也有可能不是。不过，不要低估了你是平凡之人的可能性。不好意思，我只能这么说。只要大多数人接受了这一点，即使有些人不倾向于表现特定的认知偏差，在平均水平上，认知偏差出现的频率还是会下降的。

心理学家雅米尔·扎基（Jamil Zaki）在《科学美国人》（*Scientific American*）的博客上发表过一篇文章——《道德世界》，认为心理学研究不是“关于具体个人的”，因为它是基于平均结果的。对此，我写过一条评论说这或许是对的，但是也有可能是关于你这个具体的人的，因此我们要以开放的态度接受这一点。事实上，如果实验参与者是正态分布的，那么很有可能这个实验就是关于你的。扎基在回复中表示同意我的观点，但也提醒科学作家不要夸大特定研究是针对某一特定读者的可能性。当然，事实也是如此。[19]

倾听读者意见

社会科学研究或许是针对某个具体读者的，也有可能不是。每个读者都是独一无二的，部分基于这个理由，在写作此书的过程中，我试着倾听许多不同读者的声音。我每天在亚马逊网站和其他网站上阅读与本书主题相似图书的读者评论，我也会关注口耳相传的评论。当然，虽然每本书的评论各有不同，但是我发现社会科学中有些抱怨和溢美之词是普遍存在的。虽然不幸，但也能预见，这些观点有时相互矛盾，甚至是对同一本书的不同评价也是如此。

绝大多数读者确实喜欢新闻中的奇人逸事或真实故事，也喜欢作者个人经历中的故事，即使这些故事非常枯燥，甚至与写作主题无关。虽然有些读者想看到更多的研究细节，但是大多数人觉得研究细节很无聊，或对此感到不知所措。多数读者希望科学作家能够用研究支持他们的观点，但也有人认为频繁引用科学研究细节表明这本书乏善可陈。虽然有些读者认为作者傲慢自大、扬扬自得、居高临下（当然有些作者确实如此），但绝大多数读者很容易接受专家兼作者的经验与知识，而且不认为自己被作者居高临下地说教。最后，许多读者抱怨一本 250 页的书其实只需要一半页数就能完成（甚至只要一页！）。没有人觉得著作越长越好。常见的抱怨是作者增加内容以满足出版商的要求，但没有考虑到这些内容一而再再而三地出现在不同章节。

如何高效、恰当且以令人感兴趣的方式阐述我的观点，传达我的思想，对此我有确切的想法，但是我还是要倾听读者的意见。我会顺应大多数人的观点，但也不惧怕少数人的抱怨，从而整合所有观点。我知道每一章节不可能取悦所有人，但是我希望我的写作方法能够让整本书更为有趣和缜密。

我阅读了这一主题下所有著作的每一个网络评价，但我意识到样本是有选择偏差的，因为样本不可能包括那些没有将自己的思想上传到网上的读者。然而，读者评论的价值是如此巨大，以至于我不能轻易放弃，总而言之，我准备以如下的方式处理。

1. 经常描述真实故事和个人经历

分享生动的故事和经历是展示概念和研究如何与日常生活相关联的有效方法。但是，我不想过多地采用这种方法。事实上，奇人逸事或案例研究，尤其是生动的故事，经常传达错误印象，大规模样本研究已经证实了这一点。不少大众媒体作家沉溺于随意选取真实故事以支持他们的观点，而罔顾为数众多的不支持自己观点的案例。虽然我强烈鼓励读者相信大规模样本研究而非个案研究，但我还是要提到一些个案研究以反对随意选择的方法。有时我也使用电影和电视节目中的情节阐述某个观点。如果有基于科学研究的结论，那么我会选择这些结论。

2. 增加一些研究细节

我是一名研究人员，所以以往的大部分作品中都包含研究细节。但是我知道这种做法与非虚构类大众读物大相径庭，毕竟这不是标准的教学参考书。因此我会在报告实验结论时增加若干研究细节，但也不会增加太多。如果需要更多细节，或者细节比较有趣，那么我也会在尾注部分提到这些研究，供感兴趣的读者参考。

3. 不仅仅是报告研究结论

我习惯用研究支持我的观点，我也相信为非专业读者提供对大量研究的简要总结对他们来说是有用的。但是我也同意一些读者的观点，不能仅仅报告研究结论。我要基于研究结论、理论、逻辑、当下发生的事，以及我的个人经历，在它们之间建立联系，传达新的洞见。我也是这么做的。基于对过往研究的严格评估，我也会提供相关领域最新的研究结论，那些读者、大众媒体作家，甚至科学家可能认为他们理解但事实上不理解的新结论。例如，我会修正一个人们长期持有的信念，也就是旁观者越多，受害者越不可能获得帮助。旁观者群体是一个强有力的情境力量，但是也没有强大到流行的社会科学著作让我们相信的那样。1964 年，纽约发生了一起臭名昭著的事件，凯蒂·吉诺维斯（Kitty Genovese）被歹徒杀害，但是数以百计的路人都没有施以援手。然而事实上，当天晚上，凯蒂并没有被路人抛弃。

4. 试着平等交流

如果我的文字看上去居高临下或自大傲慢，对此，我表示歉意。当然，我确实需要看上去懂一些东西（出版社的要求嘛）。另外，能看到自己的傲慢很难，但认为他人傲慢相对容易。我一直寻求同事和读者的反馈，以检查自己是否有傲慢态度。我知道有些读者知道的和我一样多，甚至比我知道的还多（例如这本书的某些方面）。

请记住，质疑仅仅是质疑，而不是对某一立场的傲慢反对。我注意到基于中立立场的质疑和故意唱反调有时会被认为是争论的极端一方对另一方发起的傲慢自大的攻击。包括保罗·埃克曼（Paul

Ekman）、安东尼·格林沃尔德（Anthony Greenwald）、德拉尔德·温·苏（Derald Wing Sue）在内的有革新精神的研究者这几年不得不处理诸多质疑，或者仅仅是一些对其研究结论的替代性解释的建议。如果这些建议是成熟的，或对他们而言仅仅是无理的攻击（或许对有革新精神的科学家而言是职业危害！），这些学者有时会做出回应。

这本书要传达的信息之一就是，他人不是必然对你有负面意图（虽然可能有），也不是必然要欺骗你或有意忽视你（虽然可能如此），不能仅仅因为他们质疑你的立场，或者无法立刻完全同意你的观点就做负面推断。因为他人无法完全认同你，就不假思索地假定这些特质，这是一种基本归因错误。质疑有时仅仅就是质疑，收集更多的信息以应对新的、让人困惑的、复杂的情境。雪茄有时真的只是雪茄，而不是口欲期滞留的象征。或许你不需要那么清晰地陈述自己的观点，因为听众的质疑会帮你澄清陈述中的混淆之处。

或许我们知道这一切，但依然对提问者心生怨恨，仅仅是因为提问者质疑你的方式。“我可以回答这个问题，”你可能会想，“但不是现在，不是在那个提问者用那种语气提问后。”（我猜你知道那种语气。）好吧，就这样吧。但试着保持开放的态度，你感知到的负面意图，或者他人对你的指责，有可能是基本归因错误的扩展。如果你推断出他人话语中有消极语气，那么推断出消极的性格特征或意图会让你觉得更有说服力。

当然，如果别人对你的质疑让你苦恼，甚至成了对你的冒犯，那也只能由你决定如何应对他人的质疑。如果确实惹恼了你，你可以不回答他人的问题。如果你不理解体面正直的人为什么不能完全同意你的观点，那么这也是挺让人困惑的。没办法，那就坚持你自己的观点吧。

我会在书中提出许多问题，对存在争议的话题保持中立的态度。我这么做，或许会惹恼关注该话题的两方极端人士，但请理解这不是我的意图。也请理解我没有足够的篇幅论述每一个话题的每一方观点的重要文献，但我会尽可能客观公正地呈现争论双方的争论要点。

5. 尽力不再三重复相同的观点

由于这一类型著作的篇幅通常较长，因此我特别关心不必要章节的问题。读者经常抱怨阅读书的后半部分的时间还不如用来做些更好的事情，因为后半部分没有提供任何新的信息。当然，即使读者没有读到新的内容，作者仍会声明书中有新的内容。因此，我会非常仔细评估每一章节的内容，尤其是出现在书后半部分的内容，反问自己是否提供了新的信息、新的视角，或新的适用场景。反问自己可以推动我修改每一章节。在写作过程中，我一直在修改这本书的篇章布局，突出某些贯穿这本书的重要主题。

全书概览

本书的主题是基本归因错误，也就是我们会低估情境的力量。基本归因错误是一种经典且有着广泛影响的认知偏差。基本归因错误很少在人类感知和人际关系中缺席，但是讨论认知偏差的大众媒体读物却很少关心这一问题，着实让人惊讶。

《情境影响力》一书是个例外。社会心理学家萨姆·萨默斯（Sam Sommers）在这本书中确实提到了基本归因错误，但是他关注的话题比这更为广泛。书中反复出现的主题是人们低估情境对自我和他人的重要性，这是我完全不能同意的。例如，行动者-观察者偏差会让我们高估自己所处情境的重要性。萨默斯强调多种情境的重要性（绝大多数心理学教科书也如此处理），但是他仅仅在一个脚注中提到基本归因错误。

针对情境力量的经典研究，我会分享一些常见报告的新的信息。我也会更加直接且具体地讨论基本归因错误。我会描述基本归因错误的产生过程及其历史。我也会提供一系列在经典教科书中不常见的错误判断的案例。为什么我们被断章取义和政客误导，为什么关于轻度冒犯和内隐偏见的研究是错误的，为什么我们会在非言语解读中误解他人（包括谎言侦测和同性恋雷达），为什么我们会高估自己预测他人在新情境中如何行动的能力，为什么我们会把受害者的痛苦归咎于他们自己，为什么会为自己的父母感到羞耻，以及为什么我们在驾车、工作或者其他诸多需要人际交往的环境中那么容易发怒，针对上述问题，我会讨论如何从基本归因错误的角度给出一些解释。

有人希望自己不会轻易发怒，也不轻易对他人设防，因此我希望这本书能实打实地为这些人的生活带去平和。我也会分享若干个来自学生和他人的故事，他们在阅读此书后压力有所减轻。减少基本归因错误可以减少愤怒、压力、误导性报复和人际冲突。

我会特别讨论基本归因错误和遣责受害者行为是如何在心理治疗中发生的，强调认知行为治疗中的一个潜在缺陷，这一缺陷可能反映出基本归因错误。我会举例说明社会心理学家和科普作家为什么无法抵御这种错误（我也不能）。我也会讨论基本归因错误如何成为其他认知偏差和社会知觉过程的一部分，例如，偏见和阴谋论。马尔科姆·格拉德威尔在2005年出版了《眨眼之间：不假思索的决断力》（*Blink*）一书，他推崇的快速判断就是一种基本归因错误，对此，我有不少意见。格拉德威尔多年以后也承认基本归因错误是“人类知觉所面临的最明显的问题”[20]，而快速判断是“坏处远多于好处的判断”[21]（迟到总比不到好！）。

情境在解释人们为何以某种方式行动时非常重要，这也就是为什么人们通常需要花费额外的时间审视情境。但是情境的力量在引起读者和学生注意的同时，不少作者和教育家却走得太远了，因为情境的力量是有限的。第九章《个人因素也很重要》就是在解释这一命题。绝大多数行为是由情境因素和个人因素共同决定的，而不是非此即彼。

著名的斯坦福监狱实验经常被用来说明情境的力量，因为虐待犯人的行为就发生在监狱情境中。我会强调实验中狱警的人格特质很有可能对虐待行为的发生也有影响，但很少被人关注到。[22]旁观者越多，受害者能够接受的帮助就越少，这种旁观者效应也通常被用来表明情境的力量，但是在重要的元分析中我发现了一个计算错误。根据我的修正和重新分析，我会更强调在群体性紧急事件中如何重视个体旁观者。事实上，凯蒂·吉诺维斯从旁观者那儿接受的帮助要多于故事中所描述的。旁观者越多，受害者接受的帮助越少，事实证明这个结论是错误的。[23]

忽视个体及个人性格会导致一种不常见的认知偏差——过度重视情境的因果作用，这是自由主义者解释社会问题时经常会遇到的批评。第九章会涉及一些研究，包括关于什么样的人更容易产生这些认知偏差及产生的原因。

最后，我要冒险去解释虽然认知偏差有负面效应，但对我们也有好处。特定的认知偏差、错误感知和适度的错觉是良好心理的组成部分。[24] 例如，自我评价中自己对生活中的消极事件的把控能力的强弱比实际能力更为重要。特定的认知偏差和错觉在其他方面也对我们有益，从安慰剂效应的身体治疗特性，到快速判断（如果有偏差的话）提升一般日常效率。所以，如果你发现自己存在认知偏差的话，我建议你不要太当一回事。管理认知偏差并不意味着自动地清除所有偏差，因为有些认知偏差确实于我们有利。

当然最终我要论证的是反对认知偏差，而不是支持认知偏差。我会建议用多种方法减少认知偏差，尤其是基本归因错误。在这一点上，我胜过其他绝大多数大众读物作者，因为他们仅帮助读者了解认知偏差。事实证明仅仅阅读和了解认知偏差，这对我们的帮助是有限的。

我也会回答如何降低我们身边人做出有偏差的判断的频率。减少自己的认知偏差已经很难了，如何以迂回的方式修正家人、朋友、心仪的他 / 她、配偶，甚至是合作者的有偏差的判断呢？或许最好不要尝试。我会提出一些基于特定研究的建议，强调这一任务的艰巨性，因为认为他人存在认知偏差可能也是一种认知偏差。

考虑到人们固有的潜在认知偏差和心理健康，我写这本书时面临一个道德困境，我不希望人们的心理健康因认知准确性提升带来的痛苦而受影响，因为特定的正向错觉对良好的心理健康状况而言是必需的。没有正向错觉，人们更容易产生中度抑郁的表现，专业术语是“抑郁现实主义”（depressive realism）。[25] 我教授社会心理学，希望自己的学生知道，我在提升他们判断的准确性的同时也防止他们出现抑郁。我要求学生的判断变得更为准确，但不要在这个过程中变得抑郁。有句话正好说出了这一点，“真理让你自由，但首先让你痛苦”[26]，这句话或许是詹姆斯·加菲尔德总统说的，有时也被认为是马克·吐温说的。

在本书结尾，我会提出若干方法抵消求真带来的心理健康风险和准确感知之间的冲突，以最终实现自由。换句话说，幸福生活往往是非理性的，只要有正向错觉和简单的错误感知作为支持即可，但是我希望通过这本书和结尾提供的方法，让人们有更多的机会过上理性的幸福生活。所谓“理性的幸福生活”是心理健康，且没有大多数人会轻易产生的非理性认知偏差。我相信我们可以过一种幸福又理性的生活。

第一章

演讲和交通拥堵：基本归因错误入门

在我们的时代，根据人格特质而不是情境因素解释个体行为的习惯早已渗透到人们的日常生活之中，这种固执的解释模式被认定是误解人格的重要原因。它既是社会危机的症状，也是造成社会危机的原因。

——社会心理学家古斯塔夫·伊克海泽（Gustav Ichheiser）

环境让我们如此这般行动，因此在评判他人行为时必须时刻牢记这一点。第二次世界大战一打响，我就意识到了这 一点。

——探险家索尔·海尔达尔（Thor Heyerdahl）

你是否一直觉得比你开车慢的都是笨蛋，而比你开车快的都是疯子？

——脱口秀演员乔治·卡林（George Carlin）

堵车一点也不好玩。不仅浪费时间、汽油，你还要被迫吸入汽车尾气；不仅枯燥乏味，还会因此迟到。如果被堵在高速公路上更加悲惨，因为你会被困在上面，直到下一个出口。临近出口，你也不知道应该下高速，还是等待交通变得顺畅。绝大多数人身处拥挤的人群时都会变得烦躁不安，无论是在商场还是在拥堵的路上。

所以，当你看到没有耐心的混蛋把车开到应急车道，然后超过身边的每辆车时，你有可能会发怒，因为他显然认为交通法规对他无可奈何。他以为他是哪根葱啊，对吧？如此盲目自大。

如果你向这个混蛋大喊大叫，狂按喇叭，也许这位“感觉良好”的先生会明白你的意思并回到等候队伍之中。如果你看到这个家伙从后面过来，在愤怒至极的情况下，你甚至会把车开到应急车道堵住他。

彼得·罗（Peter Rowe）每天往返于家和公司之间。有一天，他被堵在新泽西高速公路上。他写信给《纽约时报》的编辑描述自己“看到应急车道有车呼啸而过是多么令人气愤”。彼得·罗决定把车开到应急车道，迫使在应急车道行驶的车辆也和其他车辆一样缓慢移动。他继续写道，“多么强大的力量”，还描述了身边的卡车司机为自己匡扶正义的行为鼓掌。《纽约时报》的编辑为这封信加了标题《占用应急车道者作茧自缚》。真棒啊！[1]

想要惩治占用应急车道者的情绪是普遍存在的。在俄罗斯一个名叫“二十二字箴言”（22 Words）的博客上，有一则视频的标题是《司机为摆脱堵车而占用应急车道，让我们以其人之道还治其人之身》，视频中的司机在应急车道行驶，但没有注意到应急车道终点的护栏，就撞了上去。汽车被卡在护栏中间，轮胎则半悬在空中。在视频中，俄罗斯通勤者强烈谴责这位司机。当我请会说俄语的朋友们帮助翻译时，他们因为要翻译很多脏话而有些不安。

上传这则视频的博主写道：“看到这辆车动弹不得，简直太爽了！”其他人评论道，“我能笑一整天”，或者“聪明反被聪明误”。[2]

当然，不是所有人都会这样回应动弹不得的摩托车司机或占用应急车道的汽车司机，但是无论是采取行动制止，还是进行道德谴责，你都会犯基本归因错误。占道司机违反了法规，而且傲慢自大，但也有可能是情境因素导致了他们占道行驶，或许他们是有紧急情况。如果占道司机确有恰当的理由这么做呢？

例如，在一次家庭旅行中，我的父亲就曾占道行驶，引得不少司机对他狂按喇叭。但那是因为汽车燃料即将耗尽，而我们还被堵在田纳西州走走停停且车挨车的州际公路上。我的兄长、姊妹和当时年幼的我，都有点害怕。

油箱马上就要空了，父亲决定冒险进入应急车道到下一个出口下高速。我们经过的汽车的司机都向我们按喇叭表示不爽，高大的半挂汽车试图转向进入应急车道阻止我们，幸亏父亲转向及时，没有发生碰撞，但我的母亲因此惊声尖叫。我的姊妹现在回想起来还羞愧难当。父亲当时的决定是与其避免和他人起争端，再次回到拥堵的车流之中，还不如冒险一搏，就算被困住也值得。最终我们及时到达了加油站。

一般情况下，旁观者很难确切地知道司机做出极端行为的原因。不管其他司机看上去如何愚笨，不愿意去考虑紧急情况出现的概率，就是一种基本归因错误。只要赋予未知的紧急情况出现的概率是10% 而不是零，我们就可以避免这种认知偏差。

以我家的情况为例，油量耗尽达不到州县法律或社会规范所认可的紧急情况，但是考虑到那个年代还没有移动电话，让自己的妻子和四个年幼的孩子困在前不着村后不着店的地方，令父亲非常忧虑。当然，我父母应该一早就加满油箱，但这是另一回事。综上所述，父亲占道行驶有更为复杂的原因，而不是因为他傲慢自大或是个混蛋。（顺便提一句，我父亲的本性与此恰好相反。）

基于我自己的这段经历，我现在很难再对占道行驶的司机发火，他们仅仅是在堵车时偶然从我身边经过，也许某个占道行驶的司机确实是十足的混蛋，但也许是发生了其他事让他不得不这么做。

基本归因错误

基本归因错误旨在解释个体行为中经常出现的认知倾向，在西方文化中更为常见。[3] 基本归因错误有两个共现成分。第一，我们过快且过高估计个人因素的因果作用，这些个人因素包括个体特质、态度、感受、偏好、动机、能力以及缺点。比如，认为占道行驶的都是傲慢自大的混蛋。这种行为解释被称为内部归因或性格归因（也称“本性归因”）。第二，我们会忽视或低估情境因素，如特定的环境对行为可能施加的影响。例如，占道行驶也有可能是因为急着下高速加油。这种基于当时环境的解释被称为外部归因或情境归因。用社会心理学的行话来说，归因等同于解释。

简单来说，之所以出现基本归因错误，是因为我们迫不及待地进行归因，而不去探索其他可能性。我们一上来就将原因限制在若干人格特质中，然后感到心满意足。颇有讽刺意味的是，正如占道行驶这个例子所表明的，这种让人心满意足的归因有时源自个体间的愤怒，有时也会维持个体间的愤怒，甚至导致个体间的愤怒（参见第七章）。

由于基本归因错误与个体间的愤怒、被怠慢的感知和被不公平地对待有关联，所以在诸多人际冲突中都能看到基本归因错误，包括围堵占道行驶的司机、工作中发生的冲突甚至是世界大战。绝大多数人认为，如果一个人、一个群体或一个国家的行为会对我们造成负面结果，或让我们感到自己被不公平地对待，那么参与这一行动的个体也一定有负面的人格特质或意图。奥地利社会心理学家古斯塔夫·伊克海泽认为这种认知习惯可能是“既是社会危机的症状，也是造成社会危机的原因”[4]。基本归因错误也适用于解释中性和积极的行为，但是我们更有可能用它对消极的、未曾预料到的行为做出解释。

当然，做出消极行为的个体有时确实会有消极的人格特质或意图——故事到此也就结束了。但是通常情况下没有那么简单，数十年的研究清楚地表明绝大部分人不是这么想的。

请记住，解释不是找借口。即使存在大量情境因素并可用以解释行为，要不要谴责行动者也不是心理学家说了算的。我告诉学生，社会科学可以帮助人们准确解释他人的行为，但是如果你感到被不公平地对待，那么你就要决定是否去谴责那个人。

谁是提出基本归因错误概念的第一人？

几个世纪以来，不只是著名的哲学家或社会科学家，许多人都认识到人们会忽视情境因素。特别是，许多人一直因负面结果而受到惩罚或批评，但负面结果又不是他们造成的，他们知道做出评价的人忽视了出现在自己情境中的某些东西。虽然因紧急事件而合法占用应急车道，但这些司机仍被狂按喇叭以示警告，甚至被围堵，他们感到不公平。他们能否从相关经历中发现人类认知的一些普遍现象，这是一个难以回答的问题，因为绝大多数人不可能自己做实验研究。

社会心理学先驱库尔特·莱文（Kurt Lewin）一直有理有据地批判过度用个人因素解释行为和结果。到了 1931 年，莱文注意到心理学家开始转变解释方式，即心理学开始更多地顾及行为发生的环境和特定情境。[5] 但是人们在日常生活中错误地归因于性情的认知偏差呢？古斯塔夫·伊克海泽有史以来第一次详细刻画了日常生活中的基本归因错误。

古斯塔夫·伊克海泽

第二次世界大战期间，伊克海泽在波兰失去家人之后，于 1940 年来到美国。[6] 战争的经历很大程度上影响了伊克海泽的写作。《哈佛幸福课》（*Stumbling on Happiness*）的作者、心理学家丹尼尔·吉尔伯特和帕特里克·马龙（Patrick Malone）在一本介绍基本归因错误简要历史的书中称，包括伊克海泽在内的不少知识分子认识到第二次世界大战和“纳粹……表明社会情境是人类行动奇特而又强大的决定因素”，人们被“自己的时代监禁”，而不是“主宰自己的命运”。吉尔伯特和马龙的这一观点很大一部分和士兵服从和顺从的天性有关。[7]

伊克海泽还观察到人们在日常生活中经常忽略情境的力量，在试图理解彼此时忽视强大的社会力量。伊克海泽认为经常忽视情境的力量会助长社会危机，特别是社会不公，以及对作为情境力量的受害者的弱势群体的误解和虐待。[8]

令人惊讶的是，伊克海泽在社会心理学界并不出名，即使他的许多观点预示和影响了当代的经典研究。尽管他的观点与归因理论和认知失调理论（cognitive dissonance theory）相关，但毕竟这两个理论可能是社会心理学领域最重要也最持久的理论框架，而他的观点的提出时间早于这两个理论。诸多因素可以解释为什么伊克海泽不为人所知，但是引起我关注的是，批评家犯下了基本归因错误，错误地评价了伊克海泽。

在伊克海泽的传记中，弗洛伊德·鲁德明（Floyd Rudmin）和他的同事评价包括伊克海泽的上述观点在内的许多重要贡献由于历史环境原因而没有被认识到。[9]不仅如此，伊克海泽还被忽视情境因素的人强烈批评。尤其是，批评者指责伊克海泽于 1970 年出版的文集，该文集收录的是伊克海泽 20 世纪 20 年代至 20 世纪 40 年代的早期作品。伊克海泽 1970 年出版的文集没有引用当代人的类似的研究成果，因此批评者谴责伊克海泽学术作风低劣，将他人的观点窃为己有。实际上，伊克海泽的观点的形成早于那些当代成果，鲁德明认为该是那些当代研究者引用伊克海泽的论著。

这部文集确实引用了他早年出版的著作，所以我不确定为什么批评者认为论据不够充分。或许是因为早年的作品是用德语写的，而且难以获得。也有可能是伊克海泽没有参考经验研究、相关的学术报告或更为重要的出版物。鲁德明认为紧跟前沿研究成果的学界惯例会被诸多周遭环境因素阻碍，例如二战期间伊克海泽逃离家乡时，遗失了研究笔记和书籍。此外，在美国的大部分时间里，伊克海泽生活在精神病疗养医院，贫苦度日。缺少学术联系让他难以收集数据，也难以汇报自己的研究进展，更不用说出版研究成果了。

伊克海泽重点研究了我们是如何错误解读他人日常行为的，也就是人们过度关注个体的人格特质，而忽视情境因素，这就是基本归因错误。然而，和绝大多数社会心理学家不同，伊克海泽在解释人们为什么会犯基本归因错误时尽可能地避免出现这一谬误。当代社会心理学家通常认为人们之所以犯基本归因错误是因为他们不完美的认知过程或自我保护的人格动机，而伊克海泽则将基本归因错误刻画成受到社会因素影响和制约的认知偏差。

当代社会心理学家否定社会或文化在基本归因错误或其他认知偏差上的影响，其实不然。西方文化中的基本归因错误要显著多于东方文化，这是被广泛接受的。但是社会心理学家通常将文化置于背景中，或者将其描述为调节因素而非核心原因。伊克海泽则将文化置于首位。他一直认为人们犯基本归因错误不是因为无知，而是因为他们被困于发扬个体理想化特征的文化之中。我们被养育成相信自己不是周遭环境的牺牲品，或者被养育成相信自己比真实情况更能掌控自己的成功和失败。文化是无处不在的情境因素，任何细致思考为什么人们以如此这般的方式行事和思考的人都需要将其考虑在内。不考虑相关的文化因素就会犯下基本归因错误。我欣赏伊克海泽在解释基本归因错误时极力避免出现基本归因错误的做法。

然而，在我看来，伊克海泽在批评社会系统对错误判断的影响这方面走得太远。伊克海泽认为人们并非傲慢自大，而是文化使得人们傲慢自大。当然，这最有可能的是人格特质和情境因素共同作用的结果。即使文化是罪魁祸首——即使某个文化或社会群体中的所有人都会出现相同的认知偏差，但这也不意味着我们一定会表现得傲慢自大。很久以前，我们习惯于相信地球是宇宙的中心，任何反对的人都会受到惩罚。最后真相大白，地球并不是宇宙的中心，我们才意识到自己当时是多么无知。尼采将这种集体性错误判断称为“传承下来的愚昧”。[10]

后伊克海泽时代的学者

奥地利社会心理学家弗里茨·海德（Fritz Heider）在1958年提出了一个观点，认为感知者只能看到行为和行动者，无法看到二者所处的情境，因此会不可避免地低估情境的因果作用。海德有一句著名的口号：“行为吞没情境。”[11] 虽然伊克海泽认为这一认知偏差是“错误理解的基本源头之一”[12]，但是真正将其命名为“基本归因错误”的是社会心理学家李·罗斯。1977年，罗斯在其著名的文章《直觉心理学家和他的缺点》（“The Intuitive Psychologist and His Shortcomings”）[13] 中首次创造这一术语。此外，与伊克海泽相比，罗斯对基本归因错误的讨论更为人所熟知的原因是，到了1977年，大量的研究已经证实基本归因错误的存在。这些研究形成了研究记录，伊克海泽没有提供相关记录，但罗斯提供了。社会心理学在很大程度上已经是一门依赖研究的学科了。

一言以蔽之

1967 年，爱德华·琼斯（Edward Jones）和维克多·哈里斯（Victor Harris）完成了关于基本归因错误的第一项研究。在此项研究中，他们要求实验参与者阅读关于菲德尔·卡斯特罗的有着特定观点的辩论演讲稿，并告诉实验参与者，演讲稿作者被强迫采纳这些观点（辩论小组顾问提供了这些内容）。尽管如此，在这一条件下，实验参与者总体上仍将演讲内容归因于演讲稿作者的信念或个人态度。也就是说，如果作者写下在卡斯特罗的领导下古巴人民生活富裕，那么实验参与者大多认为这一定是因为作者相信这一点。真的是这样吗？这的确是一个合理的推论，只是实验参与者没有考虑到作者是被强迫采纳了这一观点。[14]

逻辑的缺失

丹尼尔·吉尔伯特和帕特里克·马龙在 1995 年发表了一篇研究基本归因错误的原因和结果的论文，该论文被广泛引用，在文中他们强调人们犯下基本归因错误是因为缺少逻辑。他们认为基本归因错误之所以出现是因为人们违背了归因理论的“基本准则”和“逻辑规范”。[15] 然而，吉尔伯特和马龙没有引述基本归因错误所违背的任何形式的逻辑原则。事实上，其中一个原则是 A 能推出 B 并不意味着 B 也能推出 A。仅仅基于 A 能推出 B，就得出 B 也能推出 A，这种错误有时被称为“逆向推理错误”。[16]

例如，所有蚂蚁都是昆虫，但不是所有昆虫都是蚂蚁。换句话说，它是一只蚂蚁（A）可以推出它是一只昆虫（B），但是，它是一只昆虫（B）无法必然地推出它是一只蚂蚁（A）。因为除了蚂蚁之外，还有许多种不同的昆虫。

下述内容与理解归因过程有更为密切的关系。假定A表示吃药，如吃阿托伐他汀，而B表示降低血液胆固醇水平。对于大多数人来说，服用阿托伐他汀可以降低血液胆固醇水平，也就是A能推出B（不考虑药物副作用）。然而，即使我们假定阿托伐他汀能够百分之百降低血液胆固醇水平，难道血液胆固醇水平降低就能够推出此人服用了阿托伐他汀吗？当然不能，这不是必然的。许多人没有服用降低胆固醇的药物，他们的血液胆固醇水平也降低了。服用药物不是降低胆固醇水平的唯一方法。改变饮食结构、增加锻炼，或者戒烟限酒，都可以降低胆固醇水平，而且血液胆固醇水平的变化也有可能是随机波动。

因此我们不能凭借观察到他人的血液胆固醇水平降低就推断这是药物的作用。物理学中的大量例子更为直接地说明了这种推理是错误的。

回到更为复杂的社会科学问题和基本归因错误问题。让我们假定A表示态度（attitude），B表示行为（behavior）（巧合的是二者的首字母即是如此）。对我们绝大多数人来说，一旦被问及个人感觉，心中持有的强烈态度就会让我们将其以某种方式表达出来，以支持它或和它相一致的方式行动，就像我们在一场辩论演讲中采纳某个观点。这就是A能推出B。然而，即使我们假定有A，B就能百分之百地出现，难道 B 就能推出 A 吗？当然，这不是必然的。其他因素也会导致同一行为（B）。除了态度（A）之外，还有来自权威人士的指引（类似琼斯和哈里斯实验中的辩论顾问）、同辈压力、政治压力、经济或事业动机，或是为了取悦特定观众等因素（即使只有一个观众在意你的感受）。其他非态度因素也是有可能的，包括压力、挑衅或我们的文化。

在同辈压力方面，真实生活和社会科学中有大量关于从众压力的例子，青少年和涉世未深的成年人所做所想的并不能反映他们的个人观点。从众压力是一个情境因素，但在推断个人观点时经常被忽视。

在社会心理学领域，所罗门·阿希（Solomon Asch）证实强大的从众压力会让我们说出自己不相信的观点，他是这类研究的先行者之一。在阿希的经典研究中，几位实验参与者（由工作人员扮演）在告知其他实验参与者错误的线条长度后，让他们判断线条究竟有多长。绝大部分实验参与者在多轮实验中至少有一次顺从群体的判断而给出错误答案的表现。如果仅仅观察实验参与者的行为（而不是工作人员假扮的群体成员的行为），他们看上去不是漫不经心就是愚蠢，或者毫不关心实验任务，眼睛有问题。但事实上这是情境因素在起作用，也就是从众压力，或社会规范。绝大多数人可能在日常生活中为了一致而保持一致，即使他们说的话和他们自己的想法、感受完全不同。

事业动机是另一个常见的会影响行为的情境因素。有多少人为了获得或保住工作而人云亦云？有多少政客仅仅为了取悦选民或他们的党派而支持某些决议？在娱乐圈，电影评论家为了让自己获得更多认可而撰写正面评论文章，而不是因为真的看好这部电影。好莱坞电影产业的一项主要工作就是宣传造势，在纸媒和电视广告中引用这些评论文章。有些电影评论家为了保持风头而不得不撰写热情洋溢的评论，甚至著名的评论家也不得不承受这一压力。[17]

我认识的一位教师在面谈中同意履行某些职责，于是他就去履行了。但是当提起为什么要同意时，他只是简单地解释因为要获得这项工作。（当然，还有很多教职员工真的同意去做某事。）除了从众压力和事业压力，还有数不清的例子表明人们心口不一。

因此，我们如果只看到B，例如支持某一立场的演讲、文章或电影评论，那么就不能推断出演讲者或作家持有这个立场，尤其是在存在一些非态度因素的情况下。我怀疑绝大多数基本归因错误源于这一逻辑错误，也就是将A推出B转换为B出现时A也会出现。内在的因素可以导致行为的表达，但是行为表达不一定反映看似明显的内在因素。

令人不安的不确定性

行为、人们表达感受的言语不一定如实反映人们的感受或态度，这一解释行为的真相让许多人惴惴不安。研修社会心理学的学生一旦意识到这一点就非常沮丧，尤其是他们想用这种方式解释认知偏差时。其他人会基于他人的种族身份、性别或性取向去歧视他人，但不持有偏见态度。这就是真相，即使有人仅因为我们的群体身份就大声贬低我们，他们仍有可能不对我们抱有偏见。

在上映于2012年的电影《壁花少年》（*The Perks of Being a*

Wallflower）中，布拉德和帕特里克两人是同性恋人，曾经有一段浪漫的故事，但是布拉德仍轻蔑地称帕特里克为“基佬”（faggot）。那时候，布拉德和足球队的男性朋友勾肩搭背，为了融入足球队而诋毁帕特里克。这就是典型的同辈压力。研究人员已经记录了在大量情境中男性社会规范所起到的直接又立竿见影的作用，尤其是对同性恋者的鄙夷。[18]

仅仅因为他人的群体身份就歧视或不公平地对待他人，这是不可原谅的，是一种糟糕的行为。虽然歧视或不公平地对待确实是一种糟糕的行为，但不一定能反映出对该人群怀有偏见。制度性种族歧视是此类模式的典型例子（当然，这不是要为其开脱罪名）。

行为不一定能如实反映感受，有些学生对此非常苦恼。他们问道：“那我们如何才能确切地知道他人的真实感受呢？”是的，你已经明白，我们不可能确切地知道他人的真实感受，至少不可能像你所认为的那样。大部分人需要确信自己知道他人的所思所想。但是推测他人的所思所想，并为此给予百分之百的确定性解释，即使有，也极为罕见，因为我们无法阅读他人的内心活动。

吉尔伯特和马龙写道：

> 显然，问题就是人的内在自我是隐而不见的。性格、动机、信念、欲望和意图对人们解释他人行为和思想起到决定性作用，但是这些东西却无法被真正观察到。因此，人们需要完成这一棘手的任务，将这些无形的东西从可见的东西中推测出来，可见的东西就是他人的言语和行为。从可见的推出不可见的，就要冒出

错的风险。[19]

即使我们有能力阅读他人的内心活动，即使人们相信他人对自己动机和行为原因的解释，这些表述仍然有可能是错误的。这不是诚不诚实的问题。根据马尔科姆·格拉德威尔（《眨眼之间》的作者）和提摩西·威尔逊［Timothy Wilson，《最熟悉的陌生人：自我认知和潜能发现之旅》（*Strangers to Ourselves*）的作者］的观点，有时我们不了解自己，不了解自己的动机和行为原因。[20] 因为自利偏误和神经机制无法被我们的意识捕获，而且记忆有时也极不可靠。即使有心灵感应，我们所获得的绝大部分信息也只是他人能够意识到的所思所想，而这有可能不是他们行动的真正原因。

在电视剧《星际迷航：下一代》（*Star Trek：The Next Generation*）（有柯克和斯波克的《星际迷航：原初系列》的续作）中，顾问狄安娜·特洛伊拥有一定的心灵感应能力，所以皮卡德船长经常问她潜在的外星敌人讲的是不是真话。有时，特洛伊只能确定外星敌人相信自己说的话。

但是意识到从可见的推测出不可见的，或者解释行为和推测感受这类棘手的任务充满不确定性，不仅仅让人为此感到苦恼和担忧。这类任务的逻辑对常人来说难以驾驭，甚至卓越的社会科学教育者也难以正确把握这一观点，即 A 能推出 B 并不意味着 B 也能推出 A。

将逻辑运用于选择语词

戴维·迈尔斯（David Myers）写过一本非常畅销的社会心理学本科教科书，这本书已经改版好几次。在这本书中，他根据上文的逻辑讨论了琼斯和哈里斯的研究。迈尔斯认为一个人仅在言语上支持卡斯特罗，不能表明此人真的支持卡斯特罗。总的来说，迈尔斯这本教材内容详尽，例证丰富，语言精准，这是我多年采用这本教材的原因。但是在这本书的另一章节，迈尔斯强有力地论证了人们在日常生活中所使用的标签和社会心理学家在他们的研究报告中使用的标签必然地反映了个体的态度和价值判断。[不少社会心理学家提到过相似的案例，例如埃里克·希雷（Eric Shiraev）和戴维·利维（David Levy），他们写过一本跨文化心理学教材，以及研究轻度冒犯（也译“微歧视”）的著名学者德拉尔德·温·苏。]

迈尔斯写道：“是否将‘腼腆’或‘小心谨慎’、‘怯懦’或‘袖手旁观’的标签贴在安静的小孩身上，其实传达了一种判断倾向……将公共援助称为‘福利’，还是‘资助穷人’反映出我们的政治立场。”好吧，我们谈一谈对他人内心活动的阅读。迈尔斯认为，当我们解释为什么“先前的信念和价值会不可避免地影响社会心理学家的想法和写作内容”，就是A推出B。我并不确定这是不是无法避免的，可个体态度和价值（A）确实会影响我们的写作内容（B）。但是即使这是不可避免的，难道就意味着B也能推出A吗？我们所写的内容真的能反映出我们的个人态度吗？当然不能。假定B能推出A，这不仅仅是逻辑错误，也是一种基本归因错误。还有其他可能的原因会影响我们的写作内容和所说的话。[21]

如果我和我的同事谈起那些接受公共援助的人时，说的是“资助穷人”而不是“福利”，难道就说明我有自由主义价值观吗？可能是的。（事实上我不确定迈尔斯认为那些不同的表述方式反映什么价值，但是别人谈起“资助穷人”时我是持有自由主义立场的。）回到之前讨论琼斯和哈里斯研究的内容，我写道：“其他因素也会导致同一行为（B）。除了态度（A）之外，还有来自权威人士的指引、同辈压力、政治压力、经济或事业动机，或是为了取悦特定观众……”这些可能的原因能解释为什么我说的是“资助穷人”而不是“福利”吗？

如果我的同事自称自由主义者，那么我可能会使用与自由主义相关的短语来取悦他，即便我不是自由主义者，仅仅因为同辈压力，我也会这么做。如果其他人不知道我的政治倾向，但知道我所属群体的政治倾向，那么他们就会根据我所使用的短语来推测我的政治倾向，显然这是一种基本归因错误。当然这仅仅是一种假定情况，我并不是一个毫无骨气的从众者。但是不管我们是否意识到这一点，服从社会群体规则会影响我们的用语选择。[22]

如果在提交的论文中，我写的是“资助穷人”而不是“福利”，那么情况会如何呢？如果我知道期刊的政治倾向，那么我可能使用自由主义相关的短语以提高论文发表的可能性。或许我一开始写的是“福利”，但期刊编辑强烈建议我将其修改为“资助穷人”。正所谓要么发表，要么出局，我只能遵从编辑的意见。如果其他人知道刊物的政治倾向，但不知道我的政治倾向，那么根据我所使用的短语来推测我的政治倾向，显然也是一种基本归因错误。即使我们不知道另外一种原因（除了作者的个人价值偏好之外），那也不意味着它不存在。严格地说，A 意味着 B 不足以支持 A 能从 B 中推出。

抛开政治不说，编辑常常对论文最终稿的用词选择施加影响。但是我们在根据特定的语词选择做出性格推断时，是不是极少考虑到编辑的作用？虽然作者会捍卫自己最初的用词选择，但有时作者修订终稿时不得不做出妥协。此外，编辑也会不经过作者同意就修改语词。

《纽约时报》有一篇文章名为《战胜自己的焦虑》。文章的作者是独立撰稿人，他使用的语词——“战胜”冒犯了一些读者。但显然是编辑选择了这个词，而不是作者本人。根据报纸网站评论区反馈的情况，读者认为作者持有一种“非常有害”的观点，而作者考尔斯（J. L. Cowles）解释自己提交的是完全不同的标题。[23] 有些报刊保留修改作者稿件的权利。当我们苦恼作者为什么要选择这种表述时，我们应该考虑一下是编辑而不是作者做出这一决定的可能性。如果作者或演讲者成长于使用完全不同的语言的环境，那又会怎么样呢？我的妻子生长于英式英语环境。刚来美国不久时，她是一名教学助教，当她为一堂数学课申请橡胶黑板擦时，遭遇了一次意想不到的嘲笑。因为在美国社会，“rubber”一词意思是避孕套，而在英式英语环境，这是黑板擦的意思。事实上，绝大多数学生可能理解我妻子的请求。那些不理解我妻子请求的，认为她过于随意或认为她社交能力差的学生，都忽视了文化背景（和数学课情境）。

如果专家学者是在几十年前接受的训练，那么他们会发现一些专业术语的含义已发生变化，或者没有关注到问题的多样性会改变我们所使用术语的含义，那又会怎么样呢？“retarded”以前并没有消极或冒犯性含义。事实上，全球唐氏综合征基金会极力劝说读者向年长的倡议者表示最高的敬意，他们在20世纪60年代和70年代为患有唐氏综合征的孩子争取人权和公民权利，然而当他们提及自己患有唐氏综合征的家人时还是会用“心智迟钝”（mentally retarded）这个词。[24]

那些原则上反对政治正确的人又怎么说呢？我经常看到有人在汽车保险杠上贴“我政治不正确，我骄傲”“不好意思，你的政治正确冒犯了我”等标语，他们使用政治不正确的术语以回应社会过于强调政治正确性。2016年美国总统大选期间，唐纳德·特朗普的支持者崇拜特朗普使用政治不正确用语，而特朗普可能是为了取悦他们故意使用的。

博主或者惊人节目主持人（shock jock*）又如何呢？他们会煽动读者和听众，让他们进行激烈讨论，以提升流量或收视率。这些媒体人有可能有目的地使用一些冒犯性短语，但个人并不持有相对应的价值观。我不是想说我们不应该生气（生气与否由每个人自己决定），而是想说完整分析人们为什么这么写或这么说需要考虑到情境因素，而不能简单地假定人们所表露出的价值观就是他们真正持有的价值观。

---

* shock jock指一种特别的广播杂谈节目的主持人。他们故意使用公开场合少见的侮辱性的、粗俗不雅的语言吸引听众，让听众感到震惊。

现实些

到目前为止（如果不是太快的话），有人会认为我小题大做。你或许会说，老兄可以了，现实些，别太过分。阅读经过编辑的文章或者收听惊人节目或许还说得通，但是把这一逻辑应用到日常交流之中就完全没有效果。因为我们必须假定基于我们所见所闻能推出他人是如何思考的，即使不可能百分之百确定。

当然我会完全赞同这一点。我们经常会冒险归因，犯下基本归因错误，基于他人的行动和言语做出他们是如何思考的最佳猜测，这么做是为了更好地在社会中生活。我们没有无限的时间去完整地分析，以分辨出最终真理，即使这样做是可能的。而且基于特定情境，最佳猜测或许经常是正确的。

但是我们需要真正意识到，我们的推测事实上就是冒着犯下基本归因错误所做的最佳猜测。在绝大多数日常社会交往中，我们不需要百分之百确信才能做出推论。事实上，“最佳猜测”中的“最佳”是相对而言的，并不严格地意味着“可能正确”。尽管如此，人们还是经常确信自己完全能够从行为中推测出他人的内心活动。人们认为自己可以看懂“真相究竟是什么”这一充满争议的故事，如果你不同意他们的观点，那么他们就会在脸书上和你断绝好友关系。非常不幸的是，“我是亲眼所见”“我是亲耳所闻”并不是牢不可破的。在人际感知中，他人的内心世界从来不会被轻易地看到和听到。然而，如果有更多的信息，那么少一点确定性能让我们对进一步修正持开放态度。

对我们大部分人而言，虽然在交流过程中停止错误归因令人感到不自在或烦琐，但是我们仍然有可能基于他人的行动和所说内容改进最初的假设。只要一点额外的努力，多进行一点外部训练，或想得更多一点，我们就能搁置对彼此的评判。实际上，令人难以置信的是，有人会因某个语词选择而即刻发怒，无法像往常一样理解这个词。对电影《回到未来》中的马蒂·麦克弗利来说，“小鸡”就是这么一个词（或许对许多年轻男子来说也一样）。马蒂对“小鸡”的回应让他陷入麻烦，可能是因为马蒂的防御式回应是典型的基于童年被霸凌的经历的条件反射，但是这一点也不重要，毕竟也就是斗斗嘴而已，并不是不尊重你。《纽约客》刊发了一篇标题为《斗嘴词汇》的文章，讲述了矛盾触发词“无所谓”（whatever）这一语词的力量。[25]

哪个词会惹毛你，让你做出负面意图推断？你的朋友或同事会被某个词惹毛吗？你是否曾经意外地惹毛别人？意外总会发生，但你的本意并不是要冒犯别人。甚至精神分析学家也承认有时“雪茄就是雪茄”，没有其他象征意义。可能你来自其他地方，以不同的方式使用那个触发词，但你不知道那家伙会被这个词激怒。

但是你试着解释你没有那个意思。一旦愤怒或羞愧接踵而至，尽管你再三说明至少在那一刻你没有负面的意图，被冒犯者还是会不由自主地对你的言行错误归因或者维持基本归因错误，推断你有负面意图。当然，我不想谴责他们。他们所感受到的也不是虚假的。你也不用后悔用了那个词。接下来我会讨论，为什么那么多人在被冒犯之后还是会犯基本归因错误。

比如，被冒犯者有时会自言自语或者大声地说出来，如果你不是这么想的，那为什么要这么说呢？这个问题经常被认为是表达方式问题，因为心烦意乱和某些内在原因导致了你说出这些话。但是这个问题还有其他的答案，只是寻找这些答案有些不切实际。但是如果不考虑其他可能的答案，甚至不考虑它们存在的可能性，那就犯了基本归因错误。

超越经典研究

琼斯和哈里斯的经典研究采用了菲德尔·卡斯特罗的演讲以检验基本归因错误。实验参与者可能会问自己，如果演讲稿作者不是这么想的，那为什么他要写这些呢？但实验参与者没有考虑到真实的答案是辩论顾问的要求。实验参与者必须判断，在多大程度上论文或演讲稿取决于写作者的个人态度，这项研究已经被看作态度归因范式，或论文范式。虽然这是一个经典且被广泛引用的研究，但这项研究不足以推出坚实且广泛适用的结论。

琼斯和哈里斯的研究成果发表之后，大量研究接踵而至，这些研究要求实验参与者阅读文章或演讲稿，或观看相关视频节目，内容包括讨论吸大麻是否合法，堕胎是否合法，政府资金是否应该用于艾滋病研究，大学毕业会考是否应该是综合性考试，消费者是否应该购买某一商品等。这些实验有一个条件，即实验参与者提前知道作者或演讲者被强迫采用某一立场。但数千名实验参与者（相当于绝大多数参与者）仍然将他们读到的或听到的内容归因于作者或演讲者的个人态度。

在进一步研究中，研究人员检验了琼斯和哈里斯的基本归因错误形式的局限性。例如，研究人员好奇，如果他们一开始要求实验参与者支持某一立场，类似于演讲稿作者所面临的条件，实验参与者是否有可能避免基本归因错误。然而，事实证明，实验参与者仍旧会犯基本归因错误。在实验之前，警示实验参与者要避免犯基本归因错误，实验参与者知道演讲稿作者没有提出自己的观点（而是由研究人员提供），甚至实验参与者意识到他们自己就是约束演讲稿作者的情境因素，实验参与者仍旧会犯基本归因错误。[26]

这种类型的基本归因错误有充分的研究支持，我也已经描述了一些会出现基本归因错误的真实生活情境。在下一章，我会更加关注这种类型的基本归因错误的真实案例，讨论如何将基本归因错误应用到理解其他认知偏差和对他人的错误感知中去。

第二章

政治和风言风语：基本归因错误层出不穷

我们不会让事实核查人员干涉我们的竞选活动。

——尼尔·纽豪斯（Neil Newhouse），

总统候选人米特·罗姆尼（Mitt Romney）民意调研分析人

世界上最大的谎言就是传闻。

——道格拉斯·马洛赫（Douglas Malloch），诗人

甚至那些以研究情境为业的人，在无意识的日常忙碌中还是会重拾坏习惯……坏习惯是那么得心应手，以至于他们也忽视了近在眼前的情境。

——萨姆·萨默斯，《情境影响力》作者

辩论演讲稿的内容并不必然地反映作者个人的观点，琼斯和哈里斯的研究说明了这一点。但是正如第一章所强调的，很难说服实验参与者相信存在这种可能性。

那备受关注的议员候选人甚至是总统候选人的真实演讲又如何呢？丹尼尔·吉尔伯特和帕特里克·马龙是研究基本归因错误的专

家，他们认为基本归因错误可能出现在收看真实政治演讲的选民身上。[1]事实上，无论是自由主义还是保守主义政客，即使他们说的是一些自己都不相信的话，很多时候他们的言论也得到了选民的信任。我就从总统说起吧。

在《平价医疗法案》生效之前，奥巴马总统在多次演讲中告诉美国人民，他的法案允许人们保留自己已有的医保计划。你真的相信吗？暂且不考虑党派之争（如果这可能的话），人们容易将这种强烈的且反复表达的观点归因为演讲者的个人信念，尤其演讲者是美国总统（支持他的选民更会如此归因），这就是基本归因错误。

事实证明，只有少部分人放弃了原有的医保计划，看来奥巴马总统显然知道这一点。《纽约时报》的自由主义作者在这一点上没有一致地支持奥巴马总统，但是当《纽约时报》的一篇社论将这种局势说成是总统“口误”时，这就引发了强烈反响。[2]我猜测反响之所以那么强烈不仅是因为美国社会政治分歧严重，也是因为基本归因错误。

因为基本归因错误，许多人一开始就相信他们从总统口中听到的就是总统的心声（和真理），尽管总统面临着巨大的政治压力。真相被揭露之后，许多人感觉自己被总统出卖了。虽然我不那么确定，但是通过《平价医疗法案》的压力——可能仅仅是因为大部分美国人没有医保——显然导致奥巴马反复且积极地说出不真实的言论（然而压力或几百万没有医保的美国人都不能为奥巴马撒谎的行为开脱）。

我们一旦考虑政治宣传，就更加有理由不将听到的信息归因为演讲者的个人信念。选举在即是解释选举行为的重要情境因素（但不一定是借口）。2012 年，米特·罗姆尼的民意调研人尼尔·纽豪斯在他们的竞选宣传没有通过多项事实核查之后发布了一个臭名昭著的声明，“我们不会让事实核查人员干涉我们的竞选活动”[3]。纽豪斯可能不是想说总统竞选可以忽视事实。他的意思可能是，不能因为事实核查人员说有问题就认定有问题。我只能猜测纽豪斯实际想表达的意思，可能他被迫做了以上陈述以回应来自自由主义和保守主义党派对罗姆尼总统竞选宣传的一系列批评。由于罗姆尼团队没有撤下竞选广告，因此被广泛解读为忽视事实。

2016 年总统大选在事实核查方面比 2012 年更为糟糕。人们针对竞选广告的事实核查发表了大量评论，其中白宫新闻发言人琳达·费尔德曼（Linda Feldmann）在一篇名为《2016 年总统大选如何成为事实核查人员的选举》的文章中写道，“事实核查人员可以大显身手了”。仲夏时节，琳达援引政治真相网站（PolitiFact）的数据写道，唐纳德·特朗普的总统竞选相关陈述只有一成是真实的或只有一成是几近真实的，而希拉里·克林顿当时有五成是真实的。[4]

在竞选经理中间流传着这样一种看法，即使演讲和政治宣传无法通过超党派的事实核查，选民看上去也不受影响，也就是说，选民还是很有可能相信他们所听到的，就像相信通过事实核查的信息。记者们纷纷猜测其中的原因。他们认为不少选民早已对政治不抱什么希望，看到各种警示，他们也波澜不惊，因此丝毫不关心总统竞选宣传是否通过事实核查。记者还指出不少有党派倾向的事实核查人员对事实的核查本身就要经过事实核查，而选民难以区分有偏见的和中立的事实核查人员。[5] 当然，对于早已选定自己心目中的总统的绝大多数选民而言，他们很有可能相信支持候选人的事实核查结果，而有选择地相信没有通过事实核查的内容，这样就可以维持对候选人的原初立场。在2016年总统大选中，事实核查人员自己也承认这种政治偏好确实存在，但是也指出新闻热点轮换得太快，很难“让选民有足够的时间关注”事实核查新闻。[6]

需要注意的是，讨论为什么选民不关心事实核查遗漏了基本归因错误这个要素。绝大多数人在潜意识或无意识层面对最初的假设没有丝毫动摇，也就是如果有人反复说一些有说服力的话，那么这些话必定以某种方式反映了说话者真实的信念，而这就是基本归因错误的本质。人们不愿将说话者的言语和他的真实感受切分开来。推测语词背后的个人信念让语词更为可信。

有些选民甚至在怀疑语词的真实性的同时仍然依此推测个人的信念。在2016年总统大选期间，不少特朗普的支持者表示自己并不相信他的竞选诺言，例如，特朗普承诺在美国和墨西哥之间修建隔离墙。他们解释道，虽然他们不相信特朗普的这一承诺，但是“这只是美好的愿景”，“我认为他只是在表达自己的立场”，或者“我认为他只是试图定个调子，我们必须将美国和墨西哥隔开”[7]。这种解释在那时可能是现实的。也可能是基本归因错误迫使人们在特朗普的言行和意图之间找到一些一致性证据。除非在某种程度上他就要这么做，否则他为什么要一直这么说呢？

人们倾向于相信他人告诉自己的东西，这种倾向被称为取真偏好（truth bias）。测谎研究学者认为这种偏好来自与社会规则和谐共处的欲望。[8]但是很明显，我们需要考虑到基本归因错误这一因素。琼斯和哈里斯的态度归因范式研究一针见血地指出，我们无法控制自己不将言行和个人信念联系起来。因为演讲稿的作者没有出现在实验场景中，所以没有必要和谁和谐相处。

似乎不用把政客很少说真话想得那么复杂。但是为什么那么多人仍然相信政客对他们说的话，无法通过事实核查的宣传内容也无法影响选民的立场？解释此类现象确实少不了基本归因错误。政治宣传和演讲经常忽视或歪曲事实，在这种环境下，出现基本归因错误就会产生明确的后果，那就是相信错误的信息。

政治不正确和轻度冒犯

暂且不管政客是否说实话，许多选民在意的是政客是怎么说的，或者他们用了什么词汇。在谈论或提及特定群体时，有政治正确和不正确之分。随着校园里有越来越多不同种族的学生和教师，教师和学生也会仔细审查他们的用语。正如第一章所讨论的，戴维·迈尔斯和其他社会科学家认为你所选择的词汇和标签必然反映你的个人观点或价值观。你选择何种标签贴在一个群体身上可能反映出你对这群人的所思所想，即使你没有意识到这一点。

所以还是小心为好。是选择“福利”，还是“资助穷人”，是用“残障人士”还是用“丧失部分功能者”，是用“同性恋者”还是“基佬”，你的选择可能会被他人视作你的真实态度。如果你使用了政治不正确的标签（即使你没有意识到这是政治不正确的），那么按照研究偏见的学者的观点，这是一种轻度冒犯。轻度冒犯是对特定群体的言语或非言语蔑视和冷落。按照定义，轻度冒犯可以是故意的，也可以是无意的，但是绝大多数轻度冒犯一直被认为是持善意的多数群体犯下的错误，他们对少数群体怀有一种无意识的认知偏差。[9]

有些正面修饰词一旦被用在特定群体身上也会被认为是轻度冒犯。比如说，研究人员指出白人称黑人“口齿伶俐”，反映了对黑人群体普遍的轻度偏见或消极态度。因为这种表达的潜台词是“对你的族群来说，你的聪明并不常见”。即使拜登这样说也不能被免于批评，在 2017 年他曾经使用上述错误的修饰词去恭维贝拉克·奥巴马。[10]

但是我试图强调这是一种逻辑错误（参见第一章），因为基本归因错误无意识地假定人们特定的用语选择必然反映了他们的个人价值观或观点，甚至反映了无意识的观点。这一逻辑错误引出了轻度冒犯研究中的一个基础问题。毫无偏见地恭维少数群体成员被自动解读成有言外之意，这不可不说是一种令人伤心的讽刺。我不是说我们应该尝试让说话者“修正”会冒犯某些人的用语，我也没有说我们不应该和说话者分享语词选择时的考量，尤其是某些语词有隐藏的偏见。奥巴马和其他黑人确实让拜登意识到这一问题，拜登在一次公开声明中表达了歉意。[11]

我想说的是我们无法阅读说话者的内心活动。让我们试着解决这些语词问题，但不要假设我们总是知道它们来自哪里。说话者可能持有有偏见的种族观点，也有可能没有。非常不幸的是，轻度冒犯研究者和做出轻度冒犯的人经常讲话极端且不考虑其他可能性。错误的标签、错误的问题暴露出一种认知偏差。到此为止吧。

错误问题式轻度冒犯

错误问题式轻度冒犯的常见例子是问亚裔美国人"你从哪儿来"。这一问题的潜台词是"你不是美国人"。[12] 语言学教授，《丢掉种族标签》（*Losing the Race*）的作者约翰·麦克沃特（John McWhorter）曾经描述过一则错误问题案例，一位黑人记者参加作家写作班，被一名文学评论家问及"所以为什么你在这里"，麦克沃特断定批评家的歧视意味"很明显"。[13]

我并未亲历事件、听到那个问句，但在我看来，认为其中隐藏的种族歧视含义过于明显的，在抵制轻度冒犯的人中间相当多。少数群体的拥护者有足够的证据提出对轻度冒犯的担忧，但是不能断言所有情况皆是如此。在轻度冒犯研究领域，此类证据很少，通常只有自我报告，有时是道听途说，或者仅仅是相关性证据，这些证据经常基于小型研究小组采访，且基于平均情况。有关轻度冒犯的文献虽有可取之处，但也有极为严重的局限性，使得不少著名的社会科学家呼吁暂停反轻度冒犯训练。[14]

我知道当有人冒犯你或者对你颐指气使时，你会认为他人的负面意图非常明显，导致你很难考虑我前面所要传达的信息，即一旦涉及阅读他人内心活动，看上去明显之事有可能是错误的。你当然可以继续和发言者分享自己对他内心世界的解读，但是我建议还是不要一开始就假定你的原初解读显而易见是正确的。

甚至麦克沃特对轻度冒犯也持保留态度。他认为某些对轻度冒犯的判断或许过于冒进，例如白人声称自己不在乎肤色也被认为是轻度冒犯。根据德拉尔德·温·苏及其同事的研究，以及不断增加的关于大学种族多样化的指导手册，声称自己不在乎肤色的白人的言外之意是“否认有色人种的民族 / 种族经历”。[15] 麦克沃特推断称，“对白人而言，将所有性状都理解为与‘黑色皮肤’有关就是一种种族歧视”，所以“我们不能反过来说由于他们把黑人和其他肤色人种等同视之，他们就是种族主义者。”[16]

科学逻辑或缺乏逻辑

在把不在乎肤色当成轻度冒犯的前提下，麦克沃特通过强调支持轻度冒犯概念的作者会将白人的所有行为看作轻度冒犯（无论白人做没做特定行为），从根本上对轻度冒犯概念的不可证伪性发动反击。这就类似于“你做了这件事，那你真该死。哦，你没有做，那也该死”。之所以轻度冒犯指控是无法证伪的，是因为人们无论如何行动都无法证明他没有犯下轻度冒犯错误，这是科学方法所无法接受的。麦克沃特不是第一个指出不可证伪性的学者。肯尼思·托马斯（Kenneth Thomas）和他的合作者评论道：“有些人就是该死，不论他们区别对待不同种族，还是同等对待。”[17]

我相信不可证伪性是一个正确的逻辑论证，麦克沃特和其他学者以此反驳轻度冒犯是一个有效的概念，而不是论证白人只能在不在乎肤色和称任何特征都是黑人特征这两个选项中选择。但是研究人员也没有局限于用形式化的科学逻辑去识别和轻度冒犯相关的一般性问题。正如第一章详细阐述的，在个人情绪或观点早已存在的情况下，情境因素也会影响语词的选择（再一次说明，这不是为了给那些人开脱，因为他们的语词真的伤害了特定人群）。尤其是，政客有时会基于他的日标群体或观众而选择特定词汇。许多青少年会模仿同辈。长者和长期倡导公民权利的人生长在不同的时代，无法及时学会当下的政治正确用语。有些人说出特定语词确实反映出无意识的种族偏见，但是据此自动假设他们就是如此，就低估了潜在情境因素的作用，从而犯下基本归因错误。

德拉尔德·温·苏是有名的轻度冒犯行为研究者，他经常表示轻度冒犯行为背后存在潜在的情境因素。比如说，讨论轻度冒犯的推论时，苏和他的同事断言“通常有其他的解释”。[18]但是，不可思议的是，这并没有软化苏的坚定主张，即特定语词或提问背后是无意识的种族偏见。德拉尔德·温·苏认为因为有良心的有色群体不会那么确定自己受到了不公平的对待，所以，潜在的情境因素让轻度冒犯行为的受害者更加沮丧。哇哦，好一个“良心”，看上去有色群体要避免基本归因错误，这当然很好，但是苏和他的同事只是削弱了避免错误归因的必要性。他们认为有色群体的不确定性就像是令人心力交瘁和痛苦的毋庸置疑的轻度冒犯行为的一部分。

我对有色群体的遭遇感到遗憾。那些反对德拉尔德·温·苏观点的学者想证明他们的情绪反应有问题，但我不会这么做。肯尼思·托马斯曾写道，因为某些特定的语词“就义愤填膺，这即使不是神经质，也无疑是荒谬可笑的”，德拉尔德·温·苏则将其称为谴责受害者行为。[19]

我真的希望在这个节骨眼上没有惹恼任何一位读者，也不想失去任何一位读者。我对轻度冒犯行为持中立立场。我真的赞许德拉尔德·温·苏和其他轻度冒犯行为研究者提升了我们对这一问题的认识，但是我也建议在理解他人内心想法时要更为小心，虽然他们使用了那些特定的语词或问了那些看似冒犯的问题。

脱离语境的引用：语境去除

在理解政客或教授为自己说的话或给自己贴的标签时不要太当真。如果他们使用政治不正确用语，那么以此解读他们的内心想法就是一场冒险，但是至少我们知道这些话是他们说的。接下来是道听途说的情况。

如果仅仅根据道听途说就对他人做出明确的性格归因，这要冒很大的风险。甚至直接引用从严格意义上说也是道听途说和传播二手信息，因为引用也有不少风险，包括脱离语境这种情况。

脱离语境的引用有不少叫法，如引文挖掘（quote mining）、断章取义（proof texting）、语境去除（contextomy）。语境去除指的是以类似手术的方式切除情境。一般的引用过程是切除或者不提及所引内容附近的语词、句子，从而切除原来的上下文。为了简洁表达或有目的地误导，人们可以清除这些部分，但是留下的部分可能会推出和原来完全不同的意思，甚至彻底相反。被切除的上下文可以解释为什么原作者或发言者选择这个目前所见的语词，或者上下文本身就是如此选择的真实原因。但是不知道上下文是什么，读者很有可能犯基本归因错误。听众会忽视上下文和显而易见的事实，这一事实就是引用者故意省略了一大段文字。

记者卡尔·比亚利克（Carl Bialik）提到一种来自电影宣传领域的选择性引用，他称之为“推荐语敲诈”（blurb racket）。到目前为止，比亚利克对电影宣传中常见的语境去除方法进行了分类。例如，有一种方法是误置修饰词。剔除语词之间的修饰词，可以让保留下来的修饰词修饰错误的语词。比亚利克注意到这样一个例子，批评家写道，“极度夸张而显得过犹不及，出人意料但又充斥着娱乐性”*，但是电影发行方将其改写为“极度夸张的……娱乐性”。所以我猜如果我写“无法想象的愚蠢，毫无快乐可言”，那么会被引用成“无法想象的快乐”，这就有一种老式演员-电影场景突然切换的喜感。评论者有时会称赞演员，但严厉批评电影本身，那么宣传人员会简单地移除演员的名字，而只引用对演员的溢美之词，好像溢美之词说的是整部电影。[20]

乔治·齐默尔曼案例

2012年，对乔治·齐默尔曼事件的报道是一个误导性更为严重的语境去除案例，也是一个明显的基本归因错误。齐默尔曼是白人，或者说是西班牙裔，他枪杀了十七岁黑人青年特雷沃恩·马丁。发生在佛罗里达的这起案件最终变成了全国媒体关注的焦点。为什么齐默尔曼会枪击马丁？出于自卫吗？齐默尔曼是否以种族特征来推测马丁

---

* 这是电影评论家对《虎胆龙威4》（*Live Free or Die Hard*）所作的评语。

的行为意图？

枪杀案发生一个月后，美国全国广播公司播放了一段案发当晚的911报警录音。录音片段激怒了许多听众。齐默尔曼隶属邻里联防组织，当时拨打911说看到马丁在社区里走来走去。齐默尔曼在录音片段中说，“这家伙看上去图谋不轨”，“他看起来是黑人”。

哇哦。种族主义者的发言被录了下来。情况一目了然，对不对？可能很多人当时立马断定齐默尔曼就是种族主义者。如果齐默尔曼不是种族主义者，那为什么他在说了“这家伙看上去图谋不轨”之后立马说了“他看起来是黑人”？似乎没有别的解释。

等一等。911接线员事实上问过齐默尔曼马丁是什么族裔。问话的录音正好位于被引用的两句话之间，但是美国全国广播公司播放的录音删除了这个问句。以下是齐默尔曼和接线员问答的更完整的版本：

> 齐默尔曼：这家伙看上去图谋不轨，可能在嗑药或是什么。现在正在下雨，而他却四处闲逛，东瞧瞧，西看看。
>
> 911接线员：好的，这家伙是白人、黑人还是西班牙裔？
>
> 齐默尔曼：他看上去是黑人。[21]

911接线员直接给出的多选题是被移除的语境。被问这样一个问题当然是非常强大的情境因素。使用问句提供的选项回答问题，只能反映出提问的存在，不能反映其他问题。确实，齐默尔曼或许一直是种族主义者，但是一开始就认为他之所以选择特定的用语是因为他的种族主义态度，就是基本归因错误。有多少人在听过被高度剪辑的录音之后固化了对齐默尔曼的看法，且无法修正？

当然，听众听了录音后推断齐默尔曼有种族主义倾向，这犯了基本归因错误，但归根结底是美国全国广播公司剪辑录音导致的。可以理解，听众不会想到如此重要的一段录音会被剪掉。另一方面，有许多记录在案的例子反映了脱离语境的引用造成的问题，因此听众最好保留自己的判断，直到获得新的媒体或其他来源提供的信息，或者直到被引述的个人能够有公平的机会证实证据或处理证据。（我确定有些听众就是这么做的。）

保留判断并不意味着从不判断，仅仅是多留出一点时间，等待“审判时刻”的到来。虽然等候不是收听爆炸式新闻令人满意的方式，也不是令人愉悦的方式，但是可以避免基本归因错误。

喜剧演员也能明白

从福克斯新闻网的肖恩·汉尼蒂（Sean Hannity）到《每日秀》（*The Daily Show*）的乔恩·斯图尔特（Jon Stewart），有线新闻和许多其他媒体没有出现美国全国广播公司的错误。斯图尔特播放过一部短剧，叫作《拼接频道》（*The Splice Channel*），在强调美国全国广播公司上述错误之后，向观众展示了另一个案例。斯图尔特播放了经过高度剪辑的《危险边缘》(*Jeopardy*)* 片段。在片段中,我们只能听到选手的问题(这就是这个节目的规则):“什么是日冕?”“什么是死胡同?”斯图尔特取笑这些被认为聪明的选手是多么无知。他问道:“你们难道没有上过大学吗?”下一个选手明显像是对斯图尔特的嘲讽做出回应:“得克萨斯大学是什么?”斯图尔特强调在该节目的背景下,主持人埃里克斯·崔柏克(Alex Trebek)的回答经过剪辑之后让选手听起来都像是“白痴”。斯图尔特接着指出了两个例子明显的相似之处,即经过美国全国广播公司剪辑的录音让齐默尔曼听起来是种族主义者。斯图尔特对此讲得非常清楚:经过剪辑的录音将或有或无的动机赋予齐默尔曼,我们实际上并不知道齐默尔曼为什么要如此这般。美国全国广播公司对这一争议的回应是他们犯了“严重的错误”,但斯图尔特却死咬不放。斯图尔特故意对美国全国广播公司的失误表示同情,说它们“一定是无意间按了语境去除按钮”,然后他展示了一张图片,图中精美编辑器侧面有一个大大的红色按钮,用于去除语境。[22]

按下按键,去除语境,这真是一个关于基本归因错误的绝佳隐喻。我们在观察他人时一直无知地按着这个按钮,我们也没有寻找呈现语境的按钮在哪里。但是基本归因错误不是一种意外。基本归因错误对绝大多数人来说都是一种无意识的反应。无论是认知副产品还是动机驱动,如果不了解情境,绝大多数人会冒着非常大的风险做出错

---

* 《危险边缘》是由梅夫·格里芬在1964年创办的美国电视智力竞赛节目。《危险边缘》采取一种独特的问答形式:参赛者须根据以答案形式提供的各种线索,以问题的形式做出正确的回答。上述信息来自维基百科。

误的性格归因。如果有人拒绝提供相关情境，那么做出此类归因不是归因者的错。很明显，我们无法一直掌控信息。但是即使能掌控信息，结论也有可能是错误的。

即使在数学课上，学生得出错误的答案是因为教师提供了错误的公式，错误的答案也仍然是错误的。如果有人拒绝向我们提供情境信息，那么在这种情况下做出的归因仍旧是基本归因错误。虽然基本归因错误可能是我们无法控制的，但是暂缓判断仍可以减少基本归因错误。如果没有足够的时间暂缓判断或收集更多的证据，那么我们唯一可以做的就是在意识到我们有可能没有考虑到相关必要的情境因素的情况下，尽我们所能做出最好的归因。但是在绝大多数案例中，新闻事件刚被爆出来时，我们还是有可能有时间去收集更多的信息的。

最后，美国全国广播公司可能意识到隐瞒语境信息的严重性，好几名雇员因此丢掉了工作。

信念固着

一旦在没有提及语境的情况下引用相关信息，撤销或修正经常无法消除引用所带来的负面影响，即使在头版头条登载声明也无济于事，这就让真实情况变得更为糟糕。原有证据被推翻之后，人们仍旧坚持某个信念，这一普遍的现象被称为信念固着（belief perseverance）。我们可能出于自我保护而坚定地持有某个信念，或者因为我们的大脑已经对这个信念进行了足够多的辩护，不再需要原有证据对这一信念的支持。[23]

当然，经过剪辑的 911 报警录音会造成政治影响。尤其是信奉自由主义或有自由主义倾向的媒体对种族定性表达了极大的关切，录音更是火上浇油。齐默尔曼被无罪释放后，自由主义者对普遍的种族不平等和种族不公现象表达了更为严重的关切。示威者进行了长达数周的集会游行。我不是要否认种族不平等或种族定性的存在，也不是要批评集会。也许齐默尔曼应该被判有罪，但是我好奇的是，如果没有经过剪辑的 911 报警录音所导致的基本归因错误和信念固着，自由主义者的愤怒会不会少一点。

更浓的政治味道

引用他人的观点时，可能会遇到他人也引用的是其他人的观点的情况，如果你在引用这一观点时没有提到该观点的源头，那么这种情况事实上就是语境去除的缩影。罗姆尼竞选团队在 2011 年投放的电视宣传上就是这么做的。电视宣传展示奥巴马总统说了这么一段话："我们如果继续纸上谈经济，那么就会输掉竞选。"奥巴马确实说了这句话，所以引用还算准确。然而，奥巴马引用的是 2008 年麦凯恩竞选团队某个人的话。奥巴马的完整陈述是"参议员麦凯恩的竞选团队确实说过这句话，而且我也引用了，那就是'我们如果继续纸上谈经济，那么就会输掉竞选'"。如果将奥巴马的声明放回之前的语境，那么这会完全改变他的意思。哎呀，"而且我也引用了"这些话在引用时被删掉了，一定是有人不小心按了语境去除按钮。[24]

不少自由主义者并不认为没有语境的引用只是一场意外。不少保守主义者也不相信他们在没有提及语境的情况下引用保守主义候选人的讲话只是意外。“我喜欢解雇那些为我提供服务的人……如果他无法提供我所希望的优质服务”，罗姆尼的这一声明为自由主义媒体找到了合适的泄愤口，那就是“我喜欢解雇人”。一定是有人又不小心按下了语境去除按钮。[25]

因此，政治宣传大战即刻打响。美国有线电视新闻网政治通讯员吉姆·阿科斯塔（Jim Acosta）说起2012年总统竞选时，戏言“欢迎来到‘脱离语境’的竞选”。[26]

契合语境去除定义最清楚的例子可能是政治例子。然而，不少科学家、哲学家和历史学家也在各自领域研究语境去除现象。不少作者甚至越过他们各自的领域来到社会心理学领域，引用基本归因错误研究以解释语境去除效应。例如，认知心理学家马修·麦格隆（Matthew McGlone）认为基本归因错误让清除脱离语境产生的错误所导致的影响变得困难。麦格隆提供的主要案例表明平权运动的反对者如何有选择地从马丁·路德·金博士的“我有一个梦想”这个演讲中引用某些观点，让他看起来一直在反对平权运动。[27]甚至进化论的提出者——达尔文自己也一直会做出有选择的引用，好让自己看上去反对进化论。[28]

在那些反对平权运动的人看来，超级人权领袖说一些反对平权运动的话，听起来也说得通。在那些反对进化论的人看来，进化论的提出者自己反对进化论，听起来也挺让人欣慰的。如果这些偶像都不相信自己倡导的运动或革新，那么其他人为什么要相信呢？但是，认为这些偶像也会反对自己的事业，这显然是基于基本归因错误产生的幻觉。马丁·路德·金和达尔文或许私下里对他们公开支持的立场有着复杂的感受，但是对他们的某个观点断章取义无法证明这种可能性。

基本但未被认识到的认知偏差

基本归因错误是一种基本的认知偏差，被称为“基本”不仅仅是因为它很常见、强大且无意识地出现，还因为它具有广泛的“适用空间”。在日常生活中，基本归因错误的例子数不胜数。到目前为止，除了对汽车驾驶、政治、历史和课堂等情境有过详细讨论之外，研究人员已经确认诸多领域都存在基本归因错误，或者受到了基本归因错误的影响，包括阴谋论、法庭审判、人事雇用、国际关系、婚姻、偏见、监狱、心理治疗、宗教、手机短信和推特，公众对国家问题的回应也是如此，包括贫困现象、失业现象、种族不平等、枪击暴力事件和恐怖主义。

除了上述真实的基本归因错误案例外，基本归因错误还被用于解释诸多社会心理学偏差和相关的感知觉现象。丹尼尔·吉尔伯特和他的同事认为基本归因错误是“社会心理学解释多个最重要的认知现象的根本所在”[29]，但是吉尔伯特本人也没有充分意识到基本归因错误的重要性，从而忽略了为数众多的例子。如果要更加完整地罗列与基本归因错误相关的现象，那么还包括刻板印象、偏见、行动者–观察者偏差、锚定–调整启发式判断、拟人论、偏差盲点、阴谋论、防御性归因（自利偏误）、本质主义、错误共识信念、快乐相关归因、群体服务偏差（group-serving bias，也称“利群偏差”）、光环效应、敌意归因偏差、敌意媒体偏差、控制错觉、自由错觉、内在公正推理（immanent justice reasoning）、内在启发式判断（the inherence heuristic）、面试者错觉、隐形斗篷错觉、公正世界信念（just-world beliefs）、外群体同质性偏见、家长羞辱、多数无知、领导艺术错觉、替罪羊行为、自我实现预言、社会角色效应、自发特质推理、时间延长错觉、取真偏好、最终归因错误和谴责受害者行为。*

在本书的结尾，我会讨论其中一些认知偏差，也会加入若干鲜活的基本归因错误的例子。但是我的观点是基本归因错误只是一种认知偏差，一种思考方式，触及了生活的诸多方面，和不同类型的被扭曲的判断有诸多联系。

总之，基本归因错误很可能是在社会心理学发展历程中研究最多、讨论最多、最核心、影响最广泛的认知偏差。然而，还有那么多的社会心理学家会轻易犯基本归因错误。即便没有犯基本归因错误，也至少将自己置身于极高的犯错风险之中，这真够讽刺的。如此多的聚焦认知偏差的大众读物对基本归因错误绝口不提，即使提到通常也未能充分意识到它有广泛的适用范围，这也够讽刺的。我会简要讨论若干相关例子，社会心理学家和大众读物作者在避免基本归因错误时会暴露上述问题，他们在告诉我们关于基本归因错误的内容和它在日常生活中的作用时也会暴露出这一认知空白。

* 锚定–调整启发式判断指人们在不确定情况下通过某个参照点进行推理和决策；隐形斗篷错觉是指人们倾向于认为自己对其他人的观察总是要多于其他人对自己的观察。

犯下基本归因错误的社会心理学家

社会心理学家萨姆·萨默斯在《情境影响力》一书中讲述了一个故事，他向一个男人狂按喇叭，仅仅因为这个男人在驾车绕行交通环岛时不够快。萨默斯认为这个男人的驾驶技术非常糟糕，简直够得上愚笨。但是萨默斯随后注意到送葬队伍堵塞了环岛入口。真是一个绝佳的基本归因错误案例。萨默斯为他的错误感到懊悔。我很欣赏他愿意在这本书中谈论这个错误。[30]

其他社会心理学家似乎没有意识到这个明显的错误。《终身成长》（*Mindset*）的作者卡罗尔·德韦克（Carol Dweck）经常把奇怪的行为或结果解释为某种特定的思维模式的必然反映，而没有考虑到周遭环境。例如，她描述说，你如果突然疲惫不堪，或感到饥饿，想要放弃困难的任务，那么“不要自欺欺人，这就是固定型思维模式”。德韦克典型的解释形式是，拥有固定型思维模式的人得到负面结果，是由于缺乏尝试。例如，在解释个体如何应对情侣分手后的伤心失落时，德韦克认为，“有人会让（作者特别强调）这些经历给自己留下伤痕，并阻止自己在未来形成一段令人满意的关系”。诸如此类的对失败的解释从严格意义上说属于谴责受害者行为，是另一形式的基本归因错误——当然我并不认为德韦克的解释意图完全没有可取之处。[31]

我们已经讨论过，更为一般的情况是，不少社会科学作者一直主张语词选择必然反映个人价值诉求，然而不管有多少学者同意，这在逻辑上既无法证实也无法证伪。艾米丽·普罗宁（Emily Pronin）为人所熟知的研究成果是揭示了人们难以察觉自己的偏见，即特定非言语行为必然反映种族情绪，而这是另一种逻辑错误。普罗宁提到白人实验参与者与黑人实验参与者互动时出现潜在的有偏见的非言语行为，她认为这些行为“明显来自内隐态度”并“揭示了他们的内隐态度”[32]。

德拉尔德·温·苏不仅相信特定的语词选择能够揭示内隐的认知偏差（有时确实是正确的），而且曾经错误地断定某位作家不同意自己的立场，仅仅是因为此人是白人。然而这位作者，即小拉斐尔·哈里斯（Rafael Harris Jr.）不是白人。苏、哈里斯和其他人写了一系列辩论文章，苏和合作者提到哈里斯和其他两位反对自己的学者，认为他们是“良苦用心的白人，正在将他们的种族现实强加于有色人种之上”。苏和合作者还提到“任何一个白人将种族现实强加于少数群体之上，都是傲慢的表现”。唉。[33]

苏在展开辩论时经常提起一件发生在自己身上的事。苏和一名同事曾遭到有种族偏见的白人飞机乘务员的不公平对待，因为他们都是有色人种。哈里斯提出情境因素而非种族偏见也可能导致乘务员做出那样的行为。[34]然而具有讽刺意味的是，在哈里斯提出苏可能犯了基本归因错误（推断飞机乘务员有种族偏见）之后，苏似乎又犯了基本归因错误（仅仅因为哈里斯是白人或哈利斯持有白人特权观点而推断他做出了如上论断）。在后续发表的论文中，哈里斯指出苏的错误在于假定哈里斯是白人因而犯了基本归因错误，对此苏表达了歉意。[35]

除了普罗宁、苏和其他不少社会科学家通过推测他人的内隐态度无意识地做出性格归因之外，还有不少学者建构和使用内隐联结测验，并经常做出类似的归因。内隐联结测验能够测量被试将积极或消极语词联系到黑人或白人等特定人群之上所花费的反应时间。有观点认为，如果被试对黑人有偏见，那么他会花费较长的时间将积极的语词与黑人联系起来，而将积极的语词与白人联系起来所花费的时间较短。与学术界对轻微冒犯行为的争论相类似，我们能够从内隐联结测验的得分中合理地得出什么结论，这一点也引发了持续的争议。内隐联结测验的支持者确信糟糕的分数意味着内隐认知偏差，而其他人则认为有可能是情境因素或文化因素影响了反应时间。[36]

马扎林·贝纳基（Mahzarin Banaji）和安东尼·格林沃尔德著有《认知力：如何超越认知盲点》一书，然而，在评估乔治·齐默尔曼时，他们可能已经犯了基本归因错误。甚至在齐默尔曼案尚未开庭审理时，贝纳基和格林沃尔德就称齐默尔曼为“邻里联防组织成员”，“他错误地假定马丁是个危险分子，虽然当时马丁没有携带任何武器”[37]。秉承之前章节我所提到的精神，不要试图从单个语词选择中解读他人的内心活动，我不想过度解读“联防组织成员”（vigilante）* 一词。“联防组织成员”一词有负面含义，但是贝纳基和格林沃尔德本想传达的意思是齐默尔曼是社区监管小组的成员，而没有判断这个小组是合法的还是激进好斗、非法的。

尽管如此，贝纳基和格林沃尔德还是引用对齐默尔曼的假设来解释其行动。但是我们如何知道齐默尔曼是怎么想的呢？社区监管小组的其他成员也会跟随或盯梢他人，但不会猜测那个人是否携带武器。贝纳基和格林沃尔德引用《纽约时报》上的一篇文章来支持他们的观

* vigilante 尤指认为警方工作不力而自发组织起来的安保人员。——编者注

点，文中提到齐默尔曼对最近发生在社区的几宗入室盗窃案表示担忧。入室盗窃案构成了齐默尔曼最初行动的情境因素，虽然这些行动是非法的，而且也非常致命。这篇文章没有提到齐默尔曼是否断言马丁携带武器。

齐默尔曼称自己是自卫，那么与此最相关的信息就是马丁没有携带武器，而我绝没有为齐默尔曼那天晚上的行为开脱。但是贝纳基和格林沃尔德进入了齐默尔曼的内心世界，推测他的内在想法，以解释他的行为，虽然来自外部环境的情境因素已经能够充分解释齐默尔曼的行为。

在更为广泛的领域，有些社会心理学家几乎完全用性格原因解释邪恶的行为。其中一个例子来自罗伊·鲍迈斯特（Roy Baumeister）的著作《邪恶：人类暴力和血腥行为的本性》（*Evil：Inside Human Violence and Cruclty*）。鲍迈斯特识别出了四种性格上的“邪恶根源”，其中包括贪婪和自我。[38] 此类解释邪恶行为的模式中所出现的基本归因错误在另一本书《邪恶的基因》（*Evil Genes*）中也有所体现。工程学教授芭芭拉·奥克利（Barbara Oakley）是这本书的作者。另一方面，社会心理学家菲利普·津巴多（Philip Zimbardo）在他的著作《路西法效应：好人是如何变成恶魔的》一书中证明情境因素在解释邪恶行为中的重要性。

实际上，非此即彼的情况通常不会发生，也就是个人因素或情境因素不会单独作用。有研究支持邪恶行为可能是由个人因素和情境因素相互作用引起的。我认为鲍迈斯特和津巴多很可能知道导致邪恶行为发生的原因是极为复杂的，也请读者了解我绝无为邪恶行为开脱之意。但是有学者引用鲍迈斯特的理论，将他用来解释邪恶行为的四个性格根源描述得更为绝对，社会心理学家乔纳森·海特（Jonathan Haidt）就是其中之一。海特将那四种性格称为“导致暴力和血腥行为”的“四个主要原因”[39]。我认为他这样写作所传达的信息是性格原因（个人因素）导致邪恶行为，可以说是基本归因错误的一个例子。

当然在这几年间我已经积累了不少自己犯下基本归因错误的例子（或许就出现在这本书中）。当我开着自己的车被旁边的车辆逼着驶离公路时，我的第一反应就可以用基本归因错误加以描述。有时我会意识到这一点，立刻收回自己的诅咒，不再咒骂那个司机全家不得好死。

我试图证明即使接受过完整的社会心理学教育也不足以消除基本归因错误。虽然俗语有云，医生是最糟糕的病人，但也不至于说社会心理学家出现认知偏差的情况最多。只是社会心理学家对这些认知偏差没有免疫力，即使他们试图帮助自己的学生避免出现这样的错误。《情境影响力》的作者萨姆·萨默斯曾作注解，“即便是以研究情境为业的学者也无法摆脱这些糟糕的认知习惯”[40]。

虽然社会心理学教育在减少认知偏差方面的作用是有限的，但是教育仍是对大众读物作家所提出的“如何减少认知偏差”这个问题的首要建议。我也会在这本书中提供若干条额外的建议用于减少基本归因错误（请参见第十章）。

讲解认知偏差但没有覆盖基本归因错误的著作

社会心理学家会犯基本归因错误，这听起来是在讽刺他们。另一件讽刺的事是内容聚焦认知偏差的绝大多数大众读物几乎不关注基本归因错误。理查德·尼斯贝特只在他的著作《逻辑思维》开篇简要描述过基本归因错误。类似地，尼古拉斯·埃普利在他的著作《我懂你：如何运用“第六感”提高洞察力》中花费不到一章的篇幅论述基本归因错误。我在导言中讨论过，萨姆·萨默斯的《情境影响力》一书也提到了基本归因错误，但是仅仅是在脚注中提到过这个名词。

乔纳森·海特在《幸福的假设》中非常简洁地提到了基本归因错误研究领域，但是把它描述为另一种的认知偏差，也就是自利偏误。[41] 这是一种有趣的想法，但是目前为止，基本归因错误研究人员还没有共享这个想法。托马斯·吉洛维奇（Thomas Gilovich）在他的著作《理性犯的错：日常生活中的 6 大思维谬误》中将基本归因错误明确地看成一种日常的思维错误。但是基本归因错误远远不止这些。

绝大多数讨论认知偏差的著作，诸如《认知力：如何超越认知盲点》《盲点：为什么聪明人也犯傻》《聪明人为什么干傻事》《误区：思维中常犯的 6 个基本错误》《看不见的大猩猩》《怪诞行为学：可预测的非理性》《错觉：为什么我们视而不见、转身就忘或自命不凡》，讲了不少认知偏差，但都没有提到基本归因错误。当然，作者可以自行选择论述何种认知偏差，而且这些著作也有自己的长处。但是本书的重要目标是填补这一巨大的空白。阅读社会科学相关大众读物的读者一直在获取有关其他认知偏差和错误感知的知识，但是几乎没有获得关于基本归因错误的知识。因为基本归因错误是一种基本认知偏差，所以我认为它应该是我们探究错误的社会判断的起点。

如此相关以至于不被提及？

即使直接向社会心理学家咨询基本归因错误问题，一些著名的社会心理学家似乎也没有意识到它是一个重要的问题，或许是因为它已经成为社会心理学的基础和背景。难道是因为基本归因错误与日常生活的关系过于明显，社会心理学家才认为没必要研究？

史蒂芬·平克（Steven Pinker）(《心智探奇》和《白板》的作者）曾经提过一个问题："什么样的科学概念能够改进普通人的认知工具箱？"著名的科学文化传播网站（Edge.org）曾经发布来自"164位思想者"的回答。虽然不少社会心理学家也位列其中，但是他们之中没有人提名基本归因错误。专栏作家戴维·布鲁克斯在讨论这次交流时主动出击，他的第一个建议就是提名基本归因错误。布鲁克斯写道："如果让我擅自做主提名若干科学概念，那么我建议提名基本归因错误：不要试图用人格特质解释行为，用情境解释效果更好。"[42]

提名基本归因错误的人不是心理学家，而是一位公共话语体系中的多产作家，这反映了基本归因错误是一个世人皆知的现象，但在专业领域的影响力又有限。尽管布鲁克斯已经提名基本归因错误，但我还是想把基本归因错误引入当代公共话语对社会归因错误和人际关系理解的讨论之中。让我们拭目以待吧。在人类交往中，基本归因错误那与日常生活难以置信的相关性随处可见。

检验基本归因错误：一个提示

琼斯、哈里斯以及不少人都用过的态度归因范式可能是检验基本归因错误最常用的方法。然而，我得承认人们对态度归因范式的批评不绝如缕，知晓社会心理学历史的读者尤其了解这一点。

特别是有些人已经质疑主要在实验室环境下出现的认知偏差能否转化为日常人际交往中的真实错误。这是外部有效性问题。在态度归因范式下，演讲稿的作者会被要求依照某个观点撰写演讲稿，在这种情况下，研究人员会为实验参与者提供一份（通常具有说服力的）演讲稿，让他们阅读他们应该忽略的逻辑命题。但是为什么一开始实验参与者就会拿到演讲稿呢？戴维·丰德（David Funder）是一位杰出的人格和社会心理学家，他认为态度归因范式违背了日常交流中隐含的规则，那就是“言说者告诉聆听者的内容是言说者认为聆听者需要知道的内容”以及“言说者不会提供他所认为的与当下情境无关的信息”[43]。

我已经提到过，政客或他们的竞选阵营并不必然遵守这条规则。因此态度归因范式或许在政治领域会被尽可能地普遍化。但是，即便是和我们交流的普通人也经常不遵守交流规则，特别容易说谎。根据贝拉·德保罗（Bella DePaulo）和她的同事的研究，说谎是“日常社会互动过程”[44]。

总而言之，我认为使用态度归因范式有着切实的价值。但是无论如何，还是有其他检验基本归因错误的范式，包括丰德自己发现的在现实生活中极具应用价值的和“不那么现实的”范式。[45] 现实主义范式通常被称为问答游戏范式或提问者–竞争者范式，有时也被称为社会角色范式。该范式可以检验实验参与者在解释他人行为时忽视社会角色效应的程度。第五章将探讨社会角色问题，在那之前，我会先讨论基本归因错误如何影响我们的非言语行为解读。[46]

第三章

解读非言语行为：洞察力错觉

人们总是认为自己内在的计算装置一直在运行，能够即刻解读情境的“真正含义”，然而事实并非如此。内在的计算装置会被弃用，会被干扰，甚至会失效。人们的直觉反应经常与各种利益、情绪和情操进行竞争。

——马尔科姆·格拉德威尔，《眨眼之间》的作者

观察他人身体姿态会产生洞察力错觉……身体语言会告诉我们一些东西，但只能低声告诉我们。

——尼古拉斯·埃普利，《我懂你：如何运用“第六感”提高洞察力》的作者

我要为所有有点娘娘腔的傻瓜站出来说句公道话，他们实际上是异性恋者。同性恋雷达失灵作响，你却以为这一判断装置没有问题。

——乔恩·克赖尔（Jon Cryer），《红粉佳人》中达奇的扮演者

2014 年 1 月，在威斯康星州的小镇希博伊根福尔斯，一家当地新闻社刊登了一则有关三兄弟的让人倍感欣慰的故事。三兄弟在大城市出生、长大，后来跟随他们的父亲搬到了希博伊根福尔斯。三兄弟

一直希望在“综合性教育系统”中“寻求改变”。搬到新的小镇、换了新学校之后，三兄弟说，“这里的人们一直积极接纳我们”，“学校也比之前好得多”[1]。他们加入了希博伊根福尔斯镇高中（Sheboygan Falls High School，简称 SFHS）篮球队。《希博伊根福尔斯镇新闻报》编辑杰夫·佩德森（Jeff Pederson）把这个故事描述为“一则积极的报道，高中生运动员适应新的学校，为高中运动项目建设添砖加瓦”[2]。新闻社还拍摄了几张三兄弟的照片，选择了其中一张作为这则报道的配图。

然而，麻烦接踵而至。

在这张照片中，其中两个男孩的手势类似于大城市黑帮常用的手势（参见图 3.1）。社区居民向三兄弟所在学区表达了他们的担忧。随后，副校长和当地警察调查了此事。他们和乔丹·杰克逊（Jordan Jackson，照片左起第一位）还有他的父亲进行了一次面谈。

图 3.1 （图片由希博伊根福尔斯镇新闻社提供）

根据当地警察的报告，乔丹说他使用这个手势只是因为投中了三分球，而不是因为加入了某个帮派。事实上，不少大学运动员和专业运动员在投中三分球之后都会做出乔丹的手势。朱旺·杰克逊（Juwaun Jackson，照片正中）很明显只是在搞笑。乔丹解释朱旺压根没有特意做手势，只是“手指指向天空，好像在说‘嘿，老兄，咋了？’”三兄弟的母亲也说自己的儿子没有加入任何帮派组织。因此警察没有提起任何指控，也没有建议学校给他们任何惩戒。警方的报告可总结为“没有证据表明三兄弟有意展示任何帮派符号”[3]。

但是对学区的家长来说，比起照片中拍到的手势，三兄弟的解释一点都不重要。正所谓事实胜于雄辩，是不是这个理？最终学区负责人禁止乔丹和朱旺参加下一场比赛。

停赛的日子对年轻人来说压力很大。他们的父母要求召开听证会，对这个决定提出上诉。停赛决定下达四天后，学区召开了闭门听证会，结果是中止停赛决定，两兄弟及时参加了当天晚上的比赛。希博伊根福尔斯镇镇长同意撤销停赛决定。尽管决定被撤销，但美国公民自由联盟（ACLU）仍开始着手调查该校的纪律政策的合法性。[4]

非言语行为解读指的是基于非言语行为推断他人的人格特征、意图等。非言语行为包括面部表情、语音语调和身体姿态。这次对两个男孩的手势做出过度反应只是个例吗？不幸的是，此类过度反应并不少。绝大多数人解读非言语行为的准确度低于他们自己所认为的准确度，而且对自己的解读过于自信，已经超出了合理的范围。《我懂你：如何运用“第六感”提高洞察力》的作者尼古拉斯·埃普利将非言语行为解读称为“洞察力错觉”。[5]我将在分析中补充说明基本归因错误的作用。

推断意图

基本归因错误指的是推断个人性格特征和意图时忽略情境因素。至少有些社群成员和学校行政领导在推断乔丹的行为意图时犯了基本归因错误，忽视或低估了篮球运动这一情境的影响：这是一张关于篮球运动报道的配图，而且我们又穿的是球衣，所以我就想做出篮球手势。

行政部门看上去也忽视了更为直接的情境因素。摄影师在这之前拍过“三兄弟并排站但没有任何手势或符号”的照片，但新闻编辑认为这样的照片太无聊了，“第二张照片就是在摄影师要求三兄弟摆个‘有意思的手势’后拍下的，这是新闻摄影师的惯用伎俩。为了使摆拍的照片看上去更加活泼，拍摄对象总会做出一些幽默的举动配合摄影师”[6]。警察的报告也注意到了三兄弟的手势是按照摄影师的指示而摆出的，为了表现得“傻傻憨憨”而已。[7]

因此，三兄弟做出这些手势满足摄影师的要求。乔丹做出了投进三分球的庆祝手势。朱旺做出了更为常见的手势，似乎在说“老兄，咋了？”这些手势成功让照片增色不少。

乔治·齐默尔曼之所以说特雷沃恩·马丁“看起来是黑人”只是为了回应911接线员的提问（已在第二章详细讨论），而杰克逊和朱旺动动手指是为了满足摄影师的要求，让照片变得“更有意思”或让自己看起来“傻傻憨憨”的。这两个例子中，都有一个进行判断的人看不见、听不着的权威在发号施令。齐默尔曼的回答、杰克逊和朱旺的手势都是听从权威的指示而完成的，人们一开始对他们的负面判断忽视了权威指示的影响。

我并不是想说乔治·齐默尔曼的行为和杰克逊两兄弟不够严肃的行为是一码事。但是在两个例子中，对他们做出负面判断是错误的，因为他们的行为只是以恰当或礼貌的方式回应当时的直接情境。（当然，是否齐默尔曼所有的行动都是“恰当的”，在审理中存在争议。）

解读他人内心活动时的教训

假设我们都跟调查乔丹·杰克逊的警察一样，相信他的话，那么这一事件给我们的教训是不要基于非言语行为解读他人的内心活动，即使这个行为与帮派手势相近。如果他人的非言语行为和他们通过言语所讲述的是不同但合理的情况，那么最起码我们不应该觉得我们有足够充分的理由可以对其进行惩戒。

或许在不少读者看来，这个建议是显而易见的。但是有些非言语行为或手势在发生时有着非常明确的含义。在这种情况下，即使我们的理性使我们在片刻之后能够做出更好的判断，但我们还是会无意识地受到这些行为的影响。《眨眼之间：不假思索的决断力》一书的作者马尔科姆·格拉德威尔刻画了人们在不知道行为是如何发生的情况下快速解读非言语行为的各种例子。这就是直觉或本能。一般而言，格拉德威尔认为此类解释和直觉性决策通常是准确的，有时甚至比有意识的慢条斯理的决策还要准确。

格拉德威尔和其他大众媒体作家以及某些学术作者甚至假定人们解读非言语行为是一个准确的认知处理过程，他们称之为“读心”，多么有意思的短语，仿佛人们有心灵感应能力一样。安妮·墨菲·保罗（Annie Murphy Paul）为“今日心理学”（Psychology Today）网站撰文时写道，“我们都是街头巷尾跳大神的”，而且“每一天……我们都在解读彼此的内心活动”[8]。然而，《伯恩斯新情绪疗法Ⅱ》（*The Feeling Good Handbook*）作者戴维·伯恩斯（David Burns）和一些认知行为治疗师认为，“读心”是十大认知扭曲类型之一，或是“思维扭曲形式”之一。[9]在暗示人们有能力解读他人的内心活动之后，保罗引用心理学家威廉·伊克斯（William Ickes）的观点，即人们解读内心活动或非言语行为的真实能力非常低下。伊克斯认为解读准确率为 20% 到 35%，具体取决于我们对他人的了解程度。

即便如此，格拉德威尔还是认为“我们可以毫不费力且无意识地解读他人的内心活动”[10]。他比任何作家都努力地传播自己的这一观点，所以我会花时间关注他的论证，并提出一些反驳观点。不过，我想试着放慢解读的速度。

首先，我会讨论格拉德威尔关于教师对非言语行为有着精准的解读能力的理解。他引用纳里尼·安巴迪（Nalini Ambady）和罗伯特·罗森塔尔（Robert Rosenthal）的研究，认为教师观察学生 30 秒甚至更短的时间后所得出的结论和期末评价结果“极为相似”，说明教师判断学生学习能力的效率很高。格拉德威尔认为此类结果表明“人类的适应性无意识是强大的”，然而，此类结果也可以证明期末评价可能有错误。更为重要的是，我发现格拉德威尔在报告实际结果时出现了几处错误。例如，快速判断针对的是学生的各种性格特征，而不是“有效性”。[11]

格拉德威尔报告中最引人瞩目的部分是采访解读非言语行为的专家，例如保罗·埃克曼。埃克曼为人所熟知的是他在特定面部表情和情绪之间建立联系方面所做的基础性工作。这是一个绝佳的采访机会。电视剧《别对我说谎》介绍非言语行为解读专家帮助美国联邦调查局（FBI）的故事，部分基于埃克曼的研究。《别对我说谎》的宣传广告甚至扯上了电视剧内容与科学研究之间的关系，卖点就是有真实的科学研究基础。

无需多言，《眨眼之间》和《别对我说谎》激起了一些争议。认知科学家和社会学家质疑《眨眼之间》关于快速判断的准确性的观点。人权组织和许多专家学者强烈质疑《别对我说谎》中所展示的测谎技术是否有科学证据的支持，尽管这些技术已经被一些机场安保部门采用。对于这一点，科学界基本持否定态度。

蒂莫西·莱文（Timothy Levinc）领导的一组科学家甚至好奇观众观看《别对我说谎》以及学习其中的非言语行为解读原则是否会让他们自己在辨别欺骗言行方面表现得更糟。在他们的研究中，莱文和他的同事随机将大学生分为三组，一组首次观看《别对我说谎》系列，一组首次观看犯罪剧（《数字追凶》），一组什么也不看。观看《别对我说谎》的被试在辨别欺骗言行方面表现得最差。研究人员说《别对我说谎》的观众已经无差别地怀疑所有人是否诚实，这说明他们识别诚实的能力已经降低。[12]

甚至在《眨眼之间》和《别对我说谎》被推出之前，研究非言语交流的学者已经和埃克曼有过激烈的争论。在埃克曼第一次提出并发表关于面部表情解读的标准系统之前，不是所有人都认为，特定的面部表情一定能反映某种特定情绪。研究人员一般认为辨别欺骗的准确率和抛硬币猜正反差不多，即使经过训练，准确率也是如此。下一章将总结当前解读面部表情的争论。

目前为止，我对这个一般性争论的独有贡献是强调基本归因错误降低了解读非言语行为的准确率。许多研究人员强调情境和其他特定的社会或情境因素会影响非言语行为。因此，忽视情境和情境因素会削弱人们解读非言语行为的能力。当然不仅仅是格拉德威尔、埃克曼和机场安保部门低估了情境因素的影响，普通人也会犯这个错误，他们同样基于他人的非言语行为认为自己“知道”他人喜欢什么，或者他人言语的真正含义。

莎伦·温伯格（Sharon Weinberger）在为《自然》杂志撰写的文章中提到机场安保部门尝试使用非言语线索发现欺骗行为或有预谋的伤害行为时［温伯格杜撰了一个术语指称此类行为，即不当意图（malintent）］，有可能低估飞行这一情境因素。温伯格写道，人们在飞行时，对于恐怖主义和错过航班的担忧会“提升那些需要管理的情绪表达……但是这与欺骗毫无关系，更不要说不当意图了”[13]。

《纽约时报》科学作家约翰·蒂尔尼（John Tierney）对此也发出警告，即认为自己可以在机场完成非言语行为解读是不恰当的。他写道：“美国联邦运输安全管理局（T.S.A.）似乎陷入典型的自我欺骗之中：仅仅通过上下打量他人的身体姿势就可以解读他们的内心世界。”蒂尔尼引述心理学和欺骗侦测研究专家玛丽亚·哈特维格（Maria Hartwig）的观点，“说谎者的身体语言会出卖自己，这一常识性观念只不过是文化虚构”[14]。

解读失败

格拉德威尔确实强调了一些反例，说明快速解读内心活动可能造成恶果。格拉德威尔用了整整一章来描述 1999 年在纽约发生的一起案件，当时不准确的非言语行为解读导致一名无辜者被警察射杀。

阿马杜·迪亚洛（Amadou Diallo）是一位来自几内亚的 22 岁黑人移民，他在身上没有任何武器的情况下被四位便衣警察射杀。警察犯的第一个错误是怀疑迪亚洛图谋不轨，仅仅因为他深更半夜站在布朗克斯一幢公寓楼外的门廊上。一个被忽略的情境因素可以解释迪亚洛为什么站着那儿——他住在这里。唉，多么不幸。根据《纽约时报》的报告，第一位怀疑迪亚洛身体姿势的警官“承认他从没有考虑过迪亚洛先生有合法的理由出现在那儿，或者没有考虑过他有可能住在那幢公寓楼里”[15]。

解读非言语行为产生的错误逐步累积，迪亚洛显然慌张害怕起来，因为他被错认为危险分子。迪亚洛选择逃走，可能是因为他害怕他们会抢劫他，因为迪亚洛知道有人在这种情况下被抢劫过。[16] 最为致命的错误是一位警官认为迪亚洛正在找枪，事实上他找的是钱包。而如果你认为自己会被抢劫，找一下钱包也是可以理解的。所有警察“都承认他们压根没有从迪亚洛先生的角度考虑当时的情境”[17]。

对警察而言，在追逐过程中，你找钱包的行为就是在找枪。这已经够悲惨的了。当警察要求你出示驾驶执照之后，警察还是认为你找钱包的行为就是在找枪。2016 年 7 月就发生了这么一件事。当时菲兰多·卡斯蒂利亚（Philando Castile）被一位警察在临时交通检查中射杀，事件发生在明尼苏达州的法尔考高地。第一章已经提到，人们会犯基本归因错误，即使他们已经考虑到了情境因素对被观察对象的影响。卡斯蒂利亚很明显是在找自己的钱包，因为一位权威人士要求他这么做，而这位权威人士很明显低估了这一要求的影响。[18]

尽管发生在 1999 年布朗克斯的迪亚洛枪杀事件是由大量非言语行为解读错误所致，但格拉德威尔仍在书的同一章好几次重述我们在眨眼之间做出的决策正常情况下是非常准确的。例如，他写道：“通常而言，我们能够轻而易举地分辨他人是否可疑……而且，更为简单的是分辨他人是否感到害怕或是不是危险分子；一个人深夜走在城市街道上，就会立即且不间断地进行此类判断。”格拉德威尔还称：“但是，出于某些原因，当晚警察丧失了这种人类最基本的能力。”

“人类最基本的能力”这种描述让我想起了上映于 1999 年的电影《窈窕淑女》中的一个情节，青年女主角的父亲身穿睡衣坐在电视机前收看智力问答节目《危险边缘》。他“不停地”、自信地大声回答节目中提出的一个又一个问题。但是每一次回答都是错误的，有时甚至错得可笑。

绝大多数人确实会经常（或不常）瞬间解读他人的非言语行为，但是为什么这种行动的频率会将其上升为一种能力呢？我们如何确定自己行走在深夜城市街道时做出的即时判断是正确的？我们需要询问看到的每一个人，然后验证自己的非言语行为解读结果是否正确，即使如此我们也不一定能够百分之百确信。

为了解释快速但不准确的非言语行为解读的存在，格拉德威尔认为，人们的本能决策会被与其竞争的“利益、情绪和情操”抛弃。换句话说，本能的非言语行为解读能力并不是问题所在，也没有内在缺陷，但它可能被其他有偏差的认知过程抛弃。这种区别听起来只是文字游戏，毕竟，如果一个决策过程能够轻而易举地偏离原有轨道，那么它实际上就是错误的。

但是，即使我们接受这种区别，由基本归因错误导致的不准确的非言语行为解读也不能归咎于“本能被抛弃”。格拉德威尔通常会提到不少自然的、直觉的，或无意识的决策过程，这些过程本质上是不准确的，而基本归因错误形成过程是其中之一。有些社会心理学家认为，基本归因错误在解释非言语行为时无意识程度更高。[19] 不少拥护直觉的学者声称这些无意识认知过程是人类进化的结果，但即使如此，最终决策也没必要全都是准确的。进化论能够轻易允许人性的进化特质在当下人类社会中丧失其有效性。特沃斯基（Tversky）和卡尼曼（Kahneman）的经典研究表明一些被认为由进化形成的决策过程经常会出错。[20]

动机驱动基本归因错误

事实上，社会心理学家并不确定导致基本归因错误的主要原因就是认知或动机。换句话说，基本归因错误可能并不是一种自然的认知过程，而是由个体的动机或情绪所驱动的，这一观点和格拉德威尔的推理是一致的，他认为其他情绪原因（如基本归因错误）会让认知过程（快速解读和判断）失去原有的功能。基本归因错误的产生或许是出于人们掌握周围世界的需要，或是因为人们渴望更好的预测和理解能力。[21] 例如，一个经典的基本归因错误案例是，人们之所以认为懒惰导致失业或贫困，是因为这种解释可以减少不确定性，并且加强自己对负面生活事件的控制感，于是有人会说“感谢上帝，多亏我不懒惰，要不然就是穷人一个了”。社会心理学家梅尔文·勒纳（Melvin Lerner）称这种谴责受害者行为为“基本错觉”（fundamental delusion）。[22]

一般而言，将观察到的结果或行为与最近可见的和移动的刺激——参与该动作的人——联系起来是形成闭合的因果关系，并满足控制需求的最快方法。情境因素通常是静止的，嵌入背景或过往经历之中，如果可见的话，又散布在每个角落。许多人会因为因果关系迟迟无法闭合而感到不舒服，因此直接归因于行动者的基本归因错误能够快速提供令人愉快的闭合的因果关系。从理论上讲，如果一个人能够承受因为因果关系无法完成闭合而产生的不舒服的感觉，那么他的大脑会整合更多的情境因素。实际上，我自己的研究表明这些人不容易犯基本归因错误。我将在第九章进一步讨论这个个体差异研究。[23]

在上文提到的篮球手势故事中，对闭合的因果关系或控制的基本需求致使许多人对手势的解读产生了偏差。我们的大脑不再好奇杰克逊兄弟摆出这些手势到底在干什么，而是试图想出一些快速且具体的东西，与手势联系在一起，哪怕这种联系是错误的。

对控制的需求也会导致阴谋论的产生和传播。按其定义，阴谋论符合基本归因错误。阴谋论在本质上夸大了敌人的力量，夸大了负面性格特征或意图在解释随机事件或由情境导致的负面事件中的作用。实际上，研究早已表明威胁人们的控制需求不仅会导致人们对阴谋论的认可，而且会带来各种各样的认知偏差和误解，我们在其中看到的模式或联系事实上都是不存在的。[24]

或许枪杀迪亚洛的警官觉得，在这个罪犯猖獗的街区，需要提高控制负面事件的必要性。他们是特别行动小组的成员，被分派到犯罪率较高的社区以阻止暴力袭击、谋杀和抢劫。[25] 人们相信他们，并支付费用让他们保护自己免受不可控的负面事件的伤害，这就可以解释警察对这些事件的控制需求为什么会增加。

一种更为明显的情绪：种族歧视

在希博伊根福尔斯镇和布朗克斯这两个故事中，一种比控制需求更为明显的情绪是种族歧视，它有可能使我们错误地解读他人的内心活动——其核心是人们会对非己族类的成员产生即时的负面情绪反应。对于发生在布朗克斯的阿马杜·迪亚洛身上的惨剧，格拉德威尔承认有些人从迪亚洛被枪杀这一事件中看到了种族歧视。在四位涉事警察被无罪释放之后，许多抗议集会谴责种族歧视。2004 年 1 月 6 日，因为迪亚洛父母控告警察在没有发现任何不当行为的情况下单纯以种族身份定性迪亚洛的行为，布朗克斯市政府为此向迪亚洛父母支付了 300 万美元的和解费。[26] 人权组织之所以一直质疑机场中使用的侦测技术，其中一个原因就是以种族身份定性的行为所带来的偏差效应。

格拉德威尔也引述了基思·佩恩（Keith Payne）的研究结论，佩恩相信“当我们快速判断时，真的能够被刻板印象和偏见影响”[27]。

阅读佩恩的最初研究可以发现，迪亚洛被枪杀事件实际上是这一研究灵感来源。佩恩的研究表明，在电脑屏幕上，黑人面孔（而非白人面孔）一闪而过，只要给实验参与者 0.5 秒的反应时间，他们中的很多人就会将黑人手上的工具误认为手枪。而所有的实验参与者都是非黑人大学生。[28]

甚至给实验参与者多一点时间做判断，白人实验参与者仍旧会倾向于根据种族线索或肤色做出有偏见的判断。实际上，伯特·邓肯（Birt Duncan）将这种倾向描述为针对黑人的基本归因错误。邓肯提到了他的经典研究，他录制了两个人怒气冲冲地争论的一系列影像。白人大学生看了这场争论，并以为这场争论真实地发生在附近的房间中。争论快要结束时，争论中的一位演员以“模棱两可”的方式推搡了另一位演员。研究人员准备了四种录像：1. 黑人推搡了白人；2. 黑人推搡了黑人；3. 白人推搡了黑人；4. 白人推搡了白人。综合实验参与者的回答，邓肯发现当推搡者或“危险动作发出者”是黑人——无论推搡行为的“受害者”是白人还是黑人——时，人们认为推搡行为更暴力，更多地是由人引起的，情境因素更不重要。

弗里茨·海德的观点经常被他人引用，他认为基本归因错误覆盖了对黑人行为的评价。邓肯引用了他的一段话，写道：

> 很明显，人们经常将黑人理解（刻板印象、草率归类等）为充满了诸如此类明显的人格特征（如暴力）的人，以至于这些人格特征通常会吞没行为发生的情境，而不是被限制在恰当的位置，可解释行为需要关于情境的额外信息。[29]

虽然格拉德威尔提出了种族歧视问题，而且引用了佩恩的研究，但是令人惊奇的是，他竟然低估了在布朗克斯枪杀事件中白人警察错误解读迪亚洛行为的原因是种族歧视的可能性。事实上，种族歧视非常契合格拉德威尔自己提出的一般性议题，但是他之所以没有感觉到种族歧视理论能够“完美满足”他的理论，是因为“没有证据表明在迪亚洛事件中四位警察是坏人，是种族主义者，或者仅仅是为了找迪亚洛麻烦”。

当然，我并不知道四位警察是否有种族主义情绪。但是我确实感到讽刺。格拉德威尔极力宣称人类有一种自然能力，可以在几秒钟内解读他人的心理活动，而且仅仅通过上下打量他人就能分辨其真实感受，但是格拉德威尔又担心外在的坚实证据能否完全推断出四位警察的真实感受。显然，一定存在和这些警察相关的视频。为什么不找个非言语行为解读专家来审查这些镜头呢？约翰·多维迪奥（John Dovidio）等研究者声称，存在非言语种族偏见，这是一组反映种族主义情绪的非语言线索。[30] 所以，为什么不对警官的行动进行一次直截了当的解读呢？将找钱包误看成找枪，这听起来就是将手里的工具看成手枪，难道不是吗？

我可以肯定的是我们需要比非言语行为解读更强有力的证据来指控种族歧视或种族身份定性现象。但是为什么格拉德威尔会特殊对待这四位警察呢？为什么格拉德威尔要将他们与他所写的书中的普通人区分开来，而普通人被格拉德威尔理解为能够在没有接受训练的情况下毫不费力且无意识地解读他人的内心活动？

美国司法系统或许可以回答这个问题，即无罪推定原则。道听途说是不被接受的，测谎结果是不被接受的。格拉德威尔可能是给予法庭判决而非四位警察以特殊待遇。我们都是社会中的一员，我们在司法系统中建立了较高的确定性门槛。我们需要坚实的证据，不能相信自己形成的关于他人的不知其所以然的印象，尤其是种族主义和刻板印象会影响此类印象，也会抑制我们考虑情境因素。

我的建议是我们要将法庭判决秉持的原则应用到日常人际交往之中，也就是非言语行为解读和测谎结果不能作为判定他人行为的证据。显然，法院判决的后果常常比日常交往的结果严重得多。虽然你对自己的约会对象或合作伙伴的秘密感受的最佳猜测通常不会上升到需要法庭判决的层次，但是日常交往的结果也不容小觑。约会可能导致结婚，导致新生命诞生。工作上的冲突会降低生产力，也会导致压力和健康问题。

然而当我们在法庭外解读非言语行为时，大多数人总会感觉到自己有着如法庭判决一样的确定性。人们经常说“这是理所当然的”，或有此类感受。但是导致此类自信出现的另一个明显的原因是不少畅销书、关于流行文化的文章和网络信息都在鼓吹这种确定性。这些读物提供了解读他人肢体语言的步骤或小窍门，也提供了了解你的男朋友或老板真实想法的步骤或小窍门。

当我们形成关于自己的约会对象、合作者和老师的即时印象时，格拉德威尔的著作传达的主要信息也在鼓励这种确定性。不少格拉德威尔著作的评论来自普通读者，包括亚马逊网站带有“最有帮助”标签的书评，都反映了新发现的强有力的确定性。有些读者写下诸如此类的评论：

> 马尔科姆·格拉德威尔巧妙地提供了案例研究，鼓励我认识到自己直觉上的天赋……读完这本书之后，我比之前更为自信，更能自由又自发地表达自己的感受！调整第一印象非常有趣，而且确实让我在那一刻感觉更加幸福！[31]

实际上，以这种方法评判他人有利于心理健康（参见第十章）。格拉德威尔以鼓励大家的口吻写道：

> 我们可以毫不费力且无意识地解读他人的内心活动……我们擅长快速地完成此类复杂的计算。每一天，在没有任何反思的情况下，皆是如此……人类基于少量信息做出快速判断的能力实在非同寻常。[32]

这确实是一个让人快乐的消息。唷！毕竟这是一个如此简单而能被快速理解的社会。

所以，当马尔科姆·格拉德威尔，也就是《眨眼之间》一书的作者，鼓吹人类有解读他人内心活动的能力，还在这本书中承认“所有人都有可能错误解读他人内心活动”，而且“极为常见”，“是无数争论、矛盾冲突、误解和伤心的根源”[33]，这听起来就很高明了。

我想强调的新信息不是格拉德威尔承认存在错误阅读他人内心活动的可能性（虽然有些读者听起来是新内容）。我要传达的新信息也不是非言语行为解读没有绝大多数人想的那样准确（这是当代研究非言语交流的专家学者经过论证获得的结论）。我要传达的新信息是，导致非言语行为解读没有那么准确的诸多原因之一是基本归因错误。绝大多数人会不受控制地将非言语行为与行为表现者的人格特征或意图联系起来。这就是基本归因错误运作的方式，与基本归因错误是认知启发式的还是由控制欲所驱动无关。语境、始终存在的社会和其他情境因素会影响非言语行为，而且忽视这些因素，就会犯基本归因错误，从而导致错误解读。

希博伊根福尔斯案例的其他启示

肯定有读者好奇为什么我又要进一步讨论希博伊根福尔斯的故事，接下来就是原因。杰克逊三兄弟都是黑人，而在 2020 年，小镇超过 96% 的居民是白人。[34] 或许部分关心社区的成员和学校行政人员被三兄弟的种族身份影响，而将他们的手势解读为与帮派或其他负面事物相关的符号。种族歧视问题很可能是美国公民自由联盟介入此事的原因。

古斯塔夫·伊克海泽曾经说过，基本归因错误是“社会危机的症状”。很明显，种族歧视在美国仍然是一个问题，甚至是一种危机。一旦人们因为忽视相关情境因素而推出他人具有负面人格特征或意图，这种基本归因错误就包含了种族主义因素。伯特·邓肯的研究表明，白人实验参与者因为种族歧视而对黑人学生犯了基本归因错误。在迪亚洛事件中，白人警官承认对黑人犯了基本归因错误，可能是因为种族歧视。希博伊根福尔斯的一些社区成员看起来也对杰克逊兄弟犯了基本归因错误，可能也是因为种族歧视。

当然我们不可能解读社区有关人员的心理活动，不管他们是谁。但是当时《希博伊根福尔斯镇新闻报》在下一个版面刊发了一张棒球队的照片，有十二个白人男孩做出了各种不同的手势，这些手势都和帮派符号相匹配（使用警察运营的网站快速检索可知）（参见图 3.2）。有些符号也与运动符号相匹配，例如伸出食指代表“数字 1”。据我所知，警察和学区官员都没有听到人们对这张照片的顾虑，也没有质疑这些男孩。或许警察真的听到了一些风声，但他们明显没有对此采取行动。

图 3.2 （图片由希博伊根福尔斯镇新闻社提供）

棒球队没有哪个手势能够准确匹配杰克逊兄弟使用的手势。因此，在技术上有这种可能，即有些社区成员识别出了杰克逊照片上的帮派符号而没有识别出棒球队照片上的符号。也可能最直言不讳的社区成员在说出自己的顾虑之前没有在报纸上看到棒球队的照片。我希望自己看上去并不天真幼稚，但是很明显这个案例似乎涉及种族歧视，当然这也仅仅是个案研究，也是基于道听途说而做出的——因为我们的确不知道社区居民对警官说了什么。也就是说佩恩和邓肯之前提及的研究仅仅是诸多报告中的两例而已，这些报告都表明种族歧视在美国仍随处可见。而且希博伊根福尔斯的故事很明显足以让美国公民自由联盟介入调查此事。

有时我们确实是对的

因此，在希博伊根福尔斯的故事中，将手势推测成帮派符号很可能是错误的，而原因可能是种族歧视。一个月之后，在密西西比州奥利夫布兰奇市发生了极为相似的事件。两位黑人青年因为在照片中摆出某些手势而被停赛，但最终又被允许参赛。[35]2011 年和 2013 年，听力障碍者因为使用手语而被误认为做出了帮派符号，被他人刺伤。[36]例子还有很多。

但是与所有案例研究相伴而生的问题是作者会精心挑选生动的例子来佐证自己的观点。我不想看起来正在这样做。确实，在一些例子中，白人学生做出了一闪而过的帮派手势，他们因此而被停赛。比如说，2013 年秋天，在伊利诺伊州法明顿高中，有三位白人女篮球运动员因为在一张照片中摆出猥亵手势而被停赛两场。这三位学生中至少有一位在推特上承认了自己的意图。[37]

类似的例子还有不少。我并不羡慕学校行政人员的工作，他们要监视学生的行为，确保行为符合学校的政策，还要减少学生的危险行为。我并没有声称绝大多数此类停赛、停学决定是错误的，而且是基本归因错误造成的，但是其中有一部分确实如此。

一般而言，看不见的情境因素即使有可能导致个体摆出某些手势，而且揭示出该手势有不同的含义，人们在认知和情感上也很难做出其他判断，只能推断个体摆出某手势的意图与自己解读一致。这就是基本归因错误的圈套。[38]

下流的手势和其他“显而易见的”手势

所以，这就说得通了。一旦我们把情境考虑进去，有些非言语行为就有了不同的含义。但是，这怎么可能呢？有时候我们不是真的有理由确信吗？点头在一般情况下意味着同意，难道不是吗？事实上，在某些文化中，点头确实不是同意的意思。如果我们发现有人向自己摆出一个明显下流的手势，那怎么办？那么本章提供的建议看上去就有点傻。别人扇我耳光，我可不想就傻傻地杵着，对吧？在这些情况下，我们可以反问自己：“好吧，这些手势到底是什么意思？”

问问他为什么要摆这个手势

可以问问那个人为什么要摆出这个手势。这就是语言的功能。人类有口语交流能力，但是我们经常没有好好地发挥这种能力。实际上，一旦口语信息和非言语行为发生冲突，我们倾向于相信非言语信息。[39]这个选择与尼古拉斯·埃普利所建议的完全不同，他彻彻底底地研究了这个问题后得出结论，“解读他人的面部表情不会给你多少信息，反而和他们交流你能获得相当多的信息。正所谓心从口出”[40]。

我还没有忘记在第一章表达过的立场，口中的语词也无法让我们有理由相信自己可以解读他人的内心活动。但是在一般情况下，与他人聊天和观察他人的面部表情能够比仅仅看着他们产生更为准确的印象。[41]《手势：世界各地的肢体语言和禁忌》（*Gestures：The DO's and TABOOs of Body Language Around the World*）的作者罗杰·阿克斯特尔（Roger Axtell）也一直建议要和他人交谈。阿克斯特尔写道："在手势的世界里，最好的建议就是两个字——'问'和'识'。"[42]

如果有人对你摆出某个手势，那问一问他这个手势的含义会有什么害处呢？从他那儿收集更多信息又有什么害处呢？好的，如果你将这个手势解读成冒犯，那么你就可能心烦意乱，很难和他聊下去。也许这会让人感觉像是给了一个粗鲁的人以善意的怀疑，而让自己暴露在进一步的侮辱之下。但是提问本身会产生能够证实或反转最初解读的重要信息。如果你不想再被得罪，我也不谴责你，但是千万不要百分之百确信你一开始的解读。

在一对一的情况下，向那个人提问手势到底是什么意思，这确实有点尴尬。如果这个手势反映出这个人的愤怒或轻蔑，那么不要进一步打听，可能更安全。随后你会意识到你是在谨慎行事（可以理解），可你还是不能确定这个手势的意思。

最后，即使你问那个做出手势的人，他也可能撒谎。所以，为了确定你是否真的理解那个手势，你还得检测他是否撒谎，然而绝大多数人检测的准确率也不高于50%。如果你没有向那个做手势的人进一步提问，或者不相信他的回答，阿克斯特尔的建议是，了解当地文化。对我而言，这可能是一个国家或者一个城镇文化的一部分，或者是诸如篮球的运动文化的一部分。你也可以去浏览网页，找找城市中的帮派符号，但是也要记得查看篮球网站。

问问周边的人，或者做些这方面的研究有助于提高解读的准确性。你或许会好奇谁会有时间去研究手势，但是智能手机真正让先做研究再生气成为可能。然而不幸的是，即使你做研究，或者问了周边的人，有可能提高判断的准确性，也仍旧无法确保绝对准确。在警察局的网站上发现某个特定帮派的确切手势也无法保证做出手势的那个人真的意图使用帮派手势。即使有人告诉你一个手势的意思是什么，也无法保证那个人做出这个手势想表达同样的意思。

阿克斯特尔已经写了几本书，内容都是不同文化的交流行为，而且他多次承认这一点。他写道："没有两个人会按照完全相同的方式行事。来自同一文化的成员也不会使用完全相同的手势和一致的身体语言。"在学习了一个此前以为已完全掌握所有含义的手势的全新含义之后，阿克斯特尔写道："即使我们相信自己已经能够正确地推断特定手势的所有含义，我们也还是会出错。"[43]阿克斯特尔承认他没有写任何科学文章，但是这一点还是要归功于阿克斯特尔，因为科学家已经得出了相同的结论。[44]如果你试图解读一张摆手势的照片，那么请注意摄影师一直在指导照片中的人如何摆手势，也一直在选择合适的拍摄角度。

除了向摆出手势的人提问，阿克斯特尔建议在其他城市或城镇的其他地方访问游览时慎做手势。而我进一步建议，哪怕为当地报纸拍摄照片时，也要注意手势问题。我当然不会谴责杰克逊兄弟，但是你永远不会知道什么时候你也会被误认为帮派成员，也永远不会知道什么时候你在某个城市被认为出言不逊。

无意识冒犯的著名案例

美国前总统乔治·H. W. 布什在20世纪90年代早期访问澳大利亚时一不小心冒犯了当地文化。事件发生时，他刚好坐在豪华轿车的后座穿过牛群。布什认为自己做了一个象征和平或胜利手势，也就是剪刀手V形手势。但是他的手扭转了下，手掌背对着自己，而绝大多数澳大利亚人“知道”这个手势是在羞辱他人。这个手势公开的意义是“去你妈的”。第二天，布什比剪刀手的照片就登上报纸，还配了一个大标题，“美国总统羞辱澳大利亚人”。[45]

布什总统生长在美国，这能够轻易说明他为什么会犯这个错误。美国人可能不太在意V形手势的朝向。我不想仅仅因为做出手势的人来自另一个文化，就为让人们难过的手势开脱。访问异国是一件大事，访问者有责任了解当地的法律制度和行为规范。但是全面分析布什总统的行为还需要加入文化因素。这就取决于澳大利亚人对他的行为有什么感受。

我的重点是，媒体在负面评价布什总统时没有考虑到文化因素，这就构成了基本归因错误。传统的基本归因错误研究没有涉及此类文化差异因素。但是无论相关情境因素出现在房间、路上，还是一个人一生接触的日常社会规范之中，忽视情境因素就是犯了基本归因错误。社会学家戴恩·阿彻（Dane Archer）认为：“一旦做出某个手势，文化不仅会决定人们如何回应，而且会决定人们最初的回应内容”[46]。

布什总统不是用非言语行为羞辱来自不同文化的公民的第一位美国政客。类似的事情还发生在理查德·尼克松身上，他用OK手势羞辱了一位拉丁裔美国人。美国军人在一家意大利夜店引发了斗殴，因为他们做出的“恶魔之角”手势而被认为冒犯了别人，但是这个手势并没有指向认为被冒犯的人。另一边，一位美国人因为竖起拇指向路过的车辆表达搭顺风车的请求而遭到尼日利亚人的暴力袭击。

美国人也会感到被来自其他文化的人冒犯。美国官员在做报告时，日本观众看上去在点头，又好像是在睡觉，这会冒犯到他。而在日本，听报告时闭上眼睛点头表达的是尊重和关注——观众不是在睡觉，而是在全神贯注听报告。好有意思啊。[47]

私人空间

不同文化的非言语分歧还有不少例子，其中一个就是私人空间。我曾经和一位来自其他国家的同事聊天，在聊天过程中，他不断靠近我，而我随之后退，就这样我们在两三英尺的空间内不断移动。在电视剧《宋飞正传》中，贾奇·莱因霍尔德（Judge Reinhold）扮演的角色在剧中被称为“耳语者”。剧中人物克雷默在后退以远离这位耳语者的过程中真的摔倒了。

有些人会因为面对面近距离交流而感到生气，但是我知道我的同事来自其他文化，他的文化鼓励熟人之间缩小私人空间。知道这个潜在的原因并没有让我们在几英寸距离下交流得更加容易，但是我并没有感到生气。

但耳语者会因为对方一步步后退而感到生气。他或许会嘀咕：这家伙到底怎么回事？为什么他要拒人于千里之外呢？如果将保持距离归因为我有问题，那就犯了基本归因错误，因为这一归因低估了我的生活文化对我的影响，也低估了耳语者的直接行为的影响。即使我尝试慢慢向后蠕动，可能还是显得我非常鲁莽。

一篇刊登在美国国家公共广播电台网站的关于私人空间的文章引用了传播学教授凯瑟琳·索雷尔斯（Kathryn Sorrells）的研究，认为“如果仅仅从你的文化视角来理解交流的内容，那么很容易错误理解交流对象真正想说的内容”[48]，一位女性在网上发表了对这篇文章的评论。她描述了自己的同学，确信他在和自己调情，因为每次聊天两人都离得很近。但是她询问其他人，最终发现那位同学的文化“有完全不同的私人空间概念”。

顺便说一下，暂且不谈文化差异，事实表明我们很难判断别人是否正在和自己调情。[49] 事实上，即使是非言语行为敏感程度高于平均水平的个体，在检测调情方面准确率也不高，在某些情况下甚至更差。[50]

公平对待解读非言语行为的专家

在所有非言语行为解读者中，公平地说，确实有些人对自己解读他人内心活动的能力非常自信，例如教师、执法人员、心理学家，这让我注意到有些人在非言语行为解读方面更为准确。一些基于研究开发的课程或在职培训能够提升人们的非言语行为解读能力。保罗·埃克曼和他的同事报告，有些执法人员和心理学家表现出超乎常人的测谎能力。[51] 如果这一节的内容彻底否定了人们能够控制社会环境的感觉，否定了你认为自己可以解读他人内心活动的信念，对此我表示歉意。

同时，比其他人能够更加准确地解读非言语行为并不意味着在任何情境下都能做出准确解读。此外，某些群体（如教师、执法人员、心理学家）认为自己有着更准确的解读能力，但实际上可能只是略有优势。克里斯蒂安·迈斯纳（Christian Meissner）、绍尔·卡辛（Saul Kassin）等人认为训练和工作经验通常只能在很小程度上提升检测谎言的准确度。[52] 大多数人确实过高估计自己解读他人非言语行为的准确性，尤其解读的对象是熟人时！[53]

因此，在阅读这一章的过程中，你认为自己可以解读他人内心活动、认为自己可以控制周围环境等念头正在慢慢烟消云散。那么，很好（同时我也感到抱歉），这就是我要传递的信息。（下一章将讨论关于解读面部表情的局限性的研究。）

令解读过程变得更为复杂的是，有些人的非言语特征比其他人的更难解读，甚至保罗·埃克曼也承认解读某些特定个体的内心活动非常困难。[54] 一般而言，人们比自己想象的更难解读他人的内心活动。研究表明存在一种名为透明度错觉（illusion of transparency，也译“被洞悉错觉”）的认知偏差，也就是人们会高估自己的情绪和心理状态被他人解读的程度。聚光灯效应（the spotlight effect）是与透明度错觉完全不同的现象，人们会高估自己被他人关注的程度。[55]因此，如果我们认为自己能够像一本书一样被人阅读，那么我们会高估自己解读他人内心活动的能力也就说得通了。

为了进一步公正地解释对准确解读非言语行为的信念，著作等身的跨文化作家和旅行家罗杰·阿克斯特尔确实识别出了几个跨文化的、普遍性的手势，他认为除了集体假定的意义以外，这些手势几乎不可能有其他意思。他的主要例子是一种手指手势，也就是伸出中指并握紧拳头的手势。这种手势在所有文化和所有历史时期都被不约而同地认为是一种羞辱。确实很容易解读。但是真的如此吗？

事实证明，在澳大利亚、韩国和日本，人们使用这个手势并没有羞辱之意，因此即使是这种“显而易见的”羞辱手势也可能毫无羞辱贬低之意。在 YouTube（优兔）网站上，我发现了一套日本手语教程，第一眼就看到年轻貌美的日本女子向我竖起她的中指，而且面带微笑一遍又一遍地向我竖起中指。她甚至加入了上下移动的手臂动作。如果你真的想激怒别人，这是诸多有着强烈羞辱意味的手势之一。但是，在日本手语中，竖中指的意思是“弟弟”，而在韩国手语中，为了表达“兄弟”的意思，演示者向我竖起了两根中指！[56]

生活中唯一确定的就是不确定性

虽然希博伊根福尔斯居民和学区官员对乔丹和朱旺两兄弟的手势明显反应过度，但是我也承认我无法解读他们的内心活动。不过能够获取的大部分证据表明他们没有使用帮派符号的意图。但这仍然有技术上的可能性，出于某个原因，他们故意在照片中偷偷摸摸展示帮派符号。

在个人感知中，尤其在非言语行为解读中，百分之百的确定性极为罕见。我没有非此即彼的解读策略分享给大家。作为一个群体，我们实在太复杂了，因此总有例外。俗话说得好，生活中唯一确定的就是不确定性。寻求确定总会发生愚蠢的事情。这本书的一个目的就是让你和不确定性和平共处。

下一章将讨论关于解读面部表情的出色研究。面部表情不仅仅是身体语言，很少有研究表明特定的面部表情与特定的意义或意图之间有着必然联系。但是这并不意味着我们无法在日常生活与他人正常交往。根据显而易见的证据，提出自己的疑问，然后做出最佳猜测；如果猜测错误，则进行道歉。

同性恋雷达

在结束这一章之前，我想讨论一种流行的非言语行为解读，也就是我们认为自己在上下打量他人的行为举止后就可以分辨他们是男同性恋者、女同性恋者，还是一般性取向者。这种分辨能力通常被称为同性恋雷达，但是，它会导致刻板印象。

正如种族歧视和种族刻板印象会对快速解读特定种族的个体的行为产生负面影响，对男同性恋者和女同性恋者的刻板印象也会对猜测他人是不是同性恋者产生负面影响。实际上，对男同性恋者和性别的刻板印象都会引导我们猜测他人的性取向。人们对男同性恋者的最鲜明的刻板印象是与生理性别不相符的非典型行为，因此我们期望男同性恋者会表现出典型的女性行为，而女同性恋者会表现出阳刚气质。[57]

事实上，同性恋刻板印象并非全无道理。同性恋者与异性恋者相比更可能在行动、言语、穿着打扮方面表现出非典型性别特征。[58] 在一般情况下，基于刻板印象而猜测他人的性取向，准确率高于胡乱猜测。但是在胡乱猜测（50% 的准确率）和所谓的“准确”猜测之间还有不少空间。55% 的准确率是否足以认为同性恋雷达是准确的呢？60% 算不算？

奇怪的是，绝大多数研究同性恋雷达的学者都采取了全有或全无的策略。只要同性恋雷达的猜测准确率高于随机水平，甚至在一个研究中，同性恋雷达的猜测准确率只有 52%，他们也认为同性恋雷达能够做出准确判断。[59] 对随机猜测的准确率进行校验之后，52% 的准确率就变成了 4%。我好奇的是如果航空管制员或放射科医生发现问题的准确率只有 4%，我们会作何感想。

喜剧演员艾伦·德杰尼勒斯（Ellen DeGeneres）在一次个人脱口秀开场时就表达过对这一结论的惊讶。她引述了一项国家研究，这项研究表明同性恋雷达的检测准确率是 60%。德杰尼勒斯一针见血地指出，这一准确率只比胡乱猜测高 10%。德杰尼勒斯就研究结论调侃说，在和奥尔森双胞胎姐妹（Olsen twin）聊天时，她有 60% 的概率知道在和谁聊天。[60] 从表面上看，这结论不仅仅是搞笑，也令人忧心忡忡（如果你认为这个结论搞笑或令人忧心忡忡的话）。社会科学家在过去的几十年间已经越来越关心效应值（effect size）：不管结果是否具有显著性（也就是结果出现的概率高于随机猜测），结论的真实效应值的大小（在这个例子中，指的是百分比）很重要。如果一个结果虽然在统计上是显著的，但是效应值太小，那么社会科学就无法像之前那样重视这一结果。

如果刻板印象中的行为与真实性取向一直是百分之百对应的［同性恋者会一直做出非典型行为（事实上并非如此）］，这是否就意味着做出这种行为的人一定是同性恋呢？换句话说，A（性取向）能推出B（特定的行为），是否意味着B能推出A？当然不能。我希望你们熟悉这个推论。正如在第一章讨论过的，A能推出B，但是在B存在的情况下得出A就可能犯了归因错误。可能有其他的原因导致B，如某些原因导致个体做出“同性恋”的行为，而他不是同性恋者。

1986年，乔恩·克赖尔在电影《红粉佳人》中扮演工人阶级的小孩达基。2012年，为了回应另一位主演莫莉·林瓦尔德（Molly Ringwald）的观点，他表达了类似的观点。林瓦尔德公开宣称达基是隐而不宣的同性恋者。克赖尔机智地回复道，异性恋男子也会有同性恋者的气质，有着阴柔的行为举止。显然，克赖尔有被人针对的经历，因此做出如上回应，他说：“虽然自己一辈子行为举止都很阴柔，看上去有同性恋者的气质，但我不会在意。”[61]“男同性恋还是钢铁直男”（Gay or Straight）网站的网友对克赖尔的性取向做出猜测，综合结果是克赖尔是同性恋者的概率是74%。但是克赖尔公开宣称自己不是同性恋者。

和所有行为类似，与生理性别不相符的非典型行为也会受到基因或环境因素的影响。有些男孩天生有女性气质，或者有一些传统上认为只有女性才有的兴趣爱好，但他们不是同性恋者。或许是因为他们的父母鼓励自己的儿子做任何自己喜欢的事情。另一种可能是，有些男生可能属于某个同龄团体，或者某个文化社团，这些团体完全不阻止成员做出与生理性别不相符的非典型行为。这些男生或许长大之后更像典型的同性恋男生，导致他们的父母、同辈或他们的文化很难接受他们。

甚至在不同文化里，非典型行为也各有不同。雅罗斯拉娃·瓦伦托娃（Jaroslava Valentova）和她的同事证明，当美国男性判断捷克男性的性取向或者捷克男性判断美国男性的性取向时，相较于双方都来自同一个国家，同性恋雷达的准确率会变差。为了解释“文化内部特有的评价优势”，研究人员认为，“行为表现的意义会随着文化的不同而不同”，从“同性恋者的口音”到“与性取向有关的非言语行为”皆是如此[62]。

总而言之，你有可能错误地将一个行为归因为他是同性恋者，然而事实上他是在特定的文化里长大，或被特别的父母抚养长大。忽视或没有意识到这些原因，会错误地将同性恋者的标签贴在此人身上，而这也是基本归因错误的案例。

现在，让我来反转这个案例。即使一个钢铁直男经常做出典型性别行为（事实上并非如此），那也不意味着做出典型性别行为就能说明一个人是钢铁直男。实际上，不少同性恋者天生会表现得像钢铁直男一样，或者通过后天学习和训练而让自己的行为举止像钢铁直男。[63]“赫芬顿邮报”发过一篇文章，名为《震惊世界的25则名人故事》，文章写道，有时同性恋者会被误认为钢铁直男，即使公众早已仔细审视过他们的行为。[64]

试图让自己的行为举止符合典型性别行为的特征，可能是情境因素在起作用。社会或同龄群体经常会另眼看待表现出非典型性别行为的个体。类似地，做出典型性别行为可能是受到了童年时期相同性别同龄群体的制约，而与个体的性取向无关。研究表明，平均而言，那些假装自己是钢铁直男，或做出典型性别行为的同性恋者确实让观察者的同性恋雷达的准确率所有降低。[65]

因此，在同性恋雷达中有一个准确性内核。但是，和往常一样，不要那么肯定自己的判断。即使那些有着严密实验设计的研究认为同性恋雷达是“准确的”，有时同性恋雷达仍有 48% 的判断是错误的。产生错误的一个原因是基本归因错误，因为我们会低估情境因素对与性取向相关的非言语行为的影响。仅通过观察他人的面部特征判断他人是不是同性恋者，这一判断类型将在下一章进一步讨论。

第四章

准确判断面部表情？照片是会撒谎的

我们大多数人会根据面部特征给人的第一印象判断他人的性格、态度或意图，可到头来都是错误的……一种可能的解决方法是在未知情境的情况下不要轻易假定面部表情有任何重要含义。

——布雷恩·帕金森（Brian Parkinson），社会心理学家

我拥有所有人都有的情绪，只是看起来不具有。

——史蒂文·赖特（Steven Wright），单人喜剧演员

你绝无可能在我的大脑里安置摄像机！

——楚门·伯班克，电影《楚门的世界》主角

我在上一章中强调，一张照片中的无辜手势会被解读为帮派符号、运动符号，或仅仅为了搞笑。一旦使用这些手势的年轻黑人因此被怀疑参与帮派活动，进而被篮球队禁赛，这些手势就会引发争议。

该如何解读照片中的面部表情呢？面部表情更易于解读吗？不少研究非言语行为解读的学者从概念上区分了诸如手势的肢体语言解读

和面部表情解读。大多数人认为，自己可以轻易解读他人的面部表情。你可能听说过眼睛是心灵之窗，而不是其他器官是心灵之窗。但是我们还能从中推断出更多的东西吗？特别是，我们能够仅仅通过注意他人的面部表情，就准确地推断出他的性格特征、是否满腹诡计，或者他的性取向吗？对这些问题的总体回答分别是：不能、不能，以及有一点点可能。

虹膜是窥视性格的窗户吗？

研究人员已经差不多完全否定了古老的相面术——从面部特征推断性格特征。在某些条件下，从面部特征判断他人是否外向，是否值得信赖，准确率仅略高于胡乱猜测。但是，即使是那些认为准确率很低的研究人员，有时也会承认“面部是通向灵魂的隐晦之窗”[1]。一些生物心理学家一直在研究眼睛的特征，尤其是虹膜的特征能否反映出个人性格特征。或许此类研究是“眼睛是心灵之窗”观点成立的最后希望。

虽然有些模糊的证据表明，眼睛颜色能反映出个人的外向性或合群的程度（如颜色越深，外向性程度越高），但是二者的联系仅在蹒跚学步的小孩中成立。针对成年人，更多的研究则一直在关注虹膜隐窝（crypts）的特征、虹膜收缩沟和色素点。虽然相关的统计学证据并不可靠，但是研究人员也发现了一些潜在的联系。例如，虹膜收缩沟越多，表明个体越容易冲动。不过，即使证据非常可靠，这些虹膜特征也会由于过于细小而无法用肉眼分辨。如果你没有随身携带高倍数的放大镜，眼睛本身无法在日常非言语行为解读方面提供一幅准确的性格特征画卷。[2]

根据面部表情测谎

心理学家小查尔斯·邦德（Charles Bond Jr.）和贝拉·德保罗（Bella DePaulo）写过一篇著名的元分析论文。在文中，他们仔细考察了数百项研究，得出的结论是测谎（包括普通人和专家）的总体准确率约为 54%，仅略微高于抛硬币猜正反的准确率。二位作者巧妙地报告称人们并不“擅长”测谎，“人们很难区分谎言和真话”。尽管总体准确率较低，但这一结论是基于包含了解读肢体语言和言语线索的研究得出的。如果仅仅关注面部表情，总体准确率不会高于随机判断。[3]

邦德和德保罗就人们为什么如此不擅长测谎提出了若干猜想。其中一个猜想包括基本归因错误。首先，虽然绝大多数人说谎有一定的规律，但是在判断他人是否说谎时，我们总是严于律人，宽以待己。我们自己说谎，是因为看到了在这个情境中说真话有着极高的风险，但是我们认为他人说谎是严重的道德失范行为。这样一来，我们倾向于假定说谎者会为自己违背了道德规范而感到羞耻或内疚，于是，我们寻找欺骗证据时会关注他人的情绪反应。然而，说谎者通常是因为情境的需要而说谎，他们不会有上述情绪反应，因而被误认为在吐露真言。邦德和德保罗所要强调的是，人们经常低估他人说谎时的情境所具有的力量。这种低估就是基本归因错误。

能够基于面部特征识别同性恋者吗？

在性取向方面，我要回到上一章提到的例子。研究者鲁尔和安巴蒂认为基于面部特征识别同性恋者是“准确的”，但是准确率仅为52%，这一结果只比扔硬币猜正反的准确率高2%。他们研究所使用的面部材料来自脸书上的男性照片，而这些人的个人资料暗示“他们出于恋爱或发生性关系的目的而对其他男性感兴趣”[4]。

鲁尔和安巴蒂承认存在选择偏差，那些以这种方式安心地宣传自己的男人可能看起来更像是或刻意表现为典型的同性恋者。类似地，不少同性恋研究也使用此类网络图片。所以当雅罗斯拉娃·瓦伦托娃和她的同事不再使用此类网络图片，而且指导参加实验的男性被试做出中性表情时，基于面部特征识别同性恋的准确率就会下降，对此他们并不感到惊讶。[5]

鲁尔和安巴蒂也承认，典型的男同性恋者可能会试图隐藏自己的性取向，因此很难从面部特征中识别他们是否具有同性恋取向。实际上，安巴蒂之前的研究表明，如果男同性恋者试图表现得像一般性取向的男人一样，那么判断男同性恋者性取向的准确率只有43%，还比不上猜硬币正反的准确率。[6]鲁尔和安巴蒂的这项研究没有引用安巴蒂之前的研究结果，而且令人惊奇的是，他们将这一问题设计成开放问题，好像之前没有相关研究一样。

在安巴蒂之前的研究中，男同性恋者接受了指示，试图表现得像一般性取向的男人一样，这一前提需要明确。实验参与者将这些男同性恋者误认为一般性取向的男性，说明他们忽视了外部影响而犯了基本归因错误。换句话说，实验参与者似乎轻易地假定这些男同性恋者的非言语线索看上去是异性恋男人才有的，因为他们本身就是钢铁直男。不过，公平地说，实验参与者确实不知道这些男同性恋者接受了隐藏自己性取向的指示。但是在美国，有些男同性恋者在日常生活中确实会感受到来自外部的压力，从而隐藏自己的性取向。

尽管鲁尔和安巴蒂的 52% 的准确率这一研究结论存在局限性，但我要补充说明的是，实验参与者仅有的信息是一张张静态的面孔，并且他们只有 0.05 秒的注视时间。更进一步说，为了避免提供和性别相关的典型或非典型发型线索，人物的发型被抹掉了。在这些条件下，要做出高于随机判断准确率的判断确实很难。总体而言，多项研究表明，基于面部特征确定性取向的准确率普遍高于随机判断。如果研究者让实验参与者观看有肢体语言和言语线索的录像，准确率会变得更高。

据小道消息，在某些城市的一些社区内，有不少可靠的线索可以用来判断社区成员是不是男同性恋者。例如，在左右耳佩戴不同数目的耳环，或者理特定样式的发型——男同性恋者达成共识，以此来表明自己的身份。请注意文化在这些例子中的作用。文化与个体的性取向相互作用，成为他们如此打扮的原因。罗杰·阿克斯特尔在上一章建议过，如果要解读特定的有目的的非言语线索的含义，无论这些线索仅仅是日常手势还是传达性取向的面部特征，我们都需要关注线索周边的文化。

鲁尔和安巴蒂的确高估了他们研究所得出的 52% 的判断准确率。这一结果在绝对意义上无法反映“准确”这个概念。但是安巴蒂在其他研究中传达了更为合理的观点，她总结为：有些个体更容易被解读为同性恋者，而有些观察者有着更为准确的判断。即使如此，60%的准确率离完美判断还有很长一段距离。[7]

总之，我们很难仅仅从他人的面部特征推断他们的性格特征、是否在撒谎，以及他们的性取向。有一些原因可以解释这一现象，而我已经强调过一些可以用基本归因错误解释的例子。我们忽视了或者没有考虑到面部特征和面部表情背后的情境。

理解面部情绪

在解读面部表情的过程中，一个较为庞杂的问题是，我们能否从他人的面部表情中准确地推断出他人的感受。绝大多数人简单地认为我们能够完成这一任务。我们想当然地以为，面部表情就是外化的情绪。但是，研究这一问题的文献确实汗牛充栋又极为复杂，围绕这一问题已经有过几次激烈的学术争论。事实证明，甚至如何定义“情绪”也问题重重。我试图把握住其中一些复杂性。

冷面幽默（deadpan humor）是诸多反对“面部表情反映情绪”这一说法的例子之一。史蒂文·赖特以面无表情讲干瘪乏味的段子著称，但是他已经解释过，他之所以面无表情，并不是因为自己没有正常的情绪反应。[8]看着他的面孔然后推断他没有任何情绪反应，这一推断可能忽视了他用以谋生的情景喜剧演出特色。许多人已经掌握控制表情或做出虚假表情的技巧，以隐藏自己的真实感受。实验心理学家布莱恩·帕金森曾经在2005年说，“从20世纪90年代开始，越来越多的学者已经在重新审视‘面部表情能够直接表达情绪’这一常见的观点”[9]，只是他说得轻描淡写。

围绕备受关注的名人自拍照，大众文化领域展开了不休的争论。时任美国总统的奥巴马在 2013 年纳尔逊・曼德拉的追悼会上拍的一张自拍照引起了广泛的关注。全世界对奥巴马当时情绪的判断都栽倒在不同形式的基本归因错误之上。《纽约时报》的记者劳伦・科林斯（Lauren Collins）将奥巴马自拍照事件称为“奥巴马自拍门”和“本周真假难辨事件之最”[10]，试图向公众传递什么是错误解读和过度诠释。

总统夫人的面部表情

在这一自拍照事件中，有一张照片被广泛传播。在照片中，有三位政要在笑嘻嘻地集体自拍（其中包括奥巴马总统），而米歇尔・奥巴马则不苟言笑，脸朝向其他地方。（上一个和接下来几个尾注都提供了这张照片的链接。）许多记者、博主、有线新闻网主持人和其他媒体人士都基于这张照片对总统及其夫人的行为进行了强烈的性格归因，而丝毫没有考虑到情境和文化因素。例如，不少人认为奥巴马总统的行为举止不够得体。然而，在一些非洲文化中，即使你是世界领袖，你在追悼会上面带微笑或嬉戏打闹也不会被看成是不得体的行为。

换句话说，曼德拉的追悼会所处的直接文化情境是奥巴马做出不同于典型的美国追悼会所期待的行为的原因。在他人看来不得体的行为，至少在出席追悼会的人看来很有可能并无不妥，因为总统的行为契合他们的文化，而且确实符合追悼会这一情境。美国人仍然认为，他们的总统在此类场合应该更为庄重，但是他们在解释总统行为时如果忽视了具体的情境，那么就是犯了基本归因错误。

让我们再来关注总统夫人的面部表情。许多人认为她很生气，有人非常自信地将她的面部表情解读为她对集体自拍这事表达“并不有趣”“冷眼鄙视”，或者对此感到“愤怒”。有一位记者评论说总统夫人“是在向她的丈夫‘使脸色’，因为奥巴马总统正在向丹麦女总理‘抛媚眼’”。[11] 罗伯托·施密特（Roberto Schmidt）拍摄了这张引起广泛讨论的照片，而他认为这些解读都有问题。

照片也会撒谎

施密特惊讶于总统夫人的面孔被普遍误读，认为自己有必要站出来澄清这件事。因此，他向公众解释了“照片为什么会撒谎”。施密特提到总统夫人的面部表情是“被随机捕捉到”的，并且解释称，“总统夫人在拍照前几秒还和身边的人有说有笑”，其中就包括丹麦女总理。[12] 正如照片中有人闭着眼并不必然意味着他正在睡觉，照相机捕捉到的其他瞬间的面部表情也会误导人们做出错误解读。

总统夫人似乎正盯着某样东西。但即使她在这一事件中可以盯着看的东西有很多，也不能肯定当时她的确在看某样东西，毕竟追悼会已经持续了两个多小时，总统夫人偶尔发发呆，也是可以理解的，就像我们的笑肌也需要休息。这张照片确实拍摄到了集体自拍行为，但是不能因为这个行为就认为总统夫人的面部表情受此影响。之所以解读照片中人物的行为会出现问题，是因为照片只能捕捉到人物附近的情境。要了解更多情境因素，可能就需要像摄影师那样出现在拍摄现场。

换句话说，有些东西没有出现在照片之中，但影响了照片中人物的面部情绪表达。因此，看照片的人几乎不可能考虑他没有看到的东西，这是可以理解的。看照片的人可能完全没有意识到这一点，也是情有可原的。但是情有可原并不能减少的基本归因错误。

要避免任何形式的基本归因错误，最大的挑战不是给予可见的情境因素以恰当的关注和足够的重视，因为几十年的研究已经表明，人们对此并不擅长。最大的挑战是人们要意识到，确实有一些不可见但会产生影响的情境因素。因为照片不可能记录绝大部分环境信息。例如，照片不会记录被观察个体的近期状况，即使是拍照前一两秒的状况信息也不会被记录。所以，不可见的因素会影响人们对面部情绪的准确解读，这种影响在翻看照片时经常出现。

即使情境是可见的，我们也给予了充分的关注，我们仍然无法对面部表情做出准确的判断。有时，可见的情境会让我们将中性的面部表情（即没有内在情绪的面孔）看作有特定情绪的面部表情，这就是库列绍夫效应（Kuleshov effect）。希勒尔・阿维泽尔（Hillel Aviezer）领导的一群聪明的研究者对此做了进一步研究。他们发现，情境也可以误导我们对明确的面部表情的解读，也就是说，通常被解读为反映了某种特定情绪的面部表情也会因情境被错误解读。[13]

阿维泽尔和他的同事选择了一张面部表情照片，这一面部表情通常被识别为反映了厌恶情绪，然后通过数字技术将照片中完整的面孔放到四个分别处于不同情境的人物身上。在厌恶情境中，照片上的演员用两根手指提着一条皱巴巴的内裤，远离他的面孔。在悲伤情境中，这位演员站在墓碑边上。其他两个情境刻画的是愤怒和恐惧。虽然这张面孔在每一个案例中都被假定反映了厌恶情绪，但是很大一部分实验参与者错误地将包含了上述情境线索的这一面部表情识别为悲伤、愤怒，或恐惧。

我想说的不是总统夫人实际上表达的是厌恶情绪，却由于照片上的特定线索而被错误解读为愤怒情绪（虽然也有这种可能性），我想说的是人们考虑到情境因素时会错误解读面部表情。因此，没有考虑到情境因素而经常错误解读面部表情，这并不奇怪。阿维泽尔的研究结论是面部表情没有必然的含义，但当我们知道面部表情出现的情境之后，判断面部表情的准确率经常会有所提升。情境包含了面孔所反映的内容的线索。

读心、种族歧视和性别歧视

照片真的显示出总统夫人对她的丈夫很生气吗？不见得。我之前讨论过在解读心理活动时种族歧视的潜在影响，例如，把黑人青年男子无害的篮球手势理解为帮派符号。英语系教授罗克珊·盖伊（Roxane Gay）在为沙龙网站（www.salon.com）撰写的文章中表示，将总统夫人的面部表情解读为愤怒不仅是种族歧视，也是性别歧视。盖伊非常关注人们对黑人女性的负面刻板印象，人们认为她们易怒且有强烈的领地意识。盖伊用总统夫人、她的丈夫和丹麦女总理三人有说有笑的照片作为证据反驳人们的刻板印象，只是这些照片没有被经常公之于众。

盖伊还使人们关注到一张几年前根本没人注意的劳拉·布什的冷眼鄙视照片。在一个公共场合中，布什夫人看上去不苟言笑，凝视前方，如果应用奥巴马自拍照的推理模式，那么她就是在冷眼鄙视。在布什总统和身边的妙龄女子聊天之时，摄影师抓拍到了布什夫人的面部表情。我猜我们可以发现不少其他总统夫人的瞬时照片，她们在公众场合被抓拍到，也被当成冷眼鄙视。[14]

但是导致人们错误解读米歇尔·奥巴马的面部表情的因素除了种族和性别歧视，我们还需要考虑收视率和政治因素。第一章传递的一个信息是惊人节目主持人或小报会为了收视率或流量而发布一些他们也不相信的新闻。政治党派会为了政治收益一直做有偏见的报道，或明明知道有问题还夸大自己的解读。

当然，在日常生活中，人们看到总统夫人面露凶色，也不必有任何偏见，或认为背后有不可告人的动机，有政治偏好。人们从面部表情中看出内在情绪是稀松平常之事。因为与推论出的情绪无关的情境可能导致面部表情看上去反映了这一情绪，所以情绪是否真的存在，是一个尚待回答的难度更大的问题。

勇敢承认错误和变本加厉

一些新闻媒体报道了奥巴马自拍照事件的后续故事。他们想把拍摄这张照片的摄影师所公布的情境信息和这张照片结合起来。只有一些博主和社会媒体评论家会罕见地承认他们一开始的解读是错误的。然而，与此同时，其他人甚至变本加厉，更加相信自己最初的解读。有的人真的很难从认知的角度将观察到的行为和感知到的行为区分开来，即使观察到的仅仅是一刹那的面部表情。这就是基本归因错误陷阱。

变本加厉地更加相信自己，是一种自我保护，也就是保护自己最初表达的感受或观点。卡罗尔·塔夫里斯（Carol Tavris）和艾略特·阿伦森写过一本书，名叫《错不在我》（*Mistakes Were Made, But Not by Me*）。在书中，他们完整地描述过这样一种现象：一旦被抓住小辫子，我们通常会为自己的错误辩解，认为错的是别人而不是自己，或者认为自己是无心之失。[15]

“赫分顿邮报”在一篇线上后续报道中引用了罗伯特·施密特的观点，他声称“全世界的媒体都曲解了那张集体自拍照”。但是有些评论家为了回应这篇报道而为自己最初的解读进行辩护。[16] 有人写道：“这是真的吗，那总统夫人开心地参加庆典活动的照片在哪里？”还有人写道：“在我看来，奥巴马夫人的面部表情看起来很真实。”人们不愿放弃的结论是面部表情就是情绪，但是我会简短地讨论面孔与情绪之间的一一对应关系已经被当代情绪研究专家证明是错误的。

感谢你提供的情境

在摄影师分享他所看到的情境之后，一些评论家确实呼吁要回避这本书所提到的有基本归因错误的信息。一位评论者写道："普罗大众或许应该不急于发表观点，而应该看看拍照的家伙说了些什么。你或许会意识到自己过于草率而得出了错误结论。"[17] 事实上，不要急于做出判断是减少基本归因错误的主要方法（参见第十章）。

另一位评论者直接写信给摄影师："感谢你提供的情境！"另一位则写道："不要相信照片！可怜的米歇尔·奥巴马仅仅因为片刻收起笑脸就被描绘成爱吃醋的妻子而成为众矢之的。"[18]"脱离语境"这一短语经常用于口语交流，其实用于非言语交流也极为契合。

当然，不是说我们对照片中面部情绪的解读都是错误的。但是我们做出错误的解读远比想象中的频繁，甚至转瞬即逝的面部表情就一定反映内在情绪，这一信念也不见得是真理。不过质疑这个信念倒可以成为头版头条。

学术争议

研究非言语交流的当代学者经常提醒我们，在思考我们是否可以从面孔中读出他人的心理活动或情绪时要谨慎。何塞–米格尔·费尔南德斯–多尔斯（José-Miguel Fernández-Dols）曾经解释过保罗·埃克曼的"开创性"观点，也就是在不同文化中，特定的面部表情和情绪之间的关系"都符合专业学者和普罗大众的常识假定"，并"构成了非言语交流研究中最重要和最受欢迎的内容"。但是，此类相似的观念"事实上建立在有问题的经验证据之上"[19]。阿兰·弗里德隆德（Alan Fridlund）言简意赅地写道，"面部表情不是'情绪状态'的外化”，“一个非常重要的决定面部活动的因素是我们的社会角色，而这与我们潜在的互动对象相关”[20]。这些学者想说或想和盘托出的是，埃克曼提出的不少原创性观点在宏大的情绪研究图景中是错误的或被夸大了的。

看着各位专家学者在各自的论文中相互争辩谁对谁错，但又不知道该相信谁，这种状态既有趣，又能从中学到不少知识，当然还有些许不安。有些人一定对此感到无聊——我会尽力简要论述。但是我不想和某些作者一样让读者形成错误的印象，认为研究结论总是清晰明确的或者是完全确定的。马尔科姆·格拉德威尔在他的著作《眨眼之间》中仅仅提到面部表情解读争论中的一个立场，那就是保罗·埃克曼的观点。有时研究结论确实是清楚明确又完全确定的，而这些结论通常倾向于争论的某一方。但是大规模的研究领域又总是乱作一团（我的意思是这个领域非常复杂），而面部解读领域规模尤为庞大，其中论点之争又尤为混乱。

此类观点之争表现在期刊上就是一系列的三篇文章轮番上阵：批评文章、回应文章和反驳文章。1994 年和 1995 年是面部解读之争最早也最为激烈的两年。詹姆斯·拉塞尔（James Russell）写了批评文章，著名的非言语解读研究专家保罗·埃克曼写了回应文章，而拉塞尔又写了反驳文章。

在埃克曼公开称拉塞尔是骗子时，我断定这场争论已经白热化。埃克曼表达了诸如此类的观点：“拉塞尔就是故意要让我的观点给读者留下错误的印象。”[21]（注意埃克曼在进行意图推断时明显在解读对方的心理活动。）拉塞尔回应道：“揣测言外之意都是不对的，但我不认为埃克曼所要表达的观点就是他在论文中所写的。”[22]（请注意，拉塞尔在这篇文章中明显以不做意图推断的方法尝试避免基本归因错误。）虽然酒吧顾客不会为了这个学术争论吵架斗殴，但这确实是值得在期刊上严肃讨论的学术争议。

埃克曼和拉塞尔你来我往，唇枪舌剑，让我想起了美国西部片《锦绣大地》（*The Big Country*）中的一个镜头，在这个镜头中，查尔顿·赫斯顿（Charlton Heston）称格利高里·派克（Gregory Peck）为骗子。赫斯顿扮演的角色是一位牧场工头，聪明但口无遮拦，而派克扮演的角色是一名船长，也很聪明，但生性懒散。我感觉詹姆斯·拉塞尔是格利高里·派克扮演的角色的学术版本。和派克一样，拉塞尔不会因为别人称他为骗子而为自己辩解，但是绝对会维护自己的声誉。但是第二天早上，电影中的矛盾又恶化了。这就是一个重要时刻，他们异口同声地说：“你愿意出去走走，然后一决胜负吗？”事实证明他们都是值得尊敬的人。（因为这场架没有明确的赢家。）

埃克曼和拉塞尔是他们各自研究领域的行家里手，他们之间的学术争论可以看成 1994 年到 1995 年学界关于面部表情和情绪之间关系争论的三篇文章模式的极为简要的总结。如果你熟悉这一领域，请原谅我对此做的过于简单的描述。如果你对此感到厌烦，也请原谅我写了那么多让人难以忍受的繁复细节。但是我只想给你们提供关于这一话题早期、复杂的争辩信息。接下来我会讲述这一学术争议的最新进展，由此引入的绝大多数议题目前仍在讨论之中。

基础知识

在情绪表达研究领域，除了两个极端立场之外，还有不少中间立场，在阅读这一学术争论概要前知道这一点或许对你有帮助。这两个极端立场基本上就是自然与教化。在自然这一端，情绪表达是先天的，有生物学基础的，跨文化普遍的，也容易解读。而在教化这一端，情绪表达是通过社会学习而获得的，具有文化特异性，而且难以解读，必须依赖特定情境。埃克曼的理论靠近自然这一端，因此低估社会、文化和直接情境因素对情绪表达的影响，这个理论出现基本归因错误的风险很高。拉塞尔扮演的是类似魔鬼代言人的角色，认为埃克曼的证据能够支持处于自然和教化这两个极端立场之间的任何理论。

更具体一点，埃克曼一开始相信（或写道）人类以特定的方法可以先天地表达七种基本情绪，并且任何文化社群的成员都可以通过面部表情准确地推断出这七种基本情绪，即快乐、悲伤、惊奇、恐惧、愤怒、厌恶和蔑视。不少读者上过心理学导论课程，或许会将其中一些情绪看成所谓的普遍情绪。心理学导论课程最终将蔑视这一情绪剔除，而讨论其余六种基本情绪。埃克曼以他的普遍主义观点反对 20 世纪中叶的前辈们的不少理论，他们假定所有情绪表达都是通过社会学习获得的，且具有文化特异性。但是拉塞尔有几个理由质疑埃克曼的立场，在此我讨论其中三个理由。

1. 谁相信什么？

批评

拉塞尔在名为“一部不公平的历史”的一节中认为埃克曼在自卖自夸。他认为埃克曼及其同事过于强调自己的理论与过往理论相比所具有的独特性。尤其是，拉塞尔认为他们错误地将过往理论表达为站在普遍性立场的对立面，比实际情况更坚持文化对情绪表达的影响。拉塞尔从早期作品中引用了几段文字来支持他的观点。[23]

回应

埃克曼写了《拉塞尔的“不公平的历史”存在偏差》一文回应拉塞尔。埃克曼坚称自己早已引入新的视角去理解情绪研究。他认为拉塞尔才是没有如实陈述过往理论的家伙。和拉塞尔一样，埃克曼从早期作品中引用了几段文字以支持他的观点。[24]

阅读此类学术争议总会让人有不安情绪，不知道该相信哪个立场。我的意思是，谁有时间去阅读十几本书和十几篇文章，然后为大家解决这一争论呢（虽然我已经阅读了其中大部分文献）？我在写这本书的过程中，想清晰明确地告诉你们哪一个立场更为正确，但这也有可能仅仅是我自己的看法。但是我确定没有苛责埃克曼和拉塞尔，不认为他们有引用不当的问题。他们只是引用了能支持自己观点的文献材料。然而，埃克曼写道：“拉塞尔提出的异议一点也不真诚。他的报告存在偏差，因为他删掉了不符合他写作主题的内容。”虽然拉塞尔没有做出回应，但他也可以就埃克曼的报告合理地做出相同的回应。我不想各打五十大板，做个和事佬，所以让我做个优劣判断。根据我自己的阅读经验，我的观点是拉塞尔比埃克曼更为正确。

反驳

在反驳文章的开篇，拉塞尔就其文字可能让他人感到不舒服表示歉意，然后强调埃克曼对情绪研究领域的重大贡献。但是拉塞尔提供了早期研究文献的更多引述以支持自己的历史解读。[25]

令人感兴趣的是，拉塞尔通过识别可能的情境因素以解释为什么埃克曼和前人的观点听起来比真实情况更加极端（与称别人为骗子相对比），从而避免了基本归因错误。拉塞尔认为埃克曼的前辈学者可能更像是站着文化极端立场这一边，因为他们认为自己反对的是持有完全普遍主义观点的读者。因此这些前辈学者会偶尔写文章，希望说服持有普遍主义观点的读者采取中间立场。你们也知道，如果你要说服顽固分子，有时你会感觉到有必要采用强硬的立场，甚至可能需要故意夸大其词，延伸一两个论点说服他们（并不意味着我会原谅故意夸大其词的论证）。

埃克曼可能持有相对的普遍主义观点，认为自己反对的是纯粹的文化主义者。所以埃克曼有些时候过于强调自己持有的普遍性与文化特异性相结合的理论的独特性，试图说服持有文化主义立场的读者采取中间立场。埃克曼可能一直在思考："如果我的主要观点没什么新意，那谁还会阅读我的文章呢？"埃克曼的观点中有部分是关于文化的，其内容是文化包含了情绪表达规则，有时会影响特定情绪以何种方式被表达出来。

2. 能准确解读面部表情?

尽管埃克曼和拉塞尔都重视论述前辈学者所认为的关于情绪表达的自然–教化关系这一历史问题，但是我认为更重要的问题是实验数据所指示的信息。我们能够从他人的面孔中准确地推测出他人的情绪吗？这些研究得出确切的准确率了吗？数字确凿吗？请继续读下去。

批评

拉塞尔承认观察者通常能够以一定的准确率推测出六种特定情绪，准确率在统计上显著，高于随机水平（也就是高于胡乱猜测的准确率）。然而，这一结果并不意味着准确率在绝对意义上是高的，也不意味着准确率和埃克曼的理论所预测的一样高。拉塞尔从根本上认为准确率一点都不高，而且实际上如此低的准确率足以质疑埃克曼的观点，转而支持对实验数据的其他解读。

回应

埃克曼坚称判断的准确率足以支持普遍主义立场，而且自己从没有预测准确率会有 100%。他宣称应该重视的是“观察者做出一致判断的概率是否在统计上具有显著性”，也就是是否高于随机水平。

反驳

拉塞尔写道：“仅有统计上的显著性无法保证观察到的结果有足够大的规模效应或是有意义的。”这一观点表达的是社会科学中的金科玉律。在 1994 年到 1995 年这两年的争议之后，20 余年间数不清的统计学家和科学家普遍认为统计上的显著性确实重要但并不充分。

面部表情的刻板印象

为什么统计上的显著性不够充分？让我通过男生和女生的数学成绩差异这一案例加以说明。此类例子很多，表明规模效应如此之小导致统计显著性差异几乎不值得讨论。虽然男生在平均水平上仍然好于女生，超出了随机期望值，但是考虑到标准测试的内容和学生的年龄，男生和女生真实数学成绩的平均差几乎为零。换言之，现在有非常多的女生比以往任何时候在标准数学测试上好于男生的平均水平。因此，指着一位特定的女生，而后假定她的数学成绩差于绝大多数男生，虽然你判断正确的概率仍然稍稍高于抛硬币猜正反的准确率，但是在目前看来很有可能是错误的。[26]

使用刻板印象判断两个来自不同社群的人的面部表情始终存在风险。如果两个社群的实际差异几乎不存在，那么这种风险会更高，即使它仍然具有统计学意义。统计上的显著性差异反映的是诸多刻板印象中的“真实性”，但是并没有为基于群体成员特征判断某个具体个体提供依据。

因此，判定面部表情反映了特定情绪或许有一定道理。我们将刻板印象（固有观念）用于理解人们的内心感受与面部表情之间的关系，但是这些刻板印象一定是准确的吗？真实性会有多少？拉塞尔极为简洁但完全正确地论证，特定的面部表情和情绪之间的联系越少，真实性就越少，因此基于面部表情判断他人情绪就越有可能出现错误。这不是面部表情解读是否精准的问题，也不是统计上是否显著的问题，所以二者是错误的二分法的两支。

真正的问题是基于面部表情判断他人情绪的准确率是一个连续变化的数值。面部表情解读有多准确，准确到什么程度？拉塞尔认为判断的准确率要远小于埃克曼所报告的结果，也远小于在那个时代引述埃克曼研究的绝大多数学者的研究成果。判断准确的比例之低足以让人放弃普遍主义解释而支持其他解释。

3. 如何测量判断的准确性

如果测量判断的准确性的方法有问题，那么准确率就是一个毫无意义的概念。埃克曼的研究是否存在实质性的方法问题或测量问题？

批评

拉塞尔认为埃克曼的测量方法确实存在问题。拉塞尔指出若干潜在问题，表明埃克曼和同事所进行的实验会产生有偏差的结果。他有证据证明修正这些问题会导致更低的判断准确率。比如说，其中一个问题是研究人员获得作为外部刺激的面部表情的方法。用于测试的面部表情照片是层层筛选出来的，有时是从几千张摆好手势的照片中选定的，因此一般来说选定的照片不具有代表性。更为神奇的是，1971年，埃克曼和弗里森（Friesen）写了一篇文章，引用次数很多，而论文中的照片只有在 70% 的评审能够正确识别出面部表情的情况下，才会被采纳。[27]

说得更清楚点，在 1971 年这项著名的研究中，在真实的实验参与者看这些（最佳）照片之前，评审组就看过它们了。这就类似于在测试之前提前给学生看试题，或者使用在上个学期有 70% 的学生回答正确的试题，因此这种处理方法会不可避免地让学生在下一次考试中取得更高的平均成绩。拉塞尔认为如果没有预先选择照片，那么准确率会降低到 30% 至 40%（仅仅比多重选择盲猜的随机水平高一点）。

这些面部表情照片绝大部分是有意摆拍而不是情绪的自然流露，这一事实又造成了一个问题。这好像是我要你做出愤怒的表情，拍照发给我，然后我把你的照片发给其他人，让他们判断你目前的情绪是哪种基本情绪。请注意，情境因素会影响你的面部表情。你并没有表达愤怒的情绪，只是在按照别人的指示做出相应的表情，而且可能以一种能够被普遍理解的方式完成。但是如果你没有被要求做出表情呢？你自然流露愤怒情绪时会是这样的吗？应该并不特别。根据自发表情（被确定为来自特定的情绪）而做出判断的准确率只有 13%，有时甚至不会高于随机水平。

因此如果有人看到你摆出愤怒样子的照片，于是猜测你拍照时正在生气，那么这个判断有可能就是错误的，这代表一种基本归因错误。在日常生活中，有时你确实会做出某个情绪表情，即使你确实没有那种情绪，这取决于你处于什么情境，你在和谁说话，为什么要和他说话，或者你的社会脚本（social scripts）是什么，谁在谈论这张照片，以及为什么谈论。一般而言，观察者和其他情境因素会让你在没有某种情绪的情况下表达出这种情绪，这种情绪是大部分人都有可能感知到的。情境因素也会抑制表情的传达，即使确实有相应的情绪。

回应

埃克曼质疑拉塞尔的观点。他特别写道，自己从没有预先选择面部照片以便获得最佳的实验数据，而是预先选择了符合一组“先天明确的面部结构特征”的照片。问题的关键是埃克曼的理论比拉塞尔要让我们相信的有更多的局限性。埃克曼写道，他和他的同事“并没有坚定地相信人们能够普遍地理解每一个表情”，“我们有理论和经验上的理由认为特定的面部表情可能是普遍的，因此我们仅仅选择了这些外部刺激”。

反驳

拉塞尔否认自己让读者错误地理解了埃克曼的理论。他认为埃克曼现在说的理论和之前的不同。从根本上说，埃克曼绝不可能是百分之百的普遍主义者，但是根据拉塞尔的观点，埃克曼现在声称自己更接近中间派，而之前的论文并没有表明他持有这一立场。拉塞尔写道：“当然，立场可以改变，埃克曼和其他人一样也可以改变自己的观点。”

但是我可以告诉你心理学导论教材仍然在很大程度上接受埃克曼在 1994 年之前所坚持的结论。这就是我讨论 1994—1995 年这两年的争论仍然与之相关的部分原因。我不想仅仅为你们提供学术争议的些许插曲，哪怕一些读者会觉得很吸引人。我还希望让你们明白这场争论并未结束，让你们知道曾经有过这场争论，而不少教科书和大众读物作者甚至不想让你们知道这一点。而且不管你们是否知道，埃克曼很有可能阵地失守。虽然埃克曼和拉塞尔在更为宽泛的情绪研究领域可能达成更多一致，但是两者的冲突早已白热化。

总结陈词

如你所见，学术界也有一些肥皂剧。我甚至不想提到拉塞尔和埃克曼在论文发表之前私下交流中的观点冲突。唯一清楚明白的是情绪研究的两位重要学者早已充满分歧。马尔科姆·格拉德威尔在《眨眼之间》一书中介绍埃克曼的工作，似乎给出了完全不同的研究印象，这一印象根据的是通过面部表情能够读出他人情绪已是板上钉钉的事实。但这是误读。研究情绪的专家学者不仅不认同，而且私下对这一“事实”颇有微词。

当我向期刊提交我的论文以供审查时，不少评审专家犯了基本归因错误，并私下发表了意见。这些评审专家似乎认为当他们对我的动机和意图做出负面评价时，他们可以解读我的心理活动。非常不幸的是，在匿名同行评审过程中，总是存在幕后猜测的可能性。但是在真实刊物中看到此类个人观点交流的文章相对罕见。我强调这一学术争议是为了说明面部表情解读研究是一个严肃的课题，目前对此尚无定论，或许这种情况还将持续下去。

更新研究结论：影响面部表达的情境因素

在 1994—1995 年这两年的学术争论之后，拉塞尔所关心的绝大多数问题有了新的证据，绝大多数研究情绪的专家学者相信拉塞尔的顾虑是正确的。比如说，人们根据自发的面部表情判断情绪，判断准确率远远低于判断故意摆拍的面部情绪的准确率。这一点与多项选择题难度高于单项选择题，简答题难度高于多项选择题有点类似。研究情绪的专家学者已经发现，如果实验参与者从大量面部照片或者从根本没有做过预先选择的照片中挑出反映某种特定情绪的照片，准确率非常低。[28]

拉塞尔和其他学者基于新的证据表达了担忧，这进一步偏离了面部表情是情绪的外化这一普遍主义观点，并进一步指出在解读面部表情时情境的重要性。目前，强调情境重要性的论文和著作的数量与日俱增。[29] 我会在下文强调其中若干观点。

让我表达得更清楚些。我相信在平均水平上，有些情绪确实会导致特定的面部表情，而且某些面部表情确实反映了人们所假定的情绪。这种真实性确实存在，解读面部表情的准确率经常高于随机水平（尤其当面部表情是故意而为之，而非自发呈现时）。但是从埃克曼和其他研究情绪的专家学者提出他们的理论时起，就有不少反对他们理论的反常例子，而且解读面部表情的准确率比绝大多数人想象得更低。采用新的改良技术的研究表明准确率甚至更低。

新兴的面部表情研究图景增加的内容就是基本归因错误。无法准确解读面部表情的一个原因是人们在解读面部表情时会忽视情境因素，或低估情境因素的影响。即使你们相信面部表情会表露出强烈的情绪，但是回忆一下第一章提到的逻辑关系：A 能推出 B，并不意味着 B 能推出 A。即使情绪确实能百分之百在任何时刻都产生特定的面部表情（事实上它们不能），但是这也不意味着特定的面部表情必然反映人们所假定的情绪。换句话说，情境因素（不仅仅是内在情绪）可以影响人的面部表情，因此，如果出现基本归因错误，忽视情境因素，解读面部表情的准确率就会变得很低。那么影响面部表情的首要情境因素是什么呢？

模仿和观察者的影响

当你看到他人的面孔，试着推断他的情绪时，一个常见的被忽视的情境因素就是你自己，也就是观察者本身。你是你所观察的个体所处的情境的一部分。人类是社会性动物，我们呼朋唤友到处闲逛，相互影响彼此的行为。即使我们只是看着对方，也会影响对方的行为。一般情况下，我们试着以社会所欲求的方式向他人表达自己，即使这种方式不是自己经常呈现给他人的样子。我们也会倾向于无意识地模仿特定行为，包括某些面部表情，这就是“变色龙效应”（chameleon effect）。比如，有人轻踩脚尖或抖脚，并不意味着他很紧张，而是因为他们看到你首先这样做。[30]

如果你仅仅根据他人的面部表情解读其内在情绪，那么你会忽视自己的出现和自己的面部表情对面部解读的影响，因为他能够看到你。你自己的面部表情会导致他人做出相似的面部表情。别人尤其会以微笑回应你的微笑，即使他没有真正感到愉悦。愤怒的面孔也会让他人做出愤怒的面部表情，即使他一点也不愤怒。

至少在某些情况中，镜像反应是由一组特定的镜像神经元完成的。个人通常可以无意识地模仿他人的面部表情。面部表情模仿（facial mimicry）如此无意识化，以至于个体甚至会模仿他们没有意识到自己已经看到的面部表情。研究发现虽然个体无法意识到一闪而过的面部表情照片，但是依然模仿了照片中的面部表情。总而言之，你可能在没有意识到自己微笑时微笑，只是为了回应你没有意识到自己已经看到的那个微笑给予的刺激。从理论上说，两个人即使都没有任何愉悦情绪，不知道为什么要微笑，或者没有意识到他们已经微笑过了，他们也会对彼此做出微笑表情。[31]

面部表情模仿本身受到其他情境因素的影响，例如你和你所观察的对象之间的关系，情境是合作情境还是竞争情境，你相对于你所观察的对象拥有多大的权力。你尤其会模仿来自同一个社群的人。例如，你很有可能因为和某些政治领导人持有相同的政治态度而模仿他们的面部表情。因此，如果人们参加竞选集会或市政厅会议，而被抓拍到快乐或愤怒的表情，不能说明他们真的有快乐和愤怒的情绪，或许是因为他们看到身边的政客正好有此表情。如果这位政客没有被摄影师拍到，那么我们有可能在判断照片上的人具有什么样的情绪时不会意识到相关情境因素的影响。[32]

社会动机和他人的影响

甚至在拉塞尔–埃克曼争论出现之前，阿兰·弗里德隆德就用不同于埃克曼的“行为生态学观点”的视角理解面部表情。弗里德隆德没有像拉塞尔一样在期刊上与埃克曼展开剑拔弩张式的对决，但是他相信埃克曼错了。虽然大众媒体没有关注到拉塞尔–埃克曼这场争议，但是最终关注到了弗里德隆德–埃克曼之争。2000 年，《多伦多明星报》（*Toronto Star*）刊登了埃克曼的基本观点，即快乐的面部表情表明这个人是快乐的，并且宣称“弗里德隆德颠覆了埃克曼的这一观点”[33]。

弗里德隆德认为面部表情所反映的不是内在情绪，而是社会动机，处于情境中的他人激发了指向自己的社会动机（不仅仅是模仿他人的面部表情）。类似地，面部表情就是一种社会交往工具，或是用于增进与其他个体交往的交流工具。悲伤的表情会引起他人关心和让步，愤怒的表情会让敌人害怕和退却，而微笑的表情有诸多潜在的目的，有不少非情绪的原因让人做出微笑的表情。弗里德隆德最重要的观点是面部表情的表达依赖社会情境和你所扮演的社会角色。有不少支持弗里德隆德观点的例子。例如，保龄球选手通常在全中或补打第二球期间不会微笑，直到他们下场和下一位选手交换眼神时才会微笑。我们独自一人而非与他人相处时，不会因为食物太咸或太美味，也不会因为闻到甜美或恶臭的味道，做出明显有差别的表情，甚至没有相对应的表情。孩童是否向他的母亲微笑也取决于母亲是否看着自己。[34]

2006年，弗雷德隆德和拉塞尔一起强调上述观点，传达社会情境在解释面部表情中的重要性。[35] 他们认为无意识地向他人传播自己真实的内在状态（以面部表情或任何行为）不利于物种的生存。因此，认为面部表情是情绪的自然外化虽然看起来尽人皆知，但太过于幼稚天真。弗雷德隆德和拉塞尔描绘了一幅人类画卷，认为情绪所有人皆有，甚至非人类个体的行动背后也有情绪，更有甚者，诸如“愤怒的风暴”等非生物事件也有情绪。当我们身处拥挤的道路，拟人论观点经常进入我的心理世界，我们都会将车辆拟人化处理，嘀咕“那辆车真是愚蠢”和“那辆车知道自己在做什么吗？”人们往往倾向于看到性格特征和内在状态，即使它们有时并不存在。

有些学者比较弗雷德隆德和埃克曼的观点后发现，支持弗雷德隆德观点的证据并不比支持埃克曼的少。[36] 最近的几项研究支持了弗雷德隆德的观点，其中一篇文章是《哭哭啼啼向人示弱，以退为进大捞一笔》，描述了在谈判中人们使用表达悲伤的策略以谋求更大的利益。[37] 然而，弗雷德隆德的理论并不契合人们的常识。他的理论明确了情境的作用，传达了一种避免基本归因错误的方法，那就是关注情境因素更多一点，而埃克曼认为从面孔可以推断他人的情绪，则完美地犯下基本归因错误。我认为在弗雷德隆德和拉塞尔的工作中，反直觉的信息在一定程度上决定了大众媒体没有像关注埃克曼的理论一样关注他们二人的工作。

埃克曼对弗雷德隆德有诸多回应。例如埃克曼认为人们在独处时也会面露微笑，以此反驳弗雷德隆德的理论，至少说明弗雷德隆德的理论是有局限的。在边上空无一人时，我们为什么要传达微笑这一社交信号呢？但是弗雷德隆德和其他人早已证明社会心理学数十年来的观点——人们不仅会被真实出现在其身边的人影响，也会被假想出来的人影响。人们不需要和你待在一个房间就能影响你的思维和行为，尤其是你微笑的表情。[38]

文化的影响

上一章非常详细地论述了文化可以塑造人们的非言语行为。虽然拉塞尔认为埃克曼可能依赖情绪表达规则解释为什么解读其他文化中人的面部表情的准确率低（埃克曼推测存在特定的情绪表达规则，在这一点上他领先于他所处的时代）[39]，但是甚至埃克曼也承认不同的文化有不同的情绪表达规则。

除了来自不同文化的人表达情绪的方式存在差异，不少专家学者已经证明，解读面部表情有群内优势，也就是人们能够更好地解读和自己同属一个文化的人的表情。这项研究强有力地反映出文化对面部表情的影响。因此你可以基于面部表情将特定的情绪归于某人，但是如果你忽视或没有意识到流露表情的那个人的文化背景，那么这个判断有可能会出现错误。[40]

任意情境的影响

2013 年，米歇尔·奥巴马被指责在一张抓拍照片中流露出愤怒的表情，照片旋即获得了病毒式传播，摄影师罗伯特·施密特在线上向每个人保证总统夫人的愤怒面孔只是被“随机捕捉到”，并没有反映出她的真实情绪。在另一张最近疯传的照片中，流行天后碧昂斯被谴责在一场专业的篮球比赛中向离她有两个座位远的观众投以鄙夷的眼神。在像“傻瓜，永远不要盯着碧昂斯”这样的标题出现之后，这位观众很快在推特上删除了这张照片。他写道，得“毕恭毕敬地对待”碧昂斯，这就是对照片中名人面部表情的另一种过度反应。[41]

拍照肯定会出现此类随机抓拍面部动作的照片，但可能会让人形成错误的印象。人们经常眨眼，因此某些照片可能会随机捕捉到拍照对象的眼睛是闭着的，但是很明显拍照对象不是在睡觉，没有厌倦拍照，本身也不傻。实际上，还有可能是照相机的闪光灯让对拍照对象产生严重的定时眨眼现象。

有很多随机因素或混杂因素可能影响面部表情。是喜悦的泪水还是悲伤的泪水，这视情境而定。在一本很少被使用的心理学导论教材中，作者没有采用埃克曼的观点，而是向学生呈现了反映这一经典谜团的脱离情境的照片，也就是一张哭泣男人的照片。这张照片的图注为“一种表情，两种情绪”，让学生猜测男人的情绪究竟是哪种。教材的后一页是有关这张照片的更为丰富的情境信息，毫无疑问，学生看到这张照片后都颇为震惊。我曾经在 YouTube 上看过一个小视频，是一个小女孩收到了人生中的第一条小狗。小女孩放声痛哭——痛彻心扉的样子，令人极为压抑，但是事实是她有了自己的小狗后喜极而泣。另一本心理学导论教材向学生展示了一张前参议员吉姆·韦布（Jim Webb）皱着眉头尖叫的照片，但是充足的情境信息表明他是在政治集会上热情洋溢、开心地鼓动着在场观众。[42]

一般而言，专家学者关注到多样的社会情境和与内在情绪无关的面部表情变化。当然，有一些情境因素会影响面部表情表达的普遍模式。例如，紧张的情境让面部表情更难辨认。索菲娅·文茨勒（Sofia Wenzler）和她的同事写道，“极端环境下的情绪反应不同于标准的基本情绪”，包括他们在内的研究者发现，“极端环境下面部表情的含义是不清晰的，因此在解读面部表情所反映的内在情绪时，情境至关重要”[43]。

总结

当我开始准备写这本书时，我知道基本归因错误是人们错误解读非言语行为的原因之一，但是我压根没有想到非言语行为解读研究领域已经变得如此庞大，已经有如此之多的研究面部表情解读的专家学者开始关注情境的重要性。我接受的一直是经典心理学教育，这意味着我受到的教育是占主导地位的埃克曼理论，而这个理论很容易出现基本归因错误。因此，我决定必须至少拿出一章讲述自己从非言语行为解读领域学到的知识。很快这项工作变成了内容充实的两章。这还不够。情境的重要性远远超出我所要传达的程度。埃克曼从20世纪70年代提出自己的经典理论之后，观点一直在更新变化，目前他最新的成果是关于微表情的研究。我尝试用一些细节铺陈这一研究领域的基本情况。

在我看来，从20世纪90年代开始，专家学者已经摆脱了埃克曼的观点，而相信中间立场。有些心理学导论教材最终向读者展示了这一研究路径变化的些许标志。2000年，《多伦多明星报》刊登一个正确的观点，并如此写道：“不少专家学者开始持有中间立场，同意面部表情以某种方式与所要表达的情绪相联系，但是同时承认这种联系没有埃克曼所论证的那样牢固。”[44]

研究情绪的专家学者已经阐明，面部表情能够反映出内在情绪，或者与自身之外的其他事物有关。但是，确实存在一种转变趋势——学者们开始更加关注自身之外的事物。拉塞尔和合作者最近写了一篇文章，名叫《情境比我们想象的还要强大》，他们总结称，“面部表情或许与情绪相关（皱眉可能表明此人有消极心态），也有可能与情绪无关（皱眉可能只是阳光过于强烈的结果）”。这项研究的数据并没有特别支持拉塞尔所提出的情绪发展理论，以至于他与合作者认为存在一种可能性，即“人们的面部表情自身就极为可靠，可以向你传达人们对情境中某些东西的反应；如此一来，情境是值得研究的”[45]。这就很清楚地阐明了我想表达的——要避免基本归因错误。

弗雷德隆德一直在关注与他人相关联的社会角色问题，这是他在理解面部表情方面的主要贡献，下一章我会讨论这一问题。

第五章

社会角色：教皇不能当过保安？

世界是一个舞台，所有男男女女不过是演员；他们都有退场的时候，也都有上场的时候。一个人一生中扮演着好几个角色。

——莎士比亚，剧作家

我不是斯波克。

——伦纳德·尼莫伊（Leonard Nimoy），演员

我们已经开始把女孩养得比男孩还男孩……但是没有人有勇气把男孩养得比女孩还女孩。

——格洛里亚·斯泰纳姆（Gloria Steinem），记者和社会活动家

为什么我们看不到越来越多的成年男子失声痛哭？为什么小学老师不能咒骂他的学生？为什么芭芭拉·史翠珊（Barbra Streisand）、阿曼达·塞弗里德（Amanda Seyfried）、劳伦斯·奥利弗（Laurence Olivier），还有其他几位顶尖演员和喜剧艺人认为自己恐惧舞台或者极度害羞这件事极具新闻价值？[1] 为什么得知教皇方济各曾经当过夜

总会保安之后，人们会感到如此好奇和震惊？（而且他确实有一辆哈雷摩托，或者两辆！）[2]

可能的答案是，有一种一直存在但很大程度上被忽视的社会力量在影响人们的日常行为。这种社会力量就是社会角色。大男孩不能哭泣；儿童教师要遵守教师规则（即使规则没有说出口）；顶尖的演员一定要善于沟通和表达，而且必须以表演为生（在观众面前！）；教皇不能当过保安（或者骑哈雷摩托），至少人们不希望教皇做过这些事。在社会角色的世界里，人们要以被预期的方式行动。社会角色还包括性别角色、家庭角色、工作角色，诸如此类。进一步明确的话，还有男性角色、女性角色、朋友角色、情侣角色、配偶角色、女儿角色、儿子角色、母亲角色、父亲角色、医生角色、护士角色、门卫角色、银行家角色、修道士角色、商店经理角色、销售员角色、数学教师角色、校长角色、苹果零售店员工角色、收银员角色、卡车司机角色、病人角色、警察角色、消防员角色、邻居角色和旁观者角色。一些社会角色比其他角色更明确，而有些人的多个角色会相互冲突（例如母亲角色和职工角色）。[3]所有角色都可以通过社会规则或社会期望影响个人的行为——有时是不言而喻的，有时则是公开直接的规则。绝大多数人会遵守这些规则，在有意识或无意识的情况下，以观察学习或条件反射的方式，按照特定角色被设想出来的方式行动。

甚至面部表情也无法幸免于社会角色的影响，上一章已经讨论过这种情况。阿兰·弗里德隆德接受了保罗·埃克曼的观点，认为面部表情不是由情绪引起的，而是由我们的社会角色和与他人的社会交往引起的。詹姆斯·拉塞尔更加明确地写道：“社会制定了在不同情境下做出恰当面部表情的规则（在葬礼上要有情绪低落的眼神，不管你是否伤心），然后我们尽力遵照这些规则。”[4]

履行某些角色不总是简单地遵循规则——社会的运作方式。父母比年幼的孩子更容易找到工作。善解人意的销售人员能够赚更多的钱。警官和消防员在处理紧急事件方面普遍受过更好的训练。数学教师比他们的学生了解更多的数学知识。我们希望父母能够支付账单，销售人员善解人意，训练有素的专业人员能够在紧急情况下提供帮助，以及数学教师能够教数学知识。这是他们的工作之一，也是这些角色发挥作用的方式。一个关于性别差异的重要理论认为性别差异之所以产生，首要原因不是进化和生物性状差异，而是“社会为男性和女性提供不同的约束条件和机会”，也就是性别角色。[5]

因此，在一般情况下，我们会尽力在工作、家庭生活、性别以及诸多其他情境中满足人们对角色的要求和期望。在葬礼上，我们需要“看上去”悲伤，即使并不真的悲伤。我们对购买自己服务的顾客友好相待，即使他们难以相处。男儿有泪不轻弹（至少在不少文化中如此）。教师在课堂上必须注意自己的言行举止。演员需要卖力演出。

一旦我们看到人们在履行自己的角色职责，就很难将角色和人区分开来。我们看不见社会规范强加的义务或压力。如果不是巧合的话，我们看到的仅仅是符合角色要求的行为。如此一来，社会角色就会让我们形成对他人有偏差又过于简单的印象，因此，我们会出现基本归因错误——低估社会角色的影响，高估个体所具有的与社会角色相一致的人格特征或意图。如果一个人在葬礼现场没有失声痛哭，那么就有可能被理解为过于冷血。人们会觉得教师很有教养，可事实并非如此；人们会觉得演员外向开朗，可事实并非如此；人们会觉得教皇更有教皇的样子，当然事实也并非如此。

近来，有一张照片被疯狂传播，这张照片说明人们觉得酒吧的女服务员更加“友好”（也就是，对男性顾客有更强烈的“性趣”）。埃克塞特啤酒窖酒吧（Beer Cellar Exeter）为了减少男性客人对女服务员的骚扰，特意在收银台上放了一张卡片，上面写着“为什么女服务员对你‘性趣’十足”，有两个选项，“她无法控制对你的‘性趣’”和“你这个白痴，这就是她的工作，必须对你友好啊”。后一个选项前面有一个方框，被填满了，意味着这就是正确答案。老板要求她们友好又温柔地对待客人。有效教育男性顾客的方式就是告诉他们，他们犯了基本归因错误。[6]

心理学家马克·阿里克（Mark Alicke）和同事设计了一项问卷调查研究。在这份问卷中，有这样一个背景故事：有一位校长必须按照他的上司对他的期望去做事，他在1996年组织了一场有关是否雇用同性恋教师的讨论会，教职工、后勤人员和社区居民就这个问题发表了自己的观点，但是校长只选择支持某一方的观点（要么支持雇用，要么反对雇用）。在一种情况下，校长根据自己想法做出选择。在另一种情况下，校长根据学校监管人员的指令做出选择。在第二种情况下，即便实验参与者知道校长需要遵守学校监管人员的命令做出选择，但是他们依然认为校长是因为支持同性恋者才选择了雇用，或认为校长反对同性恋者才选择了不雇用。[7]

因此，我们倾向于做出符合自己的角色（或者按照角色的要求）的行为，即使顾客、学生和其他观察者没有立刻注意到。整个过程的副作用就是违背社会角色的行为让人感到惊讶、有趣，或者新奇，正如人们听到教皇曾经当过夜总会保安时所表现的一样。在动画片《怪物史莱克》中，菲奥娜公主经常做出违背她性别角色的行为，例如，她会徒手殴打罗宾汉和他的同伙，这产生了喜剧效果。在喜剧片《大儿子小爸爸》（*Back to School*）中，罗德尼·丹杰菲尔德（Rodney Dangerfield）的历史学教授当面咒骂学生，又大发雷霆，就违背了教师的角色要求［历史学教授由喜剧演员山姆·金尼森（Sam Kinison）］扮演，他的愤怒传教士式演讲为人所熟知）。

不要误会，我的意思不是教皇方济各没有教皇样。我的意思是，教皇方济各和不少其他公众人物远比他们在公开场合所表现出的形象更为复杂。每个人在一生中总要扮演各种各样的角色。每个人都比第一眼看上去更为复杂，然而，一旦我们的行为被既定的角色影响，那就很难看到隐藏在表面之下的自己。怪物史莱克也对他的驴子说：食人魔就像洋葱。

当然，相较于其他人，有些人会更努力地去适应自己的角色，而有些人会更加强烈地感到自己被角色束缚，所以，有些人更容易被误解。这或许是因为他们很认真地在扮演角色，尽到责任，或者也有可能是因为他们没有安全感，需要取悦别人。例如，在工作角色中，我们有理由相信，工作单位中的每一个人尽力完成自己的任务只是为了赚钱，或许我们不顾一切地保住自己的工作，也只是为了养家糊口或支付学费。在性别角色中，随着自己的成长，我们会经历越来越明显的性别塑造过程，或许是因为脱离自己的角色（男性相较于女性更是如此），我们会受到来自周围环境更加严厉的惩罚。我们或许会严肃对待自己的角色，或许仅仅是向外界投射一个符合我们角色的形象。在所有的例子中，如果身处公开场合，我们会更加遵照角色所承载的期望而行动。

对某些角色而言，这并不是让个体去适应角色，而是要个体享受角色所提供的自由和机会。男性和女性在大多数文化中有不同的机会（男性通常拥有比女性更多的机会）。[8] 在下文中我会讨论有很多自认为很害羞的演员和喜剧明星在工作中表现得外向，有时极为开朗，但是这仅仅出现在聚光灯下，因为他们认为舞台给了他们自由。但是在绝大多数情况下，社会角色会约束行为，或者给出强有力的行为指导。

教师角色

作为一名教师，我感觉到语言是其中一个约束或影响我行为的因素。在教学中，压力越来越多，要避免说出会被误认为是轻度冒犯的词语（参见第二章）。我也极力克制自己不要在教学中咒骂学生（这当然是玩笑——我绝对不会在教学中乱骂）。在院系聚会，和院长、校长围坐在一起时，我也如此要求自己。我感觉到在工作中我的角色要求我成为一名举止优雅的教授。

在课堂教学环节，学生有时会咒骂他人，或者使用污言秽语，而我在为其他学生总结、重新表述其观点时，通常会插入意义相同但不那么粗俗的词汇，以取代学生的污言秽语。有时，我会一字不差地重复学生的话，此时教室里经常会出现小小的骚动，那么我就会马上指向那个学生，表明我只是重复他说的话而已（紧接着快速小声向他表示歉意）。

如果我真的要强调一个观点，或者我要提到某些虚假的或愚蠢的事情，那么我会偶尔说出“屁话”这个词。有一次，我和别人说起自己和高尔夫球，我用“该死”这个词描述我永远无法击中的那个高尔夫球。在这种情况下，我会马上向对方表示歉意（一部分原因是这是个严肃的问题，另一部分原因是我招来了对方的嘲笑，而我需要让自己的言行符合教师的身份）。[9]

一旦我和我的学生一起上了好几节课，他们就可能认为他们了解我。不去咒骂别人，不用污言秽语，我以身作则，使得别人以为我是一个有礼貌、有教养的人。也有可能是其他事情，或者我的穿衣打扮加深了他们对我的印象（我通常会在新学期刚开始那会儿打领带，好确立我的角色）。我相当确定，绝大多数学生会根据我在每学期的社会心理学课程中提到的假说，推断我是个有教养、有礼貌的教师。在注意到教师言行的一些约束条件后，根据这个假说，我提出有一种可能性，在课后我可能满嘴污言秽语，到处惹是生非，长着一张真正的毒嘴，笑起来又震耳欲聋。我不承认我是一个隐藏在暗处满嘴脏话的人，但我在课余可能会如此这般（只要不在大学之中！）。

虽然一些教师在上课期间骂人（很有可能他是已经拿到了终身教职的教授，而不是尚处于候选状态的教授），但很多人像我一样认为作为一名教师、导师或者院系成员，骂人是不合适的，或不理想的。甚至有教师不仅在上课期间破口大骂，而且骂得比在课后或院系会议上更频繁、更大声、更有声有色。我的意思不是说每一位教职员工都应该在学校里有特定的行为举止。但是当我们观察其他人在工作期间以既定的角色规则行动时，很难甚至不可能确切地知道他们“真正的”为人处世态度是怎样的。

雅虎问答网站上有这么一个问题：“教师会破口大骂吗？”有些评论者很肯定地回答教师“看起来很完美”，也有评论者回答，“当然了，只是他们不在学校里破口大骂”。有一位评论者的父亲是教师，他写道：“父亲在家里会像士兵一样用两种语言破口大骂。”另一位评论者写道：“你觉得教师休息室是做什么用的？”一位自称教师的评论者写道：“我们在头脑中破口大骂的次数远比你想象的多得多！”[10]

教职员工也会相互评判彼此，这是其角色的一部分。已经获得终身教职的员工尤其会根据既有的标准评价尚为终身教职候选人的教职员工，因此评价者这一角色可能让他们看上去吹毛求疵、令人讨厌，甚至是刻薄。虽然有些教职员工就是如此，但是角色效应可能会使我们对他们的印象带有偏见，或者夸大我们对他们的印象。任何一个地方的老板和监管人员受他们的评价者角色的影响，会被误解为吹毛求疵、冷酷无情。职责会混淆人们对他人性格的评估。

著名社会心理学家艾略特·阿伦森是《社会性动物》的作者，在描述教职员工之间潜在的常见角色冲突时就引述了评价者角色问题。他描述了自己的一位专职研究的教授朋友，学生普遍认为他热情，而他的朋友认为他做事毛毛躁躁，他的同事则认为他吹毛求疵且刻薄。阿伦森问道：

谁的印象才是正确的，学生还是教授的同事？他真的是难缠而又吹毛求疵的家伙，只会在学生面前装腔作势？或者他真的待人热情体贴，只是在其他心理学家面前假装难缠？这些都是错误的。事实上，我的朋友有完整的行为能力，一些社会角色会使他的行为趋向一端，而另一些社会角色会使他的行为趋向另一端。[11]

对阿伦森来说，学生仅仅依赖课堂上的情境，根据从他身上感知到的稳定人格特质就认为自己了解他（经常和教师角色有关），实则会有很大风险犯基本归因错误。教职员工根据工作情境做出评判，自认为了解他，同样会出现基本归因错误。

我在导言中提到，我认识一个温文尔雅的教授，同时她也是一个大城市的轮滑队成员，我还认识一位参加《美国忍者武士》综艺竞技比赛的历史学教授。不少现实生活中的教师的课后行为会让自己的学生惊讶万分，其中一个就是来自加利福尼亚的“儿语者”（baby whisperer）。吉姆·奥康纳（Jim O’Connor）是一位数学教师，也是参加过越南战争的老兵，在课堂上他极具权威，甚至有点“刻薄”。他解释说，之所以如此表现是因为这是一个“有着32名正处于青春期的男孩的班级”，纪律对他们的学习而言是必要的。但是他另一个为人所熟知的身份是在附近一家医院哄抱生病婴儿的志愿者。因为他有能力让“烦躁易怒的婴儿安静下来”，所以医院的护士称他为“天生的哄抱者”。在一次校园献血活动中，奥康纳的学生凑巧在医院碰到了他，这位学生“惊奇地发现这位严厉的老师温柔的一面”。数学教师会哄抱宝宝的消息很快就传遍了学校。[12]

一个既害羞又外向，同时也是最佳女主角的学生

换个角度，教职员工又如何看待自己的学生呢？存在学生角色吗？我曾经的一个学生总坐在教室的后面，整个学期都没有说一句话。这是一门数学课程，是在我拿到心理学博士学位之前所开设的课程（没错，我一开始是位数学老师）。尽我所能回忆起的一切，这位学生从来没有举过一次手，也没有回答过我向班级提出的任何问题，从不和同学闲谈。我不记得我对别人说过她很害羞，但是如果有人要求我给她一个评价，或许我就会这么说。

然而，我被惊艳到了。在那个学期之后，观看大学戏剧社表演时，我看到了这位害羞的同学，她扮演的是主要角色。在舞台上，她激情四射，跺着脚，大喊大叫。在某种程度上，我也犯了基本归因错误。我把她在课堂上没有参与感也不说话的行为，解释为害羞和胆怯的人格的反映。唉，这是我的错。

但是，谁又能说得准呢？或许我还是对的，她就是害羞，只是舞台让她变得外向、活力四射。我如果看到她在舞台上的表现，或许就会相信她外向又平易近人，那么我还是会犯基本归因错误。之前我提到过，有不少著名的演员和喜剧表演艺术家，他们认为自己确实很害羞，或者有社交焦虑，但是“演员”这一角色允许他们自由地公开表现多种性格特征。

据报道，布拉德·皮特“喜欢出演外向型角色，好摆脱他天生害羞的性格”。金·凯瑞在高中是典型的班级小丑，因为他特别害羞，但小丑角色帮助他交到了许多朋友。由于亚历克西斯·布莱德

（Alexis Bledel）[出演《吉尔莫女孩》（*Gilmore Girls*）和《牛仔裤的夏天》（*Sisterhood of the Traveling Pants*）] 比较害羞，所以她的父母从她很小的时候起就让她参加戏剧表演项目："她承认自己仍旧很害羞，但可以在必要的情况下为了她的事业抛头露面。"卡罗尔·伯内特（Carol Burnett）"将自己描述为一个害羞的人，只有在角色中才能表演"。芭芭拉·史翠珊一直使用提词机和抗焦虑药物，消除自己对舞台的恐惧。桑尼（Sonny）和雪儿（Cher）组合的辉煌本该独属于雪儿，但因为雪儿怯场，所以邀请桑尼·波诺一起表演。尽管戴维·莱特曼（David Letterman）有"轻松开朗"的外表，但是他为人所熟知的是"以精心筹划和编排脱口秀来应对自己的害羞问题"。或许绝大多数表演艺术家都是外向的，但是一旦试图解释某个表演艺术家的舞台行为，那么基本归因错误会降低评判的准确性。[13]

所以，我永远也无法确切地知道我那个害羞、外向、扮演主要角色的学生拥有哪些稳定的特质。但是如果仅从我对她的教学经历看，我想不到她可以取得优秀的舞台表演成绩。我在社会心理学课程中教授基本归因错误知识时，经常会借此机会告诉我的学生，我不会仅仅根据和他们在教学情境中互动的经历，对他们的性格做出假定。"这太冒险了"，我告诉他们，至少部分原因是角色效应，而角色效应是基本归因错误的一种形式。

类似地，心理咨询师和其他临床医生只会在治疗过程中或在办公室中与他们的病人有所互动。这是一个多么棘手的情境。心理治疗师被训练去解读人们的内心活动。但是如果你认为自己可以解读他人的非言语行为，或侦测他人是否说谎，那么这样想过于冒险，即使你是

“专家”（参见第三章和第四章），解读一个只和你在一种情境下有互动的个体的心理活动绝对充满风险。李·罗斯和理查德·尼斯贝特呼吁在解读他人心理活动时要小心谨慎，也要谦虚，即使是专家学者也不例外。[14] 我不确定是否存在公认的“优秀的病人”的角色规则，但是这并不意味在个体病人的脑海中没有此类规则。根据临床心理学家瑞安·豪斯（Ryan Howes）的观点，“优秀的病人”会按时付款，会完成医生或治疗师布置的任务，尊重治疗规则，而且“对每次交流都感到非常兴奋”。这些病人有礼貌，不会与治疗师发生对抗，听从治疗师的专业意见，所有这些都可能导致当他们对治疗师的言语或行为感到困惑或不安时，无法分享他们真实的感受。豪斯引用的研究表明，绝大多数病人承认自己向治疗师说了谎，较常见的说谎方式是故意遗漏一些信息。[15] 我知道临床医生为了实施治疗可能需要对他们的病人做出最佳猜测，但是这些都是在可能出现基本归因错误的情况下做出的。至于心理治疗中经常出现的谴责受害者行为，我会在第八章讨论。

我理解甚至教师有时也需要对他们学生的性格做出最佳猜测，以便确定是否要和学生进行一次面谈，是否为一个奖项提名学生，或推荐学生参加校委员会。然而，如果有教师正在读这本书，那么我的建议是小心谨慎（如果你尚未做好准备）。

学生仅仅在你的课堂看上去害羞，并不意味着他或她无法在脑海处理课堂问题，虽然我个人不会要求非自愿参与的学生回答问题。在这方面，我不会试图解读我的学生（参见第三和第四章关于你认为自己可以解读非言语行为所存在的风险）[16]。在我的课堂上，我向来贯彻不强迫参与策略，学生可以自己决定何时以及是否参与课堂回答（虽然我积极鼓励学生参与课堂回答，也会组织安排出声讨论）。而且不能因为学生仅仅在你的课堂看上去害羞就认为他无法在课后应付高压活动，或者无法参与需要长时间与他人交流讨论的活动（或者无法参与舞台表演！）。

反之，学生仅仅在课堂上看上去外向，或者镇定自若，也不意味着他能在心理上适应自己在上课期间被当成焦点，或被挑选出来完成课堂展示。我曾经观察过一位指导教师，他让一位毫无准备的学生在教室前方向同学展示某个心理学效应。在这之后，这位指导老师告诉我，这位学生镇定自若地完成了这项任务。但是这位指导老师在这之后就没有和这位学生进行过交流（在心理学研究中，实验报告的一部分就是这么处理的）。甚至在正常情况下，这样镇定自若的学生一旦进行公开行为，也可能觉得这是不愉快的经历或没有安全感，还有可能他们只是在教室里向他们的朋友表现出他们镇定自若的一面。

学生角色

学生角色复杂而又处于不断变化之中。在一些社会场合中，学生可以表现得比较酷和放松，如在课堂上回答问题，争取成绩全优，或完全不想在课堂上说话，混个及格就成。以不同的方式行动，不同的学生会感到有压力或感到自如。根据维基指南网（wikiHow）的建议，“课堂上如何表现”问题对应的第一步是“遵循期望”，其中包括“保持安静”[17]。看起来害羞的学生或许会表现出色。的确，教师可能为了维持课堂秩序而鼓励学生保持安静，虽然绝大多数人认为安静的学生需要克服“害羞”。[18] 我曾经有一个学生，根据我们两人在办公室的交流，我知道他对学术很感兴趣，而且十分健谈，但是他在课堂上相对比较安静。有一天他向我解释，这样做是为了保持安静，好让其他同学有机会发表自己的观点。

维基指南网为学生创建了另一个网页以解释“如何同时保持睿智和酷”。[19] 在学校里参与学术活动或学术表现很好通常与“酷”或受人欢迎没有任何关系。实际上，这通常会带来相反的效果，至少在美国如此。拥有优异的成绩会被同学贴上你不想获得的标签，如“书呆子”或“怪胎”。[20]

研究人员已经发现学生角色可能取决于学生的性别、种族或社会地位。玛丽·雷达（Mary Reda）是《发言与沉默之间：对喜好安静的学生的研究》（*Between Speaking and Silence: A Study of Quiet Student*）一书的作者，她断定“种族歧视、性别歧视和阶层歧视会压制一些声音”[21]，比如，女生通常在高阶数学课和某些自然科学课程中感到自己不那么受欢迎。女生在这些课程中没有数量优势，而且也知道自己不被期望来上这些课。正如一位女生所分享的那样，她们来上这些课就是自取其辱，“你是女生。女生做不了物理”。人们对女性角色在科学中的一般认识，导致女生和女科学家脱离她们的学业和工作，甚至完全放弃。[22]

另一方面，在工程项目中只有 7% 是女性。24 岁的丽贝卡·阿布兰特斯（Rebeca Abrantes）苦中作乐，成功招募她的五名男同学在她的婚礼上做她的伴娘。她说工程领域女性太少了，“没有太多的选择”。她和她的男性朋友在单身聚会“大闹一场”——照片已经像病毒一样四处传播。[23]

对于黑人学生而言，上学和取得好成绩有时会被其他黑人学生批评为“扮演白人”。一旦贫穷的白人学生表现不错，又会被其他人视为“举止傲慢”[24]。心理学家克劳德·斯蒂尔（Claude Steele）在20世纪90年代引发了一场研究热潮，探讨边缘群体表现不好的原因，他认为原因是不少黑人学生遵守社群规范不去学校上学，或者缺少对学校的认同感。他写道：

> 一旦认同危机在学校出现，它就会像普通感冒一样在学校里流行。那些认同和试图取得成功的黑人，相当于认可这种行为方式所否认的事物的价值，而这会使这种行为方式难堪。如此一来，让这种行为方式成为社群规范的压力快速演化，变得非常激烈。违背这种行为方式的人会被称为“黑白相间的奥利奥”（oreos）或“虚假黑人”（incognegroes）。作为一名真正的黑人，这一身份被劫持，难以与学校的身份认同相调和。[25]

研究人员实际上在争论这种施加在黑人学生身上的反学校压力是如何流行开来的，因为大样本的证据并不清晰。甚至卡罗琳·泰森（Karolyn Tyson），反学校压力最有力的批评者之一，也承认有些黑人学生确实因为经受了这种压力而表现不佳。在一项研究中，泰森和她的同事研究了八所学校，其中一所学校有明显的反学校压力。一位女生接受采访时说：

问题来自社会，因为我们固执地认为，黑人一定要以某种方式行动、说话和穿衣打扮，如果你偏离了预期，那么你的黑人身份就会被质疑。我本身就质疑这一点。我现在被黑人公然谴责和排斥，而这是荒谬的……我怀着胆怯的心情来到学校，因为我是黑人，而且是唯一选修荣誉课程（先修课程）的黑人。

学校的人事部门也注意到了这个问题。一位教职工评论说，在学校文化中，“对少数群体学生来说，聪明一点也不酷”。一位指导老师说，有些黑人学生“不喜欢荣誉课程，因为他们经常是班里唯一的黑人学生”，而且他们感受到其他黑人学生会“用异样的眼神看他们，好像他们在充当白人，而没有意识到你仅仅是聪明的黑人”[26]。

在这个研究领域之外，是一个更为庞大的研究领域，也就是刻板印象所带来的威胁效应——很大程度上由克劳德·斯蒂尔所开创。刻板印象威胁使少数群体成员感到焦虑或不舒服，因为社会对他们抱有负面期望。类似某些社会角色压力，刻板印象威胁会导致女生和黑人学生表现不佳。观察这些学生的表现，然后将任意低水平的表现都归因于能力太差，这忽视了社会压力的影响。虽然这种错误的归因是基本归因错误的一部分，但是刻板印象威胁研究已经超出了本章的论述范围。

我始终秉持的观点是，在解释他人行为时如果忽视社会角色的影响，那么我们会犯基本归因错误。一旦我们试图解释为什么女生会放弃她们的科学专业，或者为什么黑人学生的课业表现不好，我们可能会认为这些学生没有能力。如果黑人学生在荣誉课程中表现胆怯，我们可能会认为她生性胆怯，或她准备不充分。

有时我会问选修我的社会心理学课程的学生为什么在课堂上看起来沉默害羞，而在正常情况下他们是外向开朗的人，他们给出了和学生角色相关的答案。他们也注意到沉默安静的行为可能反映他们对学校不感兴趣，对特定课程不感兴趣，更关注自家的情况，或讨厌他们的指导老师。玛丽·雷达写道："让我们直面现实吧：有时学生安静仅仅是因为他们不喜欢自己的老师。"[27]

回到那位数学课学生身上，她在课堂上沉默寡言可能仅仅是因为这门课是数学课。不幸的是，数学焦虑是时代的流行病，尤其对美国女生来说。但是数学焦虑不会妨碍舞台表演。

终极角色效应

因此很难说舞台上的演员在教室里是健谈的，还是安静的。演员有其他人格特征又如何呢？一旦观众在更为宽泛的范围内推断演员的性格特征，那么许多人会认为演员和角色很像，或者角色就是为演员量身定制的。我将这种偏见称为终极角色效应（ultimate role effect），而这也是基本归因错误的一种。

艾莉森·安格里姆（Alison Arngrim）在电视连续剧《草原小屋》（*Little House on the Prairie*）中扮演了令人讨厌的内莉·奥尔森（Nellie Oleson），连续剧完结之后好几年，她说人们似乎仍认为她就是那个令人讨厌的人，憎恨梅丽莎·吉尔伯特（Melissa Gilbert，她扮演了剧中内莉的对手——劳拉·英格尔斯）。根据电视网的报道，安格里姆回应了人们对她的负面看法之一："你不用再问我是否在现实生活中真的憎恨她——梅丽莎·吉尔伯特。各位观众，这仅仅是电视剧。你们仍然认为我就是内莉，那个嘲笑结巴的孩子和取笑残疾人的内莉。"

有必要申明，安格里姆已经向公众传达，她和梅丽莎·吉尔伯特是闺蜜。安格里姆也清除了笼罩在迈克尔·兰登（Michael Landon）头上的神秘面纱，他扮演的是查尔斯·英戈尔斯（Charles Ingalls）。她说："迈克尔一点也不喜欢自己扮演的角色。"[28]

或许观众犯下基本归因错误对演员而言是极高的褒扬。演员的工作是假装成为其他人，而观众已经忘记这仅仅是一个角色。有些观众会为自己的印象辩解，认为如果演员一点也不像他所要扮演的角色，那么他就不可能扮演好这一角色。好吧，这也说得通，演员像他的角色，会演得更好——A 推出 B。但是这并不意味着 B 能推出 A，也就是说如果你看到一场特别精彩的表演，那么一定是因为这个演员早已和角色化为一体。不，这是错误的。实际上，有些演员会花费数月研究自己的角色，而且会练习角色的言行举止、语音语调，从而让观众相信演员就是角色本身。化妆、着装和布景都增加了这一错觉。

除了某些坊间传言，研究还确定有些观众在描述演员时更容易犯基本归因错误。一旦观众看到一个演员先后扮演正面角色和反面角色，基本归因错误就会发生，而且最近扮演的角色会误导观众。主要原因是绝大多数人无法将观察到的行为和（字面意义上的）演员的行为区分开来，演员只是在舞台或银幕上参与到那些行为之中。[29]

伦纳德·尼莫伊曾经在他的书《我不是斯波克》中讲述了这类经历，故事从机场的一次意外开始，一位母亲将尼莫伊以斯波克的身份介绍给她的孩子认识。尼莫伊接下来描述他个人与他的角色是不同的，尽管许多人认为他就是斯波克。[30]女演员奥布瑞·普拉扎（Aubrey Plaza）因在电视剧《公园与游憩》（*Parks and Recreation*）中塑造了一个面无表情的角色而被人熟知，她发表评论，认为“一旦人们看到你扮演了某个角色，又看不到你扮演其他角色的话，他们通常会认为这个角色就是你，你所能做的就是你所扮演的那个角色能做的”[31]。

社会角色范式：对领导的感知

人们在工作中、学校或家里所扮演的角色给了研究人员丰富的素材去检验基本归因错误。低估社会角色所带来的影响，有时被称为社会角色效应。要求观众在看过演员所扮演的角色之后描述这位演员，这是一种非常直接的基本归因错误测试——观众经常低估角色的影响。尽管政客的角色绝大多数是关于自我表现和拉拢选民的，但评估选民是否倾向于相信政客对他们承诺的内容（参见第二章），也是一种显示被忽略的角色效应的潜在方法。

上文已经讨论过教师角色能够约束教师的行为举止，使其避免做出不雅举动，但教师角色也会涉及对教师聪慧程度的判断。我的学生可能就认为我比真实情况更为聪明。我的意思是，他们付钱在我这儿学习，而且我一直和他们谈论各种问题，分享自己的知识。我也在教室里问各种问题，很明显我知道这些问题的答案，因为我做了准备。所以我能把控整个教学过程，毕竟我占据了讲台这个位置。最初的社会角色范式研究试图研究占据讲台这种角色优势所具有的影响。

范式的来源

为人所熟知的经典范式是提问者–竞争者范式或问答游戏范式。在态度归因范式之后，这是第二常见的检测基本归因错误的方法，而且这种方法或许与日常生活联系得更为紧密。这种方法可检测实验参与者在评估提问者的知识水平和回答问题者（竞争者）的知识水平时，忽视社会角色效应影响的程度。

李·罗斯和他的同事在 1977 年第一次建构了提问者–竞争者范式。其基本思路是（通过抓阄的方法）将提问者角色或竞争者角色随机赋予实验参与者。如果你被赋予提问者角色，那么你需要根据自己掌握的知识设计十个小问题。这些问题应该“具有挑战性，但不是不能回答的”，而且提问者需要避免简单且对某些回答者（竞争者）不公平的有难度的问题。因为你可以利用自己的知识，所以你设计的十个问题不太可能和其他人的问题一模一样。你喜欢的音乐、体育运动和电影都可以成为提问的恰当内容。你已经阅读完的书和杂志也是恰当的提问内容。

接下来，这个范式的另一个部分是让竞争者尝试回答这十个问题。在最初的研究中，竞争者平均答对四题。提问者在提出下一个问题之前会告知竞争者正确的答案。罗斯及其同事写道，他们试图“捕捉许多现实世界类似遭遇的基本特征：实验参与者定义领域，控制互动的模式，而其他人只能在这些限制条件下给出回应”。

实验参与者观察这一情境之后，经常会认为提问者比竞争者有更多的知识。竞争者只能正确回答四个题目，只有 40% 的正确率，也就是不及格，而且是严重的不及格，而提问者知道所有题目的正确答案。哇哦，提问者一定很聪明。但是竞争者也有能力根据自己的知识储备提出问题，而提问者在回答竞争者的问题时也会出现类似情况。观察者忽略了提问者所具有的角色优势。竞争者处于角色劣势地位。如此一来，认为提问者比竞争者有更多知识构成了基本归因错误。甚至竞争者自己也认为提问者比自己更聪明，而且竞争者和观察者都认为提问者的聪明程度高于学生的平均水平。[32]

重复和扩展

从那时起，众多基本归因错误研究一直采用这种研究范式。斯特凡纳·茹弗尔（Stéphane Jouffre）和让-克洛德·克鲁瓦泽（Jean-Claude Croizet）增加了一个变量的权重：在某个条件下，提问者可以对提问-回答场景施加更多控制。具体来说，如果提问者-竞争者想赢得彩票（一种假定的激励，所有实验参与者都有机会获得），提问者可以决定如何分配彩票的奖金。在这种情况下，提问者和实验参与者会犯下更为严重的基本归因错误。他们会认为提问者掌握更多的知识，而竞争者掌握的知识更少。研究人员引用大量文献，表明我们的认知倾向于对强者和弱者产生偏见。但是该研究第一次扩展了之前对基本归因错误的研究。[33]

在另一个提问者–竞争者范式的重复研究中，贝尔特拉姆·加夫龙斯基（Bertram Gawronski）研究了观察者是否注意到特定问题的难易程度，他发现观察者确实注意到了。例如，当竞争者跳过的问题在客观上真的很难时，观察者会评价提问者和竞争者都掌握了很多知识（认为提问者掌握很多知识是因为他知道如此难的问题的答案，而认为竞争者也掌握很多知识是因为不知道难度如此之大的问题情有可原）。所以观察者犯基本归因错误不是因为他们没有注意观察双方的表现。

加夫龙斯基也发现观察者更有可能采取竞争者的视角而不是提问者的视角，可能是因为观察者试图自己回答这些问题。在这个例子中，一旦问题变得特别困难，观察者注意到问题难度的可能性更大，注意到竞争者在此次比赛中没有被公平对待的概率更高。所以观察者不会那么轻易犯基本归因错误。如果我输掉了一场比赛，那我自然会更加仔细地检查比赛规则。加夫龙斯基的研究结果表明，一旦问题变得异常困难，那么观察者确实会少犯基本归因错误，而这主要是因为竞争者的知识水平远在平均水平之上。[34]

罗纳德·汉弗莱（Ronald Humphrey）将“谁是掌控者”的研究范式推广到商业领域，在一个设计精致的办公情境中（每一个环节都有三名员工和两名经理），他随机将经理或员工的角色赋予实验参与者。这些实验参与者会执行与角色一致的任务。经理给消费者回信，计算生产成本，浏览应聘者简历以及训练员工。虽然员工能够看到经理有一本告诉他们如何成为一名经理的手册，但经理仍处于掌控者的地位。另一方面，员工为经理提取文件，归类邮件，以及录入数据。员工和经理在评价与管理角色一致的积极特征上都认为经理要好于员工，即使这些角色一直是随机分派给实验参与者（而且还为如何做一名经理提供了帮助手册）的，这就展示出社会角色效应和基本归因错误。这些特征包括领导才能、智力和决断力。[35]

角色在被扮演之前就会影响个体

生活通常不会随机为人们分配工作角色，但是人们也不总是靠努力工作或基于与工作相关的能力而获得工作角色。企业主或公司总裁的家庭成员有时仅仅因为这一层家族关系而被委任高级职位。政治领导人，甚至美国总统，有时也会任命朋友、政治盟友，或者家庭成员出任高级职位，即使他们没有任何相关工作经验。根据职位的不同，男性和女性被录用或不被录用部分取决于他们的性别，而不考虑与工作相关的经验，尤其是一些与科学相关的工作和领导型工作（男性比女性更有可能被雇用，即使他们有着一模一样的简历）。[36] 因此，一旦你处于那个角色，你就可能被认为有更加明显的与角色相一致的气质，而真实情况并非如此。

珍妮特·摩根·里格斯（Janet Morgan Riggs）将这一研究现状提升到一个全新的高度。她发现在你真正进入工作或家庭角色之前，即使你只是期望扮演那个角色，观察者也会一直会基于那个角色而对你进行错误解读。里格斯设计了一项实验，在实验中，一位已婚的全职男性或女性即将为人父母，要决定他们继续工作还是辞职在家照顾小孩。一种情况下，他们可以自由选择，另一种情况下，他们要根据经济状况进行选择。

在两种情况下（自由选择和被迫选择），观察者将继续工作评价为他们有着强烈的能动性特征，例如独立、自信和有决断力（相比于辞职在家的父母），然而观察者将辞职在家评价为他们有强烈的社群特征，例如乐善好施、热情和无私（相比于继续工作的父母）。这些结果和将要为人父母者的性别没有关系，即使男性观察者强烈赞成女性就应该待在家里。

一般来说，女性的行为更具有集体性，主观能动性更少，而且更容易被认为是这样。正如我之前提到过的，长期研究性别角色的艾丽丝·埃格利（Alice Eagly）将这些性别差异解释为由不同的工作和家庭角色导致，社会鼓励或允许女性和男性扮演这些角色。无意识地假定性别差异是由内在的生理差异导致的，就是基本归因错误。里格斯也提到了这个问题。

里格斯描述了埃格利和她的同事如何证明男女双方处于照看孩子的角色而非赚钱养家的角色时被认为更加合群，有更少的主观能动性。但是里格斯通过检测人们如何看待仅仅预期参与这些角色的男性和女性，突破埃格利有限的视角，明确了当实验参与者被环境裹胁时，人们也会做出如上评价。里格斯认为她的研究强有力地支持了埃格利地性别–角色期望理论。[37] 我同意这一点。

性别角色

里格斯令人难以置信地展示了赚钱养家的角色和操持家务的角色在影响人们的评价方面有着极大的力量。由于男性和女性扮演上述两个角色的比例相差悬殊，相较于他们的真实状态，观察者会将男性错误解读为有更显著的主观能动性，更少的集体性，反之亦然，这也就变得可以理解。在讨论提问者–竞争者和经理–员工两种情况在现实生活中的扩展版本的研究中，加夫龙斯基也注意到类似的情况，人们“不会调整对性别角色所做的性格推断”[38]。

但是有更多的证据支持埃格利的性别–角色期望理论。之前我讨论过招聘中的性别歧视。男性在某些岗位的人数远远超过女性（或者相反）不仅仅是因为二者在经验、能力或兴趣上有自然发育而成的差异，而且还因为招聘人员脑中固有的性别–角色期望或刻板印象的影响。例如，招聘领导角色时，仅仅闻到简历上的男士香水味道（而不是女士香水味道）就能让人事专员更加确信选择这位应聘者是合适的，不管他实际是男性还是女性。[39]

我还讨论过性别角色如何误导我们解释女学生和女学者在数学和自然科学中的作为，尤其是，我们经常低估女生在这些领域的能力。部分原因是教师、父母和同事在某些教育情境中会区别对待男生和女生。

对新生儿的错误感知

甚至刚出生不久的男婴和女婴也会因性别刻板印象被区别对待。人们会让他们穿上不同颜色的衣服，给予不同类型的玩具，用不同的方式和他们交谈，用不同频率和不同的力度触摸他们。婴儿的性别标签也会给人以不同感觉，即使是婴儿的父母也认为自己可以看到并不存在的差异。一般而言，被标记为“女孩”的婴儿会被认为比被标记为“男孩”的婴儿更弱小、更柔软、更可爱，但不够强壮，注意力不足又不爱冒险，即使实验中的两个婴儿是同一个。

这类研究有时被称为性别标签研究。1975 年，卡罗尔·西维（Carol Seavey）和她的同事完成了未知孩童（Baby X）研究，这是最初的性别标签研究之一，研究成果发表在期刊《性别角色》（*Sex Roles*）上。研究人员把一个三个月大的婴儿展示给不同的成年人，但是将儿童标记为不同的性别。成年人会根据性别标记区别对待这个婴儿。实验中的孩子是女婴，为了更加严谨，劳拉·西多罗维奇（Laura Sidorowicz）和伦尼（G. Lunney）在 5 年之后又完成了一次未知孩童研究，使用男婴，但仍贴上不同的性别标签。此外还有不少相似的研究，而结果也较为相似。[40]

其中一些研究值得注意，因为它们是真实的实验研究，而不是相关性研究。这些研究并不完全是将个人的性别与结果联系起来。成年人被随机赋予相同的条件，也就是同一个被标记为“女孩”或“男孩”的婴儿。一旦成年人开始以不同的方式对待和评价这个婴儿，我们就可以很自信地说性别标签是导致婴儿被区别对待的原因。相关性无法推出因果性，但是类似的真实实验允许我们做出因果判断。

久而久之，男婴和女婴由于性别不同而被区别对待，从而变成了以人们所期望的方式行动的年幼的男孩和女孩。他们最终会变成男人和女人，在行为和职业目标上表现出性别差异，但是这些差异反映的是性别角色，而不必然反映任何自然的性别差异。这个过程是埃格利和其他学者在过去几十年间所支持的有关性别差异的性别–角色期望理论的一部分。

如果不强调这个理论，我就无法结束这一章关于社会角色的讨论，但是仅通过几段论述，我无法对几百项相关研究做出公平的评价。但已经明了的是，一旦我们试图解释为什么男性和女性会有行为差异，或者会取得不同的结果，我们经常会低估性别角色的多种影响，而这就是基本归因错误。[41]

生物学和性别角色的相互作用

公平地说，性别标签研究的结果并没有呈现完美的一致性。虽然大部分研究表明至少存在证据，证明成年人在看待和对待婴儿时有可预见的性别偏见，但不是所有研究都是如此。有些研究学者认为成年人的教育水平会有所影响。

更公平地说，生物学或社会文化因素（也就是社会性别角色）是不是影响性别差异的首要因素，尚存争议。但是艾丽丝·埃格利认为以非此即彼的术语传达这一争议会误导读者，因为她自己也承认在社会文化因素之外需要加入生物学因素，也就是社会文化因素和生物学因素都会影响性别差异。在我看来，埃格利数十年的研究并没有让她忽视生物学因素，也没有像其他人那样过分看重性别角色的作用。从本质上讲，埃格利一直在试图减少性别差异解释中的基本归因错误。

但是这种理解比生物学和社会文化因素都起作用更为复杂：生物学和社会文化因素可以以多种不同的方式相互作用。这些相互作用不是直接的，因此大众读物作者经常避免去解释它们。埃格利和伍德（Wood）认为大众读物作者“撰写有关当今最引人关注的性别差异问题的文章，但通常无法将问题的答案建立在心理学研究之上”，他们还指出，一旦大众读物作者试图引述心理学研究，那么他们“提供的是将科学文献高度浓缩的摘要，而这些内容只能展现复杂的研究项目的一个个片段”[42]。

只谈论研究片段或许对这些大众读物作者而言是一种职业危害，但是让我试着给你们带来一点互动体验。在诸多交互模型中，埃格利和伍德所参考的模型是“自动点唱机”（jukebox）模型。虽然这不是他们最喜欢的模型，但是这个模型来自生物进化和自然选择理论。人类内部具有不少认知或行为工具，在模型中被称为“歌曲”，来应对威胁生存的具体问题。一旦某个危险出现在特定的环境，它就会激活相对应的歌曲，类似于按下自动点唱机上的按钮。在这种情况下，不同的社会情境在理论上可以导致不同的行为。因为男性和女性被不同的方式对待，或者面临不同的危险，所以他们奏唱的是不同的事先编好程序的歌曲。

男性和女性的行为和结果实际上是非常复杂的。生物学因素和社会性别因素可以纠缠在一起。但是，我的观点很简单的，那就是不要忽视性别角色的作用。如果忽视性别角色的影响，那么便与相关研究领域的文献不一致，同时构成了基本归因错误。

如何减少性别角色的影响

在本章一开始，我提到格洛里亚·斯泰纳姆的近况，她的父母能够舒心地将他们的女儿当成儿子抚养，但害怕以养女儿的方式养儿子。社会科学家也同意这一点。有些父母可能没有意识到正在发生的现象，而有些父母明白这一点，也考虑到了这一点，但还是害怕他们的儿子有可能因为表现出女性气质而被其他同学欺负。克莱尔·凯恩·米勒（Claire Cain Miller）是一名记者，讨论了诸多有关斯泰纳姆现象的观点，认为仅仅允许把女孩扶养成男孩是不够的。平等的社会能够允许以抚养女孩的方式抚养男孩。

米勒明确地讨论了持续约束男孩所能扮演的角色所带来的经济劣势。米勒认为男孩不会被培养成“在新的粉红经济中取得成功”的人。传统的女性技能，如合作和同情，“在当代职场和学校越发受到认可，而且需要这些技能的工作岗位增长得最快”。米勒问心理学家和其他科学家，我们应该如何培养男孩以掌握更多的女性技能，从而摆脱男孩就应该是男子汉的刻板印象。基于他们的回应，米勒提供了十几个建议以降低社会性别角色的影响。

第一个建议是抛弃“男儿有泪不轻弹”的古训——让男孩放肆痛哭。男孩和女孩在五岁之前哭泣的频率不相上下，所以，男儿有泪不轻弹，不像是生物学因素所致。另一个建议是让男孩成为他自己，即使他喜欢粉色事物。颜色偏好不具有生物学基础。事实上，在 20 世纪中叶之前，人们普遍认为粉色适用于男孩，而蓝色适用于女孩。哇哦，这就是电视剧《迷离时空》(*Twilight Zone*) 的素材。为了抵消我之前所讨论过的由社会性别所规定的工作和家庭角色，米勒认为父母要共同承担家务、抚养孩子和赚钱。看到父母共同承担家庭责任的孩子不太可能走上社会性别规定的道路。[43]

我想要强调的是，父母有最终决定权，决定如何抚养他们的儿子，不仅基于他们自己的理念，也取决于家庭所处的环境。同时，不按照社会性别来抚养孩子，即不要公开地将与性别一致的特征赋予他们自认为是男性或女性的孩子，这样做能产生一些潜在的长期经济利益。除了经济利益，这样做可能会减少性别偏见和歧视，也有可能减少发生在女性身上的暴力犯罪行为。一般而言，减少偏见可以减少群体之间的冲突。我会在接下来的几个章节中讨论减少基本归因错误如何减少诸多不同方面的矛盾冲突。

第六章

行车途中的基本归因错误

不管年龄、性别、宗教、经济地位、种族背景如何，能够将所有人团结在一起的只有深藏于我们内心的信念——所有人都相信自己高于一般水平。

——戴夫·巴里（Dave Barry），作家和专栏作者

下课之后，我开车……但是遭遇强行并道。以往遇到这种情况，我会在适当的时候踩油门，找机会报复。但是今天，我想到了基本归因错误……于是我的气就消了。同时我感到压力也减轻了，我相信这才是健康的状态。

——佚名，社会心理学课程学生

一长串汽车停滞在路上，你等待着，感觉只要几分钟就能驶入交通环岛，但是一辆红色尼桑排在了前头，这很难不让人不安。红色尼桑司机似乎没有任何驶入环岛的意思。没错，司机要让位于交通环岛里的车辆，但是，拜托，总不能无休止地停着不动等待合适的时机吧。这个红色尼桑司机太笨了。你如果无法正常驶入简单的交通环岛，那基本就可以告别驾驶了，对吧？许多司机开始对红色尼桑司机

狂按喇叭。

在某些方面，按喇叭或许会让你感到舒畅。你在试图控制让你沮丧的情境，催促红色尼桑赶快挪动，否则你就会迟到。或许这是一种泄愤方式，真诚地表露愤怒情绪而已。但是出现这种情况的部分原因还是基本归因错误，这是社会心理学家萨姆·萨默斯的观点，他写有《情境影响力》一书。

这个意外就发生在萨默斯身上。当时，有一支送葬队伍以合法的方式阻止其他车辆驶入交通环岛，但是萨默斯忽视了这一情境因素，直到他年幼的女儿告诉他这一情况。这真是一个典型的例子。我在第二章第一次提到这个例子，但是我们现在已经来到了进一步研究基本归因错误的章节，所以需要提到更多的信息。

在萨默斯后面还有几辆车，或许他是第一个按喇叭催促的司机。“是谁杵在那里一动不动，让我们所有人排在他后面？”萨默斯写道，“他究竟在等什么，难道在等进入交通环岛的正式邀请函吗？红色尼桑司机究竟在搞什么，没听到诧异的喇叭声吗？”萨默斯的女儿问起喇叭的噪声，他深吸了一口气，向女儿解释那位司机有多么愚笨。时间一分一秒地过去，但堵车如旧。萨默斯认为那家伙是“无能型人格”，而且是个“失败者”。萨默斯还加了一句，“他每天早上能自己穿衣服起床，真是一个奇迹”。萨默斯确定他和女儿都将迟到，希望能从弥留之际拿出几分钟用在今天，好准时抵达。[1]

读者能够感觉到萨默斯内心的怒气。研究驾驶员内心状态的社会学家认为，诸如沮丧、愤怒，以及对其他司机的负面看法在驾驶中非常普遍，这些心理状态会导致人际冲突，甚至会让其他司机向那个被认为是白痴的司机乱发脾气。因此，行驶在最前面的司机很有可能成为受害者。他已经被好几辆车按过喇叭——这对一些司机来说是痛苦的经历，尤其是他们无力去阻止这件事。这位司机会感到焦虑，萨默斯这样描述道，这位司机开始“拼命打手势，好像试图为自己不称职的驾驶技术辩护，就像一出哑剧。然而，喇叭声依然四起”。

还有不少路怒症的例子和这个故事非常相似。遵纪守法的司机成为愤怒司机的发泄对象，他觉得自己被堵在了中间。虽然一点即燃的路怒症司机比媒体预测的要少，但是他们确实存在，不仅大众媒体关注路怒现象，而且专业学者也对此定期关注。堵住交通环岛会让其他司机愤怒，甚至会导致交通事故和直接的肢体冲突。一些调查研究表明，大部分司机近期都是路怒症的受害者。[2]一旦我们试图说明为什么毫无能力和无辜的受害者需要承受伤害，就会发现几乎所有文献都在谴责受害者，无论他们是出生在充满虐待和暴力的家庭，还是遭遇自然灾害、遇到车祸，而这就是基本归因错误的又一个重要版本。

人际冲突、谴责受害者和司机的愤怒，这些现象本身在社会科学中就有大量的研究文献，在日常生活中也有大量体现。一开始，这些文献在这些现象上是相互交织的，因为基本归因错误会导致人际冲突、愤怒甚至路怒症，而另一种基本归因错误也会出现在谴责受害者行为之中，责怪他们导致了车祸或暴力冲突。我们可能会谴责受害者，认为他们做得还不够，因此无法避免糟糕的结果，甚至直接认为这个结果是他们自找的。肇事者或要为交通事故负责的那个人，尤其会谴责受害者，但是不少旁观者也会这么做，甚至出人意料的是，在由此导致的法庭案件审理中，陪审团成员（在辩护律师的帮助下）也会这么做。

实际上，在我看来，这一部分讨论中最令人伤心的是谴责受害者行为。谴责受害者行为对受害者而言是雪上加霜。受害者会因为随机的不幸而遭到谴责，认为这是因为他们没有好运气。司机被堵在交通环岛入口而被谴责，他不是有意在此时此刻堵在此地，可能是送葬队伍刚到，排在车辆队伍的第一个刚好是他而已。陷入由邻车司机导致的交通事故，也不是因为我们选择行驶在那辆车旁边。还有被射杀的无辜受害者，尤其是被警察射杀的，仅仅因为被警方射击而死，就一直遭受谴责。社会上有不同严重程度的谴责受害者行为，而人们谴责受害者的原因有可能让你感到惊讶。

但首先，我要进一步剖析人们行车途中的基本归因错误行为、愤怒行为和攻击行为。我会讨论人们为自己存在问题或充满攻击性的驾驶行为给出的理由，据此我会提供导致攻击行为的一系列已知的情境因素。我的一般观点是，情境因素考虑得越多，越能够减少在路上发生的人际冲突，甚至可以拯救他人和自己的性命。

在下一章，我会就行车情境之外的人际冲突展开讨论。下一章之后，我会更加深入地讨论，在收看新闻的过程中，或在日常生活领域，人们如何谴责受害者和为什么人们会谴责受害者，这是否部分反映了人际冲突。减少这种形式的基本归因错误，可以增加对需要帮助的人施以援手的意愿。

与基本归因错误和愤怒同行

我所讨论的在驾驶中出现的基本归因错误，很大程度上是指一个司机冲另一个司机发火或迁怒于他。基本归因错误是导致愤怒的一个原因，道路上充斥着怒气。研究人员发现美国司机每年有高达 4000 亿次的充满敌意的对话，这些对话导致了一半的机动车相撞事故和三分之二的死亡事故。在行车过程中充满怒气和攻击心理会使机动车相撞风险增加约十倍，而且从平均情况看，每位司机至少每天会发怒一次。在驾驶中发怒比在其他日常行为中发怒更为常见，并且已经成为心理学家的常见研究主题。[3]

究竟是什么导致了司机的愤怒？基于安装在汽车内部的录音设备、手机报告、受过训练的乘客观察员提交的材料、问卷、全国电话调查以及司机自己的日记，抱怨其他司机和导致司机愤怒的原因有：加塞、尾随过近、迂回行进、超速、敌对手势、制动不稳定、拒绝进入车道、不使用转向灯、侵占停车位和慢行。这张单子肯定没有穷尽所有因素，因为我们每个人在路上都有不顺心的事。然而，男性经常报告他们在看到慢速行驶和警察时会更加愤怒，而在遭遇交通拥堵，看到敌对手势以及违反法规的行为（如超速或违禁停车）时，女性会表现得更为愤怒。总体上说，虽然男性和女性在开车过程中会有相似程度的愤怒，但男性经常做出更具攻击性的行为。[4]

当我们面对让我们愤怒的行驶问题时，我们通常的反应是嘟囔、骂人、喊叫、打手势、加速，还有按喇叭。[5]然而，我们都犯了基本归因错误。一旦其他司机做出上述无礼的行为或不当的驾驶动作，我们经常会狂按喇叭。我们会低声嘀咕、向他打手势，甚至会谴责他们。我们经常会认为他们是坏人，是能力低下的人，而且对此十分肯定，因此会产生更多的怒气。[6]驾车过程中产生抱怨的频率很高，加之封闭式驾驶室带来的匿名性，无法与其他司机进行清晰的沟通，对归因缺乏责任感，越发拥堵的城市交通，还有（尤其年轻司机的）狂妄自大的信念，这些因素都让我们觉得自己好于身边的人，这就提升了犯下基本归因错误的可能性。这有可能是这些因素综合作用的结果，其中任一因素都能导致基本归因错误。[7]

不要误会。有时，做出不当的驾驶行为的司机确实是白痴，正如有时政客会相信自己说的话，不管那番话是不是迫于政治压力才说的，而有时教师会像我们在教室里看到的那样礼貌而有教养。有时我们仅从表象上就能把握行为的本质，但绝大多数时候他人行为的本质不是我们所认为的那样。

当然，不要忘了，解释并不是在找借口。即使确有情境因素发挥作用，导致了充满攻击性或危险的驾驶行为，我也不会为这些危险的司机找借口开脱。在我看来，能否脱罪或得到谅解，取决于安全受到威胁的人，那些受伤的人，也取决于法官和陪审团。

虽然白痴驾驶行为存在，但真正的问题不是司机是不是白痴，认为司机不是白痴就是完人的二分法是错误的。在白痴司机和完美司机之间，还有不少等级。因此，真正的问题是，观察到不当驾驶行为的观察者通常过度聚焦于司机潜在的愚蠢特质或其他特质，而忽视了潜在的周边环境因素。很少有行为是个人因素或情境因素单独导致的。在通常情况下，二者都发挥作用。

受难以处理的周边环境因素的影响，愚笨的司机确实会变得更愚笨。实际上，愚笨的人本质上是缺少足够的认知来应对复杂的环境。更有甚者，极端的路怒症司机在生活中经历了一两次压力事件（如丢掉工作或离婚）之后，经常会被最后一根稻草压垮，犯下大错，但是这些压力事件不能为他们做出的伤害行为脱罪。[8] 不过，一旦我们感觉到自己被另一位司机冒犯，或被他挡住路，承受了伤害，那么我们通常很难承认周边环境的任何作用。

（不当的）冬季驾车习惯

我知道一定有愚蠢的司机，我也很同情他们，他们经常开不准道，也经常造成碰撞事故。这确实让人恐惧，也让人充满压力。但是，我现在想冒一次险，提出自己的建议，认为这完全不是愚蠢不愚蠢的事。有时，行驶过程中的突发事件也会让机智、熟练又能绝处逢生采取最佳行动的司机，做出不当的驾驶行为。

有一次我出了一起交通事故（幸亏老天保佑，没出什么大事）。那是下着雪的一个 11 月的晚上，红灯亮起，我缓缓停车，但是后面的车重重地撞上了我的车。然而，不管我怎么努力，我还是撞上了前面的车。前车司机怒气冲冲地下车向我走来。我不确定是我不够聪明，还是驾驶技术不够娴熟，但是我已经尽我所能踩刹车踏板。只是从他的视角看，我是一个撞了他的车的蠢货。

我向这位司机解释，我也是被追尾了。我指着我身后的另一辆车，此时，这位司机的怒火似乎消散了。因此，提供情境因素这一坚实的证据，可以减少基本归因错误。但是，当我走到撞我的司机面前，询问她是否安好时，我还是感到有些困惑。她呆坐在车里，没有回应我。警察和救护车到了，我没有继续问她。（那天晚上是我第一次上救护车——万幸，一切安好。）我看到她并没有被追尾，所以她收到了一张交通罚单。但是转念一想，我可能丢掉了一次机会，进一步收集这位现实生活中“拙劣司机”的实时情境信息。她是不是被车里的东西分散了注意力？她的刹车系统出故障了？她正好经历了压力事件？她赶着处理紧急事件？路太滑了？还是说，她就是一个拙劣的司机，不顾及眼前的车辆？

多年之后，我接受了两家媒体的采访，解释中西部冬季，尤其是冬季刚开始时出现不当驾驶行为的原因。前提似乎是，人们忘记了如何在雪中驾车，因此才会把车开进沟渠，撞上树和汽车。为什么他们就不记得，他们几个月前开得挺好的呢？每一年冬天，雪和路上的泥浆与往年没有差别，而且我们也必须调整冬天的驾车方式——为什么人们就是不明白这一点呢，难道他们只记得之前开得更好的时候？

当然，把责任都推给冬季驾驶时技术拙劣的司机，听上去像是基本归因错误，所以采访中的绝大部分时间被用来讨论人们对彼此的典型的但有偏见的看法。我讨论了冬季行车诸方面因素如何让我们犯下更多的基本归因错误，我也讨论了在任何一场特定的交通事故或打滑事故背后，会有极多的不可知因素，即使是在冬天刚开始那几天。路上的冰霜不可思议地滑，这种滑让受过训练的警察都无法控制自己的车辆。一旦涉及摩擦，物理就是物理，不是你想控制就能控制的。我曾经见到包括警车在内的数量巨大的车辆打滑、侧翻，甚至撞上斜坡上方附近停放的汽车，这一切就发生在几分钟内。没有哪个肇事者全速前行，这是慢速行车也会发生的灾难。

或许那位撞上我的司机是被行人或紧急交通广播分散了注意力，也可能她正在赶往处理另一起紧急情况的路上。或许她正在使用车辆巡航系统，但是她不知道这个系统不能在冰面上和泥水路面上使用，因为这会导致车辆失去控制。甚至认为她去年冬天安全驾驶过车辆，所以更应该知道如何在冬天行车，这一假设也有可能是错误的。可能她刚满十六岁，才刚刚开始开车，或刚从佛罗里达搬来，没有冬天在冰面上行车的经验。

再次澄清，上文提到的诸多可能性并不是导致车辆相撞的必然且有效的借口。驾驶员本身就有责任避免与他人和其他车辆相撞。驾驶员应当远离被冰雪覆盖的斜坡，至少在撒盐车到来之前如此，还要拉开彼此的车距，慢速行驶，不在有雪的路面上开启自动巡航辅助驾驶系统。我曾经向一位记者传达过如下观点：

> 你当然可以仍旧对冬天驾车技术拙劣的司机狂按喇叭，对其失望透顶。我也没有告诉你在路上你应该如何表达自己的感受或如何行动。我想说的是人类的绝大部分行为总是大量因素共同作用的结果，只是我们绝大多数人通常没有意识到而已。[9]

如果你也是冬季拙劣司机的受害者，你想告诉我，没有那么多的因素，也没有那么多借口为他们开脱——什么也没有——那我也能接受。严格地说，甚至是在佛罗里达出生的司机，也可以在技术上加强训练，时刻准备着迎接人生中的第一场中西部降雪，对吗？比如他们因为某个原因而不得不在冬季突然搬去中西部地区。对不起——我控制不住要这样表达，但是我依旧能够感觉到在雪中被车撞的那种感觉。

这篇采访文章在结束时引用了一位认知心理学家的观点，他建议司机在每个冬天重新训练自己的驾驶能力，必要时可以在家里做一些雪天驾车练习，好帮自己记住要领。但是，这不是好的建议。错误的记忆和傲慢的过度自信才是初冬交通事故的主要原因，但是当我们看到发生在雪天的某起特定的交通事故，我们又如何确信正是这个原因造成的呢？这就是对冬季拙劣司机的刻板印象。即使在平均水平上这是成立的（就像某些刻板印象），它也不适用于所有情况。我们通常不可能直接去问警察，问交通事故受害者，或者问救护车司机。

在那个冬夜，追尾我的女司机最终出现在法庭上。由于这起交通事故没有发生在我所在的州，而我也已经回家，所以我没有出席庭审。事故发生后，急诊医生把我送进了医院，我也没有在事故现场停留多久，所以我不知道她有何借口。我永远也无法确切地知道那晚我为什么会被追尾。正如我在导言中所提及的，我们常常不可避免地无法获知为什么人们会如此行动。我写这本书的一个初衷就是，让读者能够更惬意地与不确定性相处，这章所要传达的内容尤其契合这一初衷。我会在第十章进一步讨论这一初衷。

驾车和分娩

冬季拙劣司机或者任何一个拙劣的司机在为自己造成的事故辩解时，所提到的环境因素听上去像是想让人可怜他的借口，在我们这些被他们撞出车道或被他们撞伤的人看来就是这样。但是，紧急情况时有发生，这让不少司机冒险驾驶。鲁莽驾驶最古怪一个借口就是，有乘客临盆，而司机不得不超速赶往医院。好莱坞电影会呈现这一类型的借口。有时，警察会为这辆车开道，鸣着警笛，引导车辆开往医院。这会在现实生活中发生吗？

我不是很确定在这个故事中，有没有警察为其开道，不过，我认为，警察确实受过接生的训练，甚至能在停在路边的车上接生。但是对于这个故事的后半部分，让我提一下我侄子，他的中间名是福特，因为他出生在开往医院的车里，而这辆车是福特车。

那个晚上，我的弟弟可没有受到嘉奖。超速、破坏禁停标志让他看上去像是十足的混蛋，有些读者可能认为他之前就是混蛋，但是，他之所以做出这些行为，确实是因为有紧急情况。一些行人确实被我弟弟的驾驶行为激怒，而且感到非常不满，在我弟弟快抵达急诊室时，他们围堵了他的车。我无法想象我弟弟和他妻子当时的沮丧心情。至于对这对父母没有及时离家去医院待产的谴责，我可以稍做解释：因为此前在弟媳感觉应当前往医院待产时，就给医生打过电话，但医生的建议是让她待在家里。医生不是绝对正确的，但是我们很难去谴责一位遵照医嘱的准妈妈。

好吧。这个关于不当驾车的故事，实际上是关于临盆产妇的故事。每一次看到疯狂的“蠢货”在飙车，这种可能性是否应该进入我们的大脑？也许应该，但这由你决定。虽然这看起来确实是一项极其不可能的任务，但是根据我的研究，这种情况比想象中的更为普遍。有些记者会为“孩子在车上出生”的报道取这样一个标题：《比你想象得更普遍》[10]。

在副驾驶座上、在后排座位上、在优步车上、在出租车上、在警车上，当然还有在救护车上，在高速路和乡村小道上，以及在电梯里、直升机里、客机里，甚至在医院停车场和休息大厅，都会有婴儿不断降生，而我的侄子就出生在副驾驶座上。在一些故事中，司机把车开到路边，打电话叫救护车或报警等待救援，而在另一些故事中，司机决定全速前进，开往医院，就像我的弟弟。这些决定总是有各种各样的理由。例如，曾经有一对夫妻听从救护车调度人员的建议（暂且不管是对是错），试图自己赶去医院。[11]

很多时候，我们只是对这些故事有所耳闻，或仅仅读到过这些故事，有时，这些故事会被警察的行车记录仪拍摄下来，或被准爸爸的手机拍摄下来。如果你去 YouTube 网站，然后输入“婴儿出生在去医院的路上”，那么你就会搜索到不少此类视频。2015 年，发生了这样一个故事，警察把一辆闯红灯的车逼停在路边，发现车上有一位产妇。警察获知后伸出援手，在接下来的三分钟里，伴随着母亲撕心裂肺的尖叫，婴儿平安降生，这一切都被行车记录仪拍了下来。我不相信这对夫妇那天晚上会因闯红灯而被开罚单。

和我的侄子一样，有不少出生在车里的孩子，在取名时，加入了汽车品牌或型号的名字，诸如赛飞利、飞度和雷克萨斯。有位妈妈把孩子生在一辆凯美瑞（Camry）车里，于是她为孩子取了个中间名，叫卡姆琳（Camryn）。这位母亲提到女儿时说："如果有一天她讨厌我，我会告诉她，她应该庆幸自己没有在大宇（Daewoo）车里降生！"[12] 还有一个孩子降生在起亚卡伦斯（Kia Carens）车里，于是被取名为基亚（Kia）。起亚汽车集团听闻后，对外宣称这个故事"证明起亚卡伦斯生来就是家庭用车"，还赠送给这个家庭一辆全新的起亚卡伦斯。[13] 好酷。当然，我并不想强调这些故事中可怕的部分。无论是被明确报道出来的还是报道中暗示的，这些孩子都平安降生了，母子都很健康。

当然，除了车上有产妇外，还有许多不同的医疗紧急情况可以用来解释司机的鲁莽驾驶或超速驾驶行为。我在一次内容为认知偏差的会议演讲中，提到了人们对高速追尾的认知偏差，其间，一位听众表达了她对自己造成的交通事故有多懊悔，她曾严重追尾，只因想尽快回家照顾受伤的家人。被她追尾的司机非常愤怒，跟踪她好几个小时找到她的家。然后，这位司机寄给她一封信，辱骂她，指责她的愚蠢和冒失。

司机归因研究

可见，在来自新闻、社交媒体或社会科学讲座的听众的故事中，异常驾驶行为的背后可能有情境原因，而其他愤怒的司机因为忽视情境因素或没有意识到情境因素的重要性而错过了真相。你或许也有自己的故事。但是这些仅仅是奇闻轶事，被新闻播报出来的或上传至脸书的大部分故事都非常极端。难道研究发现了系统性证据，证明人们会在日常生活对司机快速做出性格归因吗？研究表明，确实如此。

首先，尽管在有关驾驶愤怒的研究中很少提到基本归因错误这一概念，但是这些研究事实上有大量确凿的证据表明，谴责其他司机是一种基本归因错误。不考虑环境因素，被其他司机激发的怒气，总是带着对他们的谴责。无论发生在路上还是其他地方，任何攻击行为都意味着将一个人类行动者识别为需要负责的个体，但我们不会认为自己要为此负责。[14] 愤怒的司机最常报告的判断是另一位司机是不合格的司机。[15]《愤怒和攻击》（*Anger and Aggression*）的作者，心理学家詹姆斯·埃夫里尔（James Averill）写道，“愤怒就是谴责的归因，这比其他都要重要”，而且还写道，“对愤怒而言，最重要的事实是”，“愤怒是对某些被感知到的不当行为的回应”[16]。我的重点放在“感知到”这一概念之上。

早在 20 世纪 70 年代，研究驾驶行为的学者已经更加明确地报告，司机经常就其他司机的动机和价值观做出没有证据支持的负面推断。司机经常认为交通事故不会无缘无故发生，不是情境因素所致，而是其他司机驾驶技术掌握得不到位或其人格特征所致，例如性格中有发生事故的倾向。[17] 詹姆斯·巴克斯特和他的同事在 1990 年写了一篇论文，名为《归因错误和司机行为》（“Attributional Biases and Driver Behaviour”），总结了关于这一问题的早期研究。他们注意到，基本归因错误可以让我们行为嚣张，得理不饶人，无法宽容对待其他司机。巴克斯特和他的同事也注意到，绝大多数司机认为自己无论在技术水准还是性格上都好于其他司机，尤其是，他们倾向于认为相比其他司机，自己“攻击行为更少、更有耐心、更无私和更宽容”。我在这本书的导言部分提到过高于平均水平效应，眼下这个是在司机身上发现的版本，也为他们为什么谴责其他司机提供了解释。[18]

巴克斯特研究人们对追尾和闯红灯现象的看法。研究人员会走到实验参与者身边或他们的车旁，然后要求他们阅读两则关于违反交通法规的故事中的一则，并要求他们用邮件回复他们站在不同的立场上——自己参与其中或看到其他人参与其中——的看法，立场由研究人员随机指定。结果表明：在同一个违反交通法规的故事中，实验参与者认为其他司机比自己攻击行为更多，且时间更加宽裕。

1994 年，撒迪厄斯·赫尔佐格（Thaddeus Herzog）从一辆车的方向盘的视角摄录下前车司机不同阶段的驾驶行为。然后，他让实验参与者坐在实验室的模拟方向盘前观看驾驶影像。萨默斯曾经在交通环岛被一位静止不动的司机堵住去路，与此相类似，实验中，在一种情况下，实验参与者扮演的角色是被信号灯前一辆静止不动的车堵住路的司机。我将这位路障司机称为一号司机。15 秒之后，一号司机终于右转，此时，实验参与者（也就是二号司机）径直穿过十字路口。在另一种情况下，一号司机正在倒车，所以二号司机只能绕过一号司机才能前行。赫尔佐格要求实验参与者把他们评价一号司机行为的思考过程表达出来。

赫尔佐格报告实验参与者“畅所欲言，频繁且有规律地将负面的性格归因”赋予一号司机，例如，“看看这位愚蠢的司机！”或者“真是个混蛋！”。赫尔佐格也制定了评价标准。实验参与者更多地强调一号司机能力和智商的低下，而低估了潜在的环境因素。[19]

从那时起，有几项研究对实验参与者进行类似的训练，向他们展示各种交通违规行为，然后要求他们阅读或聆听一个有关违反法规的故事，或者让他们回忆某人什么时候做了违规的行为。实验参与者必须解释这些违规行为的原因或者猜测潜在的原因。交通违规行为包括追尾、加塞、迂回行进、鸣笛、阻塞、越线逆向行驶、转弯过慢、恶意闪远光灯、敌对手势，以及被实验参与者私下认为是不当或危险的驾驶动作。被实验参与者提及的其他司机通常是陌生人，但有时是实验参与者的朋友。

虽然猜测的结果有时会因具体的交通违规情况发生变化，但是在一般情况下，实验参与者会更多地援引其他司机的性格特征和意图，而非环境因素来解释交通违规，或者在一些情况下，如果实验参与者自己违反了相同的交通法规，那么他们会更多地引用环境因素而非自己的性格特征和意图来解释自己的行为。实际上，一旦要求实验参与者解释他们的交通违法行为，他们会说出一系列情境因素来解释他们的行为，因此，我们知道实验参与者是可以考虑到不当驾驶行为背后的环境因素的。[20]

我问过自己的学生，研究人员所研究的那些不当驾驶行为，他们是否曾经也做过，如果做过的话，他们如何解释自己的行为。有些学生归罪于自己错误的决策，而有些认为是情境因素所致，还有一些认为二者都有。为了给自己追尾的行为辩护，许多学生提出自己马上要迟到这一理由。而有些学生谴责前车司机开得太慢，每小时才开 8 千米，称那些司机是“奶奶”或“爷爷”司机，以此为自己的追尾行为脱罪。有个学生承认对遵守交通法规的司机的这种看法可能构成了基本归因错误，然而，另有学生故意紧跟前车，就是想向前车司机表明，他开得太慢了。

有一位学生认定自己有路怒症，称自己不够成熟，但是他说自己咒骂其他司机，向他们比画手势，只是为了释放开车的压力。在解释超速行驶的原因时有些学生用跟上车流这个经典借口，而有位学生解释说是因为自己的车性能更好。另一位学生有一份送比萨的工作，他解释说开得快才能赚得多。有位学生后悔自己在禁止超车区一次超了两辆车，但是解释说自己只是想报复他们，因为他们刚才超了自己车。

为了解释为什么慢速行车或停在十字路口，学生给出自己身处陌生之地而不确定行车方向这一理由，或他们已经无力支付另一张罚单，也有的说他们曾经经历过极为惨烈的交通事故，这让他们行车时战战兢兢、如履薄冰。为了解释为什么转弯缓慢，有位学生说他不想让饮料洒出来，或不想让狗跌倒。

如果我们因为一个令人讨厌的驾驶行为，或一个攻击性驾驶行为而迁怒这位司机，那么我想说的不是我们有责任站在司机的立场，去思考他为什么做出这个行为，我想说的是我们要想一想，自己会为相同的行为给出什么样的理由。这就是我和学生们交流的核心内容，但是即使我们有能力在行车时考虑到这一点，实际如何行动也要看你自己的决定。我的论点是如果自己做出了不当的行为，那么我们通常有能力识别出导致负面驾驶行为的情境因素——对我们而言，这种可能性是存在的——因此如果在评价他人行为时没有考虑这种可能性，显然是一种基本归因错误。而且考虑到这些可能性会降低怒火，减少冲突，甚至可以救人于途中。

攻击行为背后的情境因素

这些故事和研究识别出了众多躲在不当或攻击性驾驶行为背后的情境因素。绝大多数人会将这些情境因素和自己的不当驾驶行为联系起来，而不承认自己好斗、刻薄或愚蠢。人们尤其会使用时间过于紧张、路被堵住、他人挑衅在先等理由，来解释自己的行为。但是研究驾驶攻击行为和一般攻击行为的学者已经识别出不少其他导致攻击行为的因素，而你可能没那么容易想到这些因素。如果你被警察逼停在路边，这些因素都不是能够为你脱罪的好“借口”（当然，我的学生提供的“因为我的车性能更好”这个解释也不是好的借口），但是这些因素是潜在情境的一部分，可以解释驾驶攻击行为或一般攻击行为为何出现。我们通常会忽视这些因素，从而对其他司机犯下基本归因错误。

对驾驶习惯的研究所得到的影响因子，加上关于一般攻击行为的研究成果，就可以得出一个客观的导致攻击行为的情境因素集合。这些情境因素包括人群、拥堵、时间紧迫、挑衅、恶劣天气、疼痛、高温、饥饿、噪声、恶心的气味、酒精（饮酒或仅仅想到酒精）、文化因素、基于父辈或同事的规则或价值观、观看了暴力电影、玩暴力游戏和其他多种与攻击行为有关的因素，比如，看到武器照片或听到关于武器的语词。[21]

克雷格·安德森（Craig Anderson）和布拉德·布什曼（Brad

Bushman）是著名的暴力行为研究专家，他们也发现动机可以增加攻击性。如果你不顾一切地欲求某物，那么你就有可能为了获得它而变得具有攻击性，而这就是工具性攻击（instrumental aggression）的部分定义。为了准时上班而追尾是工具性攻击的典型例子。安德森和布什曼写道："能够增加攻击性的因素非常多，多到和你所欲求的东西的数量一样。"[22]

我的主要观点是，知道能够影响攻击性的情境因素——这些因素确实很多——就能减少基本归因错误，不仅在行车过程中如此，在任何存在攻击性的冲突中也是如此。司机可能无法若无其事地跟你说她追尾你是因为她的后座飘来一股难闻的味道，但是难闻的气味或令人难受的声音确实会增加攻击发生的可能性，尤其是此时司机被他人挑衅或快要迟到了。难道知道后座有这些刺激因素会改变你对路怒司机的看法吗？那些司机驾车紧跟着你的车，或是闯红灯，如此咄咄逼人是为了准时上班。或许不会改变，除非你自己也不得不忍受这些难闻的气味。

有些读者或许会好奇，这种程度的、持续令人不愉快的气味从何而来。这有很多种可能。有一年夏天，我妻子去了杂货店之后，找不到放在后备箱的用玻璃纸包着的黄瓜了。她很疑惑黄瓜到底去哪了，认为可能被我们落在了杂货店。几周之内，难闻的味道在燥热的空气中弥漫开来，而我在后备箱的角落发现了一坨绿色的、融化了的被塑料包裹的"果酱"。

行车博客也提到了未知来源的车中怪味。有一则投稿博文的标题是"我的车上有一股什么东西死去的味道"，还说这种味道闻起来像是“前天的汉堡和腐烂的番茄混合在一起”。有一则回复提供了有用的建议，它让网友去检查一下车上有无死去的小动物，在车上狭窄的地方偶尔会发现它们。但是投稿者最终发现，怪味来自前排座椅下的一个盒子，里面装有早已过期的辣番茄酱。[23]

德怀特·亨尼西（Dwight Hennessy）是一位社会心理学家，他进行了几项有关驾驶习惯的研究，我曾引用过他的研究。他指出，“司机会被驾驶环境之外的因素影响”，而“情境变量的组合数量理论上是无上限的”[24]。因此，在我们开车之前，任何让我们烦躁不安的因素都会导致行车途中出现攻击行为。确实存在大量潜在的情境因素让我们烦躁不安。

我已经提到过，路怒症可能是一系列发生在驾驶之前，其他充满压力或令人愤怒的事件的最终产物。我的一位学生曾经描述过这样一个事件。这位学生的男性朋友看上去“一直是个谨慎的司机”，直到他发现自己的女朋友一直在欺骗自己。之后，他开车变得充满敌意又不顾后果。坐在那辆车里，我的学生感觉他的朋友一点也不在意自己或别人的生命，“仅仅因为他愤怒”。研究人员也发现了相似的案例，有司机因为刚分手或者正处于离婚阶段而在行车时乱发脾气，在这之前，朋友和邻居都认为他是“绝世好男人”或“了不起的父亲”[25]。

有时，家庭暴力也会蔓延到行车途中。1997 年，有一份报告提到，从 1990 年开始，一共发生过 322 起这样的家庭暴力事件。这位作者提到，“当爱化为仇恨，夫妻和情人越来越多地在高速公路上不断发泄自己对彼此的愤怒”。分居中的丈夫和前男友用汽车做武器，向曾经的爱人发泄愤怒。[26]

包括亨尼西在内的绝大多数研究攻击性驾驶行为的学者承认性格在其中的影响，邻居口中的“绝世好男人”标签并不符合那些司机的真实情况。例如，低责任心、高刺激寻求（high sensation-seeking），以及高攻击性特质强烈指向负面驾驶结果。研究一般攻击行为的学者添加了其他人格特质，如自恋。自恋个体的自尊心高，但不稳定，一旦他们的自我受到威胁，就很容易发怒，做出攻击行为。[27]

亨尼西写道，“情境因素对于理解自己是非常重要的”，但是接着强调了我这本书的主题，即情境因素“在与个人因素的相互作用中得到最好的理解”。[28] 正如我所传递的，行为通常是由个人因素和情境因素共同作用导致的。尤其是，性格上攻击性越高，越容易被挑衅。一旦某个行为有歧义，具有高攻击性特质的人更容易在他人身上看到攻击意图，这被称为“敌意归因偏差”。[29]

拥挤的人群、恶心的气味、嘈杂的声音、饥肠辘辘、高温或潮湿，这些因素都会让人处于崩溃的边缘，能够轻易被激怒，这一事实或许对读者而言不是那么让人信服。脾气急躁的人开车时会变得激动，容易被激怒，人们很容易相信这一点。然而，观看暴力电影、玩暴力游戏、武器出现在附近以及感受到与酒精相关的启动因素，这些情况能否导致攻击行为，尚有诸多争议。然而，研究获得的证据充足又清晰，尤其是在观看暴力电影导致攻击行为这一方面。

看暴力，实施暴力

亨尼西认为电视和电影能够导致攻击性驾驶，因为荧屏和银幕经常“美化和宣传超速行驶、冒险行为和危险的驾驶行为，认为可以接受这些行为，甚至认为这些行为值得敬佩”。亨尼西报告了不少实验结果，观看一小段危险驾驶的电影片段，确实能够提升驾驶模拟中危险驾驶行为的出现频率，例如超速行驶和占道行驶。[30]

更普遍地说，观看暴力电影和玩暴力游戏确实会提升攻击行为的发生频率。有好几百项研究（真实的实验，而不仅仅是相关性研究）支持这个结论，而且相关研究学者和医生就此达成了广泛的共识。[31]即使如此，我还是想提醒几句，与某些大众读物作者认为的不同，观看攻击行为和做出攻击行为之间的因果关系并不是子虚乌有，观看攻击行为和真人秀上的语言侮辱会让我们更加具有攻击性。[32]

尽管如此，在社会科学家中间，尤其是关注暴力游戏后果的社会科学家中间，还是存在一些学术上的争议。这些学者没有被证据说服，而且其中一些学者认为玩暴力游戏是有益处的。让人不可思议的是，一小部分学者和绝大多数学者之间的争论是如此激烈。基于我的阅读经验，小部分学者提供的不少论证看上去严丝合缝、考虑周全，而且是基于研究获得的，不应该在一开始就被弃之不用。然而，总体上而言，这些学者确实忽略或误解了绝大部分证据，而且做了稻草人论证，他们所批评的结论，事实上是另一方并没有或很少得出的。如果从一开始就歪曲或错误陈述绝大多数学者所认可的观点，那么就很容易认为他们的观点很荒诞。

这一小部分学者很有可能会诉诸人身攻击来为自己的观点辩护，他们将绝大部分学者刻画为被意识形态价值观、教条，或者道德改良运动影响而不相信证据的人。在这些人身攻击案例中，我看到了基本归因错误，因为被广泛认同的结论明显建立在好几百项研究的基础之上，但都被归因为个人价值诉求和发表人的道德选择。这些争论比我描述的要更为激烈，更具有技术性。抱歉，我没有足够多的篇幅为你们进行更加详尽的分析。[33]

上文已经提到的警告表明，观看暴力内容主要会对年幼的观众和年幼的游戏玩家造成负面影响。虽然有证据表明它们对大龄实验参与者也会有影响，但受影响最大的还是儿童和青少年。但是即使在年轻实验参与者中，研究结果仍旧和往常一样是一个平均数据。不是每一位年轻实验参与者都会受到影响，尤其是那些无论因为什么已经具有攻击性的个体，他们观看暴力内容后可能变得更具攻击性，但并不意味着这个效应只局限于已经有暴力倾向的个体。

总而言之，在我看来，观看暴力内容毫无疑问会增加攻击行为出现的可能性。因此，暴力内容是导致危险驾驶的情境因素之一。但是，更加棘手的问题是暴力内容是否要为备受关注的枪击案、路怒攻击事件以及当下其他的社会极端暴力事件负责。仅仅因为暴力内容会增加攻击行为出现的可能性，就断定暴力内容必然会导致大规模的枪击事件，这是错误的。然而，最杰出的暴力内容研究学者也不知道如何回答这一棘手问题。他们承认有诸多原因导致了极端暴力事件，但我们无法追踪导致每个案子发生的单一的确定的原因。但是，据此把暴力内容完全排除在可能因素之外，毫无逻辑可言。

武器效应

相比暴力内容，人们更少讨论导致攻击行为的另一个原因，那就是武器在场。当然，从物理学的角度看，武器是实施暴力的工具，使用武器确实会导致暴力，但是几十年来，研究人员早已知道仅仅是看到武器就会让人产生攻击性思维，会让人变得更具攻击性或更容易被激怒，这种效应被称为“武器效应”（weapons effect）。伦纳德·伯科威茨（Leonard Berkowitz）长期研究攻击行为，是“扳机拨动手指”这一概念的提出者。[34]

在第一次发现这一效应之后，一些研究期待再现这一效应，但没有成功。研究人员最终了解到，这一效应只有在实验参与者没有怀疑实验目的的情况下才会出现。武器效应在欧美被试身上都有发现，无论是儿童，还是成年人，无论在实验室场景还是真实社会场景（包括行车途中）。[35] 总之，降低枪支的易得程度可以减少攻击行为的发生频率，因为实施枪支犯罪的机会减少了，引发攻击性思维的认知也减少了。

在进一步深入分析之前，让我强调一下，这项研究不会必然地支持更为严格的枪支管控政策。我曾经告诉过我的学生，在美国，不管减少枪支数量能否减少攻击行为，公民都有权携带枪支。一家人如果生活在环境不好的城镇，那么他们需要用枪来自卫，即使他们知道更多的枪支对总体统计结果的影响（包括在家庭中发生悲剧事件的风险更大）。另外，不是所有枪支管控政策都能成功减少枪支数量，有时仅仅预期会有新的枪支管控法律出台就会提升枪支的销量。

发生校园枪击事件之后，枪支管制争论就会爆发，争论中的一方认为导致暴力行为的不是枪支，而是有心理问题的人，但武器效应研究结果表明并非如此。即使心理问题确实起到了某些作用，枪支的呈现作为另一个因素也不能被完全排除在外。极端暴力行为的发生有多种原因，既有情境原因，也有个人原因，因此，以枪杀者心理状态不正常为理由解释枪击案，从而停止自己的思考，这也是一种基本归因错误。[36]

有时，我的学生不赞同，他们引述一则报告，认为减少枪支不能减少暴力行为的发生，这则报告说的是某城市通过了枪支管控法律，但是暴力行为发生频率并没有因此改变。这难道不是反对枪支易得程度影响暴力事件发生频率的证据吗？非也。即使假定枪支管控法律真的可以减少枪支数量，还是有诸多因素影响暴力事件的发生。研究人员和立法者都无法控制所有因素。因此，降低容易获取的枪支的数量，事实上有可能减少城市的暴力事件。但同时其他因素有可能提升暴力事件的数量，导致最终结果是暴力事件数量没有发生变化。

除了看到真实的枪支所带来的效应，研究人员最近还发现看到枪支图片甚至听到与枪支相关的语词都会启动攻击性思维，从而提升攻击行为发生的频率。这一发现同样适用于充斥枪支弹药的电影和电子游戏。然而，有趣的是，猎人不会因为看到猎枪而受到负面影响，但看到突击步枪会受到负面影响。[37]

酒精线索（你甚至不需要亲自喝酒）

如果说酒精是诸多导致攻击行为的因素之一，那么这听起来有点像喝酒会让人变得具有攻击性或做出反社会行为。事实上，千真万确，路人皆知。但是让我简要地补充一些更为神奇的结论，那就是仅仅想象你已经喝过酒（其实没有喝酒），也能导致相同的结果。另一个更为神奇的结论是，看到与武器相关的语词会增加攻击性思维和攻击行为出现的频率，看到与酒精有语义联系的语词也有同样的结果。酒后驾车是违法行为。显然，仅仅在驾车期间想了下喝酒之事也有可能（在一个非常低的水平上）导致攻击性驾驶。[38]

再次重复我的主要观点，那就是讨论这些影响攻击行为的情境因素是为了说明，知道这些因素就能减少基本归因错误。无论在驾车期间，还是在任何存在攻击性的冲突之中，皆是如此。在下一章，我将讨论可能出现攻击行为和人际冲突的其他场景，并且强调我撰写本书的动机和遇到的挑战。

第七章

人际冲突：行车之外

能够认识到基本归因错误对构建良好的人际关系极为有利，因为较以往而言，我更有可能意识到，他人可能没有伤害我的意图。

——佚名，社会心理学课程学生

我知道我应该对情境因素持更开放的态度，但有时，改变思维方式、考虑情境因素真的很难，因为事情发生得太快、太激烈。例如，我和女朋友吵架时，就很容易谴责彼此。

——佚名，社会心理学课程学生

以牙还牙，以眼还眼，只会让整个世界失去光明。

——圣雄甘地

你知道那些人吗，在健身房，他们在用完健身器材后不会好好擦拭？你害怕去工作单位吗，因为那儿有一个对你出言不逊的人？办公室的微波炉是不是太脏了（而你认为你知道是谁干的好事）？你有没有因为工作伙伴或学生的车停得离你的车太近而被磕碰？

我用了一整章来论述行车途中的怒气、攻击行为和发生在路上的人际冲突，但显而易见的是，恼火、愤怒、攻击行为和冲突也会发生在其他诸多的人际交往场景中，远远超出我能描述的类型。人际冲突可以发生在朋友之间、家人之间和情侣之间。亲密关系中的彼此，比之前从未碰面的两位司机，更为熟悉彼此。但令人难过的是，我们对自己最亲近的人还是会有认知偏差，对他们表现出攻击性，甚至比对陌生人还有过之而无不及。冲突也会发生在合作伙伴或同事之间，员工和老板之间，消费者和商家之间。

冲突尤其会发生在群体之间，如政治群体、宗教群体、种族和国家之间。冲突是群体间的偏见所导致的人类灾难的一部分。近年来，美国各种族间的紧张局势和政治团体冲突一直在加剧。一旦某一群体成员在解释负面群体行为或结果时对另一群体成员犯下基本归因错误，那么就会出现名实相符的“最终归因错误”[1]。

虽然冲突和偏见的产生有诸多原因，但是我关注的是基本归因错误这一原因。有时，因为我们忽视或没有考虑到情境因素，而对彼此有所误解，冲突就会产生或恶化。我们可以看到失礼的、令人伤心的和有害的行为背后的负面性格特征和意图，然而这些人格特征和意图可能并不存在，这是我尤其关注的部分。我们在讨论驾车例子时，谈到这些误解会导致不必要的愤怒、压力和错误的报复，后三者不仅会导致交通事故和犯罪，也会使人丢掉工作、结束婚姻、走向家庭暴力，甚至导致战争。

因此，避免这些误解可能有助于避免这些后果。避免这些误解甚至可能在生活上开启更为持久的变化，一种长期压力和愤怒较少的生活。我有不少故事可以分享，其中有个故事是这样的，有位学生说她自己在开车时从不生气，因为她经常会思考其他司机的行为是否另有隐情，这显然让她的一些乘客心生沮丧。

不要误解我的观点。有时，有些司机的行为确实就是我们所看到的那样。有时，健身爱好者鲁莽或懒散，没有擦拭使用过的健身器材。有时，同事的午餐在微波炉发生爆炸，一片狼藉却不加清理，确实是因为她不尊重其他同事。有时，有人对我们出言不逊，完全是因为他对所有人都充满敌意。

因此，有时，有人确实有意侮辱或伤害我们，即使她的伤害行为有其他原因，我也不会为其开脱。有人会因为强大的压力而误解你，但他不应该将他的压力发泄到你身上！一般来说，我不会建议，我们一定要以仁慈的方式忽视或远离人际冲突，即使我们可以这么做。我也不建议，一定要以攻击性方式回应冲突。我只是承认，有些冲突我们必须参与其中，无论我们是否理解为什么有人会如此这般。

经理和部门领导都知道，工作伙伴需要一起工作，完成团体目标，因此，工作中的冲突必须得到解决。生活在一起的父母和孩子需要找到方法，以便和平相处。被恶劣对待的顾客或许只要光顾其他商店就能暂时消解冲突，但（礼貌地）向经理抱怨可以避免今后再次被恶劣对待。

更严肃地说，如果欺凌者三番五次伤害儿童，而你置若罔闻，又因为欺凌者不幸的家庭背景而对其抱有同情，那就会导致更多的激烈冲突。有时，受害者需要与加害者严正交涉（或让执法部门来做这件事）才能减少今后发生冲突的风险。[2] 如果有人对我们、家人和国家进行攻击，那么我们有权捍卫自己、家人和国家的利益，即使攻击的人是被情境力量驱动，而非有意为之。

但是，如果真的被卷入一场争执，那这也不意味着我们不能在应对争执的同时找寻情境因素。这也不意味着我们必须持有统一的观点，认为实施攻击行为的个人或国家是有意作恶。确实如此。虽然他们袭击你，看上去是邪恶之徒，但是如果你的思考止步于此，那么对这个行为的解释很可能是不完整的，对提出长期解决方案也毫无帮助。如果我们在此处停止思考，那么这会导致更为强烈和持久的愤怒，并在接下来的互动中，进一步让我们的判断产生错误。一些著名的社会学家可能会说，在这些情况下并不一定存在任何邪恶之事。[3]虽然有可能存在邪恶之事，但让我们暂时搁置这一点。绝大多数行为都是个人因素和情境因素结合所导致的。在无法预测和控制的社会力量的大背景下，说不定真有一些邪恶之事存在。

无论如何，是否要和不尊重他人的同事一起工作，或者和恶行累累之徒共事，这完全取决于你所处的环境或你的能力。而且我也提到过，我没有建议我们一定要以牙还牙，以眼还眼。

圣雄甘地说："以牙还牙，以眼还眼，只会让整个世界失去光明。"对我而言，失去光明这一隐喻有双重含义（或许这就是圣雄甘地所要传达的）。一重含义是以暴制暴会使暴力蔓延，以至于失去控制，另一重含义是愤怒和无意识地实施报复会遮蔽我们的双眼，影响我们的判断。所以，以牙还牙，以眼还眼，无法让我们获知他人行动的所有理由。

本书之根本

我在导言中提到，我希望这本书可以给那些希望自己不再轻易生气或以防御姿态应对他人的人的生活真正带去更多的平静。上一章和这一章是我真正尝试完成这一目标的章节，首先关注行车途中的冲突，而现在则关注其他人际关系。这一目标很大程度上是我一开始决定撰写此书的主要原因。但是我知道，不是所有人都渴望自己不会轻易生气。有些人一点就燃，怒火中烧，他们也很享受这一点。如果你就是如此，那么你可以跳过这一章，但是我也希望你仍能阅读本章，有所获益。

经过多年的社会心理学训练和教学后，我意识到我学到了一些知识，也了解了一些帮助他人应对人际冲突的方法，希望与他人分享。你不一定要像我一样接受社会心理学教育才能处理人际冲突。我知道有人在遇到不当行为时不会感到愤怒，至少不会马上感到愤怒。他们的成长经历、经验或脑神经化学平衡让他们能抑制冲动并保持冷静。我的目标是，将少生一点气与社会心理学的归因理论和其他原则建立联系，也和我与他人相处的经历联系起来。体验过或学习过的人告诉我，归因理论等知识确实对此有帮助。这一章的内容不会过多地参考学术文章和书籍，而更多地参考我和他人的生活经历。

我曾经和学习过的人聊过，他们一开始会因为察觉到不当行为或被不公平地对待而感到愤怒，但是他们记得我说过的话，发现自己有更强大的能力，能够置身事外或让自己冷静下来。这种能力帮助他们避免或平息人际冲突，忽略人际冲突而不会感觉自己被冷漠对待，或者能够以更有效的方法处理人际冲突，减少压力和愤怒。我知道有些教师在学习后感到压力减轻，愤怒减少，而且能够更轻松地让烦躁的学生冷静下来；有些同事能迅速处理工作上的分歧；有些学生能够更好地处理与老师、重要人物和其他司机的争执。即使没有完全消解人际冲突，事情造成的压力或怒气也很少能够持续存在。目前我没有一以贯之的处理人际冲突的建议，但是建议中一定包括，要去思考导致每个人行为的诸多可能的原因和情境因素。

行车案例是最好的例子之一（来自第六章）。我有一位男学生，他开车被另一位司机加塞后，准备追上这位司机，予以报复。这位学生告诉我，在那一刻，他记起在课堂上讨论过的基本归因错误，随后就松开了油门，压力也随之减轻。一次路怒症发作就此避免。

我有一位朋友，她难以适应新的工作。在诸多压力源中，她感到不少同事不公平地对待自己。她问我，为什么我会认为这些人仅仅是在完成自己的工作，而非针对她。我倾听她的抱怨，讨论了她同事做出那些行为的可能原因，最终也减轻了她的压力。

还有一位女学生，她有样东西被偷了，而她的男朋友毫不留情地在这件事上指责她，谴责她不够小心。显然，他们在这个问题上有争执。在一场关于谴责受害者行为的讲座之后，她向我抱怨起这件事。了解谴责受害者行为有诸多原因，以及谴责受害者的人不一定品行恶劣（尽管他们的行为被认为是恶行）之后，我的学生表示她已经从这件事上解脱了。或许这段恋情得以维系。

我认为有一种强大的能力可以让人从冲突中脱身，即考虑到所有行为都存在多个可能的原因，尤其是那些隐藏在情境之中或场景背后的原因。虽然要考虑多种情境因素并不容易，但这确实能让人消消气，降低树立不必要的敌人的风险。真正的挑战在于，要考虑到有些原因我们可能永远也无法证实，因为（例如）惹恼你的司机早已离你而去。

让我强调一下，我认为，我们没有责任奉行“遇事多想一步”原则，也没有责任去考虑其他原因。或许那个欠考虑的人，那个在停车场把你的车撞了一个小口的人才应该做些反思。但是，如果你是我之前提到的那类人，希望自己不要轻易发怒，或者正在寻求过一种更为平和的生活，那么以上述方式奉行“遇事多想一步”或者遵照我在第十章提出的应对策略，会对你有帮助。我希望这一章的内容至少能为你提供些许可思考的东西。

接下来，我关注的人际冲突发生在工作场合、顾客和商家之间，以及饥饿状态。如果这些案例和你没有太大关系，那么我希望能够推而广之，覆盖你所特别关心的场景。最重要的一点是，考虑多种情境因素，避免犯下基本归因错误能够让你的怒气值降到最小，避免出现人际冲突，或者在人际冲突出现时，能更快、更有效地减少人际冲突。

诸多挑战

撇开我的写作动机不说，这一章对我而言完成难度最高。在工作场合或在一段亲密关系中，有人错误地对待你，而你认为他们粗鲁、有恶意或者很糟糕，如果你因此而不安、愤恨，那么我要挑战的就是让接下来的内容看上去不是在告诉你，你做错了，你没有看到情境因素。希望我挑战成功。我不会花费几年时间，像你一样了解你的另一半，但是我在第三章提到过，我们认识某人的时间越长，越会高估自己对他内心活动的理解的准确程度。本章的内容就是你所要思考的东西。不要急于求成，也不需要马上判断我的观点和建议是否适用于你。

我们很少能快速梳理出他人的行为给自己造成了什么感受，也很少能即刻判断这一行为背后的原因。为免之后一直对他人怀恨在心，我们应该花费时间多收集些信息。虽然知易行难，但是就像我和学生说的那样，对他人的愤恨之心不会因为时间而消退。

他人针对你的负面行为背后存在情境因素：孩童时期出现的问题，一旦遇到特定话题就会被激活；你对他人实施的行为（不管被他人误解与否）；其他人关于过去你对待他们的行为的记忆；任何数量的厌恶刺激，这些能够导致攻击行为的刺激可以列满整整一张纸（参见第六章）；甚至有些因素是来自他们生活的其他部分的压力。

我在很多地方都引用过罗宾·威廉斯（Robin Williams）说过的一句话："你遇到的每一个人都在为你一无所知的事情战斗。请永远保持对他人的善意。"我绝不是建议你一定要永远保持善意，即使我明白这能带来好处。然而，未被看到的战场确实值得被考虑。

在希望自己不要轻易生气的人中，有些人面临具有讽刺意味的挑战——他们因为不能对人或事生气而生气。我有一些朋友和家人不会就出现在商店、办公场所，或行车途中的粗鄙行为表示愤怒，因为他们看到的可能远远少于没看到的，但是，对于无法表达愤怒一事，他们表达了真实的愤怒。有时这种愤怒是针对我的，因为我在他们脑中种下了行为有多重原因这一观念，但是他们的愤怒通常会在他们告诉我所发生的事情后消退。

在工作中

你曾经受到同事或领导的不公平对待吗？人们曾经在工作中对你生气，或错误地谴责你故意待他们不公吗？工作中的人际冲突非常常见，而且这些人际冲突所导致的后果有着持久的影响，公司管理者经过培训，可以去解决这些人际冲突。[4] 在浏览商业杂志网站和大学人力资源网站时，我发现了一些常见的建议，可用于处理工作中的人际冲突。这些建议包括定义问题和让职员表达感受。虽然自我揭露会出现误解，但是这一过程的目标更多的是让员工发泄情绪，并感到正在被倾听。这些网站提供的信息没有包含任何关于基本归因错误的直接信息。

我承认，告诉两位正在气头上的职员他们对彼此的感受可能存在认知偏差，是一种很有风险的解决人际冲突的方法，但是我也确信，经验丰富的公司领导能够找到不那么直接的方法，提升职员意识到自己存在认知偏差的可能性。堪萨斯大学网站建议冲突双方不要过早做判断，而要继续收集信息。这个建议听上去不错。[5]

我没有接受过解决人际冲突的训练，而且这一章也不讲授管理培训的内容。但是正如我已经传达过的观点，我相信了解基本归因错误能够帮助我们在日常工作中处理好人际关系。公司领导也会因为基本归因错误而被他人不公平地对待或误解。事实上，公司领导经常因为公司经营中的失败或错误而受到不公平的谴责，他们也经常因为成功的经营而获得不相称的赞誉。评判公司领导时所出现的认知偏差也是基本归因错误的一种，这种错误被称为“领导艺术错觉”，也就是观察者会高估领导掌控公司经营成果的个人能力。[6]

不干净的办公室微波炉是发生在现当代的“公地悲剧”的一个例子，广泛的社会力量在这之中发挥了作用。而在家庭生活中，很少发生使用完家用电器之后而不加清理的情况。公共领域的一些因素影响了这一行为的发生。L. V. 安德森（L.V. Anderson）在网络杂志《Slate》上写道：“甚至在一些办公室，虽然到处是善良、可爱又勤勉的员工，但是办公室的厨房也经常残破不堪，被无道德地使用，甚至让人恶心 。”办公室的冰箱也是如此，没有人会补充早已喝完的牛奶和其他用完的调味品。以至于有一位 CEO（首席执行官）曾经“因为公司员工没有补充喝完的牛奶而大发雷霆”[7]。

历史学中所说的公地是城镇中的一块公共土地，所有城镇居民或农民都可以使用，但是很少有人会考虑每个人的使用所带来的集体后果，也就是公共土地会因为过度使用而逐渐缩小。社会心理学家戴维·迈尔斯如此描述这一情况：个人会辩解自己是因情况需要而使用公共土地，但认为他人的过度使用是出于贪婪或自私。在上述现代社会的案例中，我可能认为我的同事个个都是懒汉，但是自己之所以没有打扫干净，仅仅是因为忙着上课或忙着开会——这事比打扫卫生更有优先权，对吧？迈尔斯写道：“绝大多数人没有意识到其他人也是如此，会以相同的基本归因错误形式看待他们自己。”[8]

工作时，我正在使用复印机，但它坏掉了，而我又必须去上课，于是我就会考虑，弃之不顾会不会产生风险，让别人生我的气，也许我应该留下来解决问题，即使会上课迟到。有时，这是一个艰难的选择。在通常情况下，我会赶去上课，但同时会告诉系里的同事复印机出了问题。我也会留下字条，表示歉意。

一旦和同事发生冲突，我们可能会有失公平，过度迁怒于彼此。为了解决这一问题，一群社会科学家提出了一个策略，名叫“社会动机训练”（social motivation training，SMT）。社会动机训练需要我们重新思考他人行为不当的原因是什么。社会动机训练基于“重新训练如何归因”计划，这一计划会与实验参与者进行沟通，使他们认识到他们对自己行为的归因是不正确的，或需要调整。社会动机训练则侧重于对他人的归因，接近本书所要传达的信息，也就是我们的归因可能需要调整。社会动机训练的一个重要部分是“心理模拟”，实验参与者被鼓励去考虑同事违法犯罪的其他可能的原因，而不仅仅是明显的原因。2014 年，我创建了一个网站，并传递了这一信息，也就是我不知道是否所有人都被有偏差地对待过，但是我们都有做出错误归因的风险。这个网站名叫“有认知偏差风险的匿名者”（PARBs Anonymous），而 PARBs 就是“Persons at Risk of Bias”的缩写。

社会动机训练一直在训练有着丰富工作经验的实验参与者。在某些研究中，实验参与者接受训练之后，要阅读关于同事违法犯罪的假想场景。而在另一些研究中，实验参与者被要求回忆与同事违法犯罪相关的信息。此时，他们会回答关于自己如何看待同事的问题。和接受了“工作满意度训练”的实验参与者做对比，以及在某些案例中，与训练前的得分相对比，社会动机训练让实验参与者更少地感受到违法犯罪人员的意图，更不容易生气，也更加不可能对他们怀恨在心。[9]当然，虽然更不容易生气，但还是希望人们能够清理微波炉，这点要求相信大家也是能够理解的。

消费者和服务提供者

我有不少学生从事服务工作，积攒了不少有关粗鲁的消费者的故事。我们自己也有可能时不时地需要与粗鲁或能力不足的服务提供者打交道。真的有大量粗鲁又愚笨的消费者、收纳员和售货员吗？还是人们所处情境和生活状态真的非常糟糕（以至于他们做出恶劣行为）？

虽然消费者和销售员之间的互动时间通常很短，但是人们还是会贬损彼此。虽然我们通常不了解对方，彼此都是陌生人，但是我们还是有可能嘀咕，“他这是有病吧？”“他究竟有什么问题？”。我的一个建议是练习如何重新表述日常反应。萨姆·萨默斯被堵在交通环岛时（参见第六章），他或许也会歇斯底里地问其他司机究竟在做什么。但是，反过来，可以试着这样发问，“其他司机所处的情境出了什么问题？”“他的生活出现了什么问题？”，或“是什么让你做了这件事？”。如果我们这么说是为了回应察觉到的违规行为，那么会出现什么情况？听上去有可能不对，但是这就是基本归因错误之所以那么普遍的部分原因。我会在第十章进一步讨论重新表述这个建议。

不少研究人员调查了消费者和供应商对负面结果或有缺陷的产品

所做的归因。绝大多数结果并没有太出人意料。一旦消费者认为产品之所以有问题是因为公司管理上出了问题，他们会变得更加愤怒，产生更多抱怨，强烈要求公司道歉。这些调查结果适用于你所持有的产品，也适用于你候机时浪费的时间。[10]

在航空业，从业人员也会对乘客进行负面评价。有一次，我飞往加利福尼亚，飞机因为有名乘客没有落座而起飞延误。这位乘客一直在摆弄他头顶上方的行李。在多次要求所有乘客落座的间隙，我感觉乘务员很生气，听到她们说这位乘客自负自傲，自以为是。我没有和这位乘客聊天，不了解他的故事，但是我猜想，他有可能是在找某个重要的东西，例如，药品。

伊丽莎白·考利（Elizabeth Cowley）是一名研究市场行为的专家，她认为，正在排队的消费者，如果看到前面的消费者和服务提供者之间的互动是负面消极的，那么消费者通常会将其归咎于服务提供者的性格（而不是归咎于情境或其他消费者）。这一情况尤其容易出现在，即将接受服务的消费者期望从同一位服务提供者那儿获得服务时。考利认为，因为人们会认为性格比情境因素在预测未来行为中更有用，所以消费者会推断服务提供者的行为倾向，为他们接下来的遭遇做好准备。[11]

布拉德·塔特尔（Brad Tuttle）为《时代》周刊写了一篇文章，题目是《我们也讨厌你：来自消费者和零售店职员的抱怨》。消费者抱怨最多的是“咄咄逼人的销售代表（导购）”。零售店职员抱怨最多的问题是消费者从货架上取下商品，然后放在某个无法预知的角落。有位职员抱怨这一常见的消费者行为，说“我不知道为什么这些混蛋一定要这么做”。零售店职员抱怨最多的另一个问题是，消费者“在排队结账时总是目中无人，叽里呱啦打着电话”[12]。

我的表亲是区域经理，照看着几家商店，她告诉了我一则有点类似但更为复杂的故事，这则故事与电话有关。她第一次读到这一章的内容时，就自告奋勇与我分享了几则消费者故事，这些消费者和她的店员相处得不是很愉快，店员们也这么觉得。有一个例子是，一位顾客排队期间心烦意乱，尽管店员试图将她引导至空闲的收银台，但这位顾客要么忽视了店员的建议，要么没有听到店员的建议，因为她始终低头看她的手机。总之，她没有及时去往空闲的收银台，当她终于抬起头来到另一个收银台时，又得排队等候，她因此表现得更为焦躁不安。

我的表亲说，她和店员谈论了不少关于感知到的东西总是与现实不同的话题，说了服务提供者如何尝试从顾客的角度去理解事情，也说了店员为何应该停下来，缓一缓，仔细听一听顾客的想法和彼此的观点。事实上，缓一缓再做判断是我所建议的避免基本归因错误的方法之一（参见第十章）。总之，我的表亲没有对暴躁的顾客表现出负面情绪。或许这就是避免基本归因错误的建议的功劳吧。她对我说：“我认为许多人在同一时间会做很多事情，但他们太激动了，以至于没有看到或听到发生在他们身边或发生在自己身上的事情。”

饿极而怒之人*

近年来，“饿极而怒”的模因（meme）和相关动图（GIF）在网上大量涌现。我的学生最先告诉我这个概念。以防你未曾听说，我介绍一下这个模因的意思：处在饥饿状态就意味着急躁和容易发怒。在工作中，在商店里，尤其是在餐厅里，饥饿会导致人际冲突。有多少老主顾会因为饥饿而对服务他们的工作人员颐指气使，像个混蛋一样，但他们其实不是混蛋？在第六章，我提到，饥饿是导致攻击行为的情境因素之一，而又有不少可能的情境因素导致他们无法及时吃上东西。另一方面，如果有人因为懒散或糟糕的时间管理而整天不吃东西，那我就会假定因饥饿而发怒是他的人格特质。在这种情况下，对因饥饿而发怒的顾客感到生气的服务员就没有犯基本归因错误，但是服务员不可能知道这些顾客的日常生活，也不知道他们的性格如何。

布拉德·布什曼是研究攻击行为的专家，实际上，他出版了一本关于饿极而怒的研究专著，被各大新闻网站争相报道。布什曼认为，“葡萄糖水平偏低有可能是导致亲密伴侣间暴力行为的原因之一”。因此，在处理困难问题之前最好先吃饱，但布什曼认为要避免血糖过高，应少与高糖食物“碰撞”（如果与一群白痴并肩驾驶，那么请关注“少碰撞”的本意）。[13]

---

* 原文为 “hanger”，形容词形式为 “hangery”，是 “hungary”（饥饿）和 “angry”（愤怒）组合而成的复合词，基本含义是，一个人因极度饥饿而处于愤怒状态。

基本归因错误是原因也是结果

认真细致的读者会关注书中语词的选择，如“原因”（causes）或“导致”（leads to），我可以向你们保证，在语词选择方面，我非常谨慎。如果我说基本归因错误是愤怒和攻击行为的原因（上一章和本章都提到过），那么我一定已经查阅过真实实验文献以支持我的观点。事实上，类似基本归因错误的认知评价都会导致产生某种情绪和行为，这一点已尽人皆知。[14] 而且事实证明，愤怒和攻击行为也是基本归因错误的原因。我在导言部分提到，根据古斯塔夫·伊克海泽的观点，基本归因错误既是社会危机的原因，也是社会危机的症状，而社会危机一定包含了人际冲突。

基本归因错误是愤怒和攻击行为的原因，这一事实让基本归因错误成为避免或消除这些冲突的重要话题。而愤怒和攻击行为是基本归因错误的原因，知道这一事实更为重要，因为它表明，冲突的升级会来得异常迅速。炎热的天气、难闻的气味、过多的红绿灯都会让一些人感到愤怒，而这会让我们质疑他们的行为意图，认为他们怀有敌意，即使事实并非如此（这就是基本归因错误），这种情况又会让我们更加愤怒，甚至会加剧解读他人行为意图时的偏差程度，如此反复。这种怪圈在家庭生活中、工作中、商场中或其他任何地点都会出现。

在第六章，我讨论过研究驾驶愤怒的学者的研究成果，他们的研究表明，将不当驾驶行为做性格归因会导致人们强烈预测司机会出现更多的愤怒和更严重的攻击行为，而愤怒越多，性格归因就越强烈。

这些专家学者经常表示，似乎性格归因是愤怒的原因，反之也成立。但是，真相并非如此，绝大多数关于驾驶愤怒的研究，至少我所引用的那些，一直用的是相关性设计。也许你还记得，相关不意味着因果，但是绝大多数作者没有提及这一局限性。[15]

但幸运的是，有真实的实验（而非相关性研究）可以支持双向因果关系，也就是基本归因错误在多种场合中既是愤怒和攻击行为的原因，也是愤怒和攻击行为的结果。在这些研究中，研究人员随机将实验参与者分配到不同的诱导情绪条件小组，发现愤怒会提升实验参与者犯基本归因错误的频率（而悲伤会降低频率）。研究人员将实验参与者随机分配到不同的诱导攻击性水平的小组，发现对一个人的攻击性越高，对这个人的负面看法就会越多。研究人员经常随机将实验参与者分配到不同的归因条件小组，发现特定的归因模式（如归因为人格特征或行为意图）确实会影响包括愤怒和攻击行为在内的情绪和行动。接下来，我会将其中几个研究作为例子说明这一观点。

作为情绪和行动原因的归因

我已经提到过社会动机训练研究，这项研究表明，考虑多个可能的原因可以让实验参与者对他的合作伙伴少一点怒气。其他实验更有针对性，因为它们为实验参与者就某个特定行为或结果提供了具体的归因模式，以查验归因模式对实验参与者的情绪和行动产生的影响。

在一项实验中，研究人员设置了真实的比萨外卖配送场景，真实的消费者收到比萨的时间比店家承诺的晚。实验参与者会接到来自比萨店的电话，根据延误原因的不同会被告知新的送达时间：这些原因要么与外卖员的人格特征有关（如能力不足），要么与情境有关（如交通原因）。结果发现，人格特征归因相比于情境归因，属于前者的外卖员拿到的小费少于后者。类似的，如果提前收到外卖，被认为有积极人格特征的外卖员（如工作努力）能够收到更多的小费。[16] 这项研究看起来也能够运用在餐厅候餐情境中。

在更多的实验中，研究人员提供了一位有攻击行为者的意图信息。实验参与者一开始被一名演员（由另一位实验参与者扮演）挑衅，或被他伤害。此时，实验参与者要了解实施伤害的人是故意为之，还是无心的。在故意伤害这一条件下，实验参与者更愤怒，报复反击更为猛烈。[17] 肯尼思·道奇（Kenneth Dodge）完成了一项经典的研究，实验中，小孩在研究人员设置的条件下有意或无意地弄乱了其他孩子的拼图。在有意为之的条件下，拼图被弄乱的年幼的实验参与者更有可能弄乱那个小孩的拼图。[18]

卡罗尔·德韦克（《终身成长》一书的作者）和他的同事完成了一些有关思维模式的研究，这些研究也包括真实的实验。这些实验表明，归因（或关于因果关系的信念）会导致特定的情绪和行动。在一个确定的思维模式中，实验参与者相信人格特征是稳定的，不会发生变化。例如，我们可能认为学生是否聪明不会因为他学了多少知识而发生改变。而在一个成长型思维模式设定中，实验参与者相信人格特征是可塑的，行为和结果更多地受到情境因素的影响，包括学生在课程上的努力程度。

不少研究人员在很长一段时间内将实验参与者随机分配到不同的

思维模式小组，在这些小组中，实验参与者被训练以特定的方式解释行为，或被要求以特定的方式解释行为。通过要求实验参与者阅读具有说服力的文章以支持相应的思维模式，生成具有支持力的个人案例，甚至只是阅读能够有效阐明相应思维模式的格言，研究人员根据分组不同逐步向他们灌输思维模式是固定不变的或逐渐形成的。在所有研究中，固定型思维模式（与犯基本归因错误相类似）会导致实验参与者对那些行为不端的人有更多的怒气，实施更多的报复。[19]

归因作为结果

上一章一开始，我描述了萨默斯被堵在交通环岛时有多么愤怒，我注意到，按喇叭的方式有可能反映出我们对愤怒的真实态度。将其他司机视为白痴，也能表明我们的愤怒程度。此时，我想说的是，人们喜欢一致性，所以一旦生气（不管原因如何），对一致性的认知或感知通常会被用来为自己愤怒的合理性进行辩护。这些感知包括了基本归因错误。如果其他司机真是白痴一个，那么萨默斯的愤怒才具有更高的合理性。

情绪先于思考，这一观念是认知失调理论中知道的人最少但重要的信条之一。认知失调是一种让人不舒服的心理状态，由不一致性导致，几十年以来，这一理论经历了时间的考验，获得了支持。1934年，印度发生了一次地震，之后莱昂·费斯汀格（Leon Festinger）提出了失调这一概念。生活在地震影响区域的人们出现焦虑和恐惧，谣言四起，说更严重的灾害即将到来。费斯汀格认为这些人一直在创造和传播此类谣言，好证明自己的恐惧是正当的。费斯汀格随后将减少失调这一心理状态概念化为“让自己对世界的理解符合自己的感受或自己曾经做过的事”[20]。

与此类似，我会论证，如果我们对工作伙伴生气，或对自己的另一半生气，那么我们或许（在无意识状态下）会为了将自己的愤怒合理化，而去解释他的行为。或者，我们之所以没有更多的意愿去了解行为背后的情境因素，是因为这些情境因素或许会摧毁我们负面的性格推断，尤其是对充满敌意的意图的推断。事实上，一些针对愤怒情绪的研究表明，愤怒会导致实验参与者不去考虑相关的情境因素，甚至这些实验参与者是违法犯罪行为的调查者，他们需要评估这一犯罪行为。

在多项实验中，研究人员将实验参与者随机分配到悲伤或愤怒条件小组。引导情绪的一种主要方法是要求实验参与者尽可能生动地想象个人所经历过的悲伤或愤怒的事情。在一个案例中，实验参与者必须写出自己的经历。另一种方法是要求实验参与者做出悲伤或愤怒的表情。这些方法经过证实，可以让实验参与者创造预期的情绪。根据特定的实验要求，实验参与者阅读不同的场景描述，在这些场景中，有一位加害者和一位受害者，或者仅仅有一个负面的结果。在另一个场景中，有一个故事大纲，一个人对浪漫关系的期望遭遇挫折。

最主要的是，愤怒让实验参与者以最简单和最具惩罚性的方式思考，从而犯下基本归因错误，而悲伤则恰恰相反（或导致更为中性的反应）。和悲伤状态相比，愤怒会让实验参与者将负面的结果更多地归咎于人和他们的性格特征，而更少地归咎于情境因素。愤怒会让实验参与者将负面结果更多地判断为作恶者故意为之，会有更大的意愿惩罚作恶者。愤怒会让犯罪调查人员在调查违法案件时不考虑情境因素，而悲伤则会让他们更加彻底地处理所有信息。[21]

有些人会通过攻击行为来发泄自己的怒气，他们甚至会谴责无辜的受害者，认为受害者罪有应得。下一章讨论的就是谴责受害者行为。

第八章

谴责受害者行为

一旦人们将厄运降临归咎于受害者，并坚持认为世界是公正的……这就将受害者显然无力把控的因素——运气、机会、命运，随便你怎么称呼——与受害者内在的人格特质混淆在一起。

——托马斯·吉洛维奇和理查德·艾巴赫（Richard Eibach），

《真正重要的基本归因错误》一文的作者

我们不仅会故意伤害自己不喜欢的人，而且也会不喜欢我们曾经伤害过的人。

——戴维·迈尔斯，《社会心理学》一书的作者

在第六章，我在讲发生在行车途中的基本归因错误时，曾提及一些路怒症案例，案例中有人因此受到伤害，而攻击者，或需要为事故负责的那个人很有可能会谴责受害者。乍一听，谴责受害者有可能是为了避免承担法律责任。

在第七章，我讲到发生在行车之外的人际冲突，曾引述了认识失调和归因模式的研究成果，这些研究成果表明，情绪出现在思考之

前，而愤怒能够真正地导致基本归因错误，并能让我们不公正地谴责他人。我也曾提及一系列研究，这些研究表明，针对某个人的攻击行为或伤害行为（通常因愤怒而生）会让攻击者对这个人做出更为负面的性格归因。在此前没有发生过攻击行为的情况下，攻击行为会导致攻击者讨厌受害者。

戴维·迈尔斯著有社会心理学教材，他写道，

> 我们不仅会故意伤害自己不喜欢的人，而且也会不喜欢我们曾经伤害过的人……伤害无辜的受害者——无论是用语言侮辱还是施以电击——通常会让加害者蔑视他们的加害对象，如此可以帮助他们为自己残酷的行为进行辩解。[1]

这听上去有点可悲，但是如果一个人并非善类，把残酷的行为施加在其身上通常让人感觉正义感十足。我们自己做出的残酷行为，会威胁到自我或感觉到与自我观念的不一致（如果我们认为自己是高尚的人）。因此，将自己的路怒症归咎于受害者，不仅仅是为了避免承担法律责任。谴责受害者是一种自我保护，也是为了避免认识失调，也就是一方面将自己看成高尚的人，另一方面却在伤害无辜之人。整个过程就像是，哦，且慢，这个人绝非善类，对的，他罪有应得。

一旦攻击行为让施暴者蔑视施暴对象，那么这不仅仅是在伤口上撒盐，伤害实际上导致了侮辱。

有数不清的谴责受害者的案例，谴责的原因至少可分为三个进行讨论。在这些原因中，最微妙的或最反直觉的原因可以在人际冲突场

景中阐明的。在人际冲突场景中，受害者是你所伤害的人（无论是有意还是无意），然后，你通过蔑视受害者从而产生更好的感觉（当然不是所有人都有此过程）。我在第六章一开始就提到过，人际冲突、谴责受害者和驾驶愤怒是相互交织的，而在这一章，我将完成这一联系的建构。但是，除了在行车途中，谴责受害者行为在诸多其他场景中也会出现。

人们会在诸多情况下受谴责，包括在家中或工作时发生意外、被偷窃或被抢劫、（尤其是被警察）枪击或射杀、被强奸或遭遇性侵、身无分文、被解雇、因房产被扣押而流离失所、没有医疗保险、患艾滋病或其他疾病、被欺负或霸凌（即使身为职业足球运动员）[2]、被卷入大规模枪击事件（例如 2016 年发生在奥兰多夜总会的枪击事件）[3]、遭遇自然灾害（例如，卡特里娜飓风）[4]。如果孩子做了可怕的事，或做事的结果非常糟糕，我们不会怪罪他们，而是责怪他们的父母——比如，蹒跚学步的小孩不小心掉进大猩猩圈舍，导致动物园管理部门不得不射杀他们心爱的大猩猩，或者八年级的学生访问华盛顿特区，但不想和众议院议长合影。[5]

这并不是说，在这些事情中受到谴责的人通常是无可指责的，也不是说，受到谴责的人没有一点责任。人们在工作中或许会犯错，从而导致出现意外情况。或许父母需要在看护孩子方面做得再多一点。被侮辱甚至受到伤害的兄弟会成员要完全清楚，被人侮辱是一件危险的事情，会让人冒险去侮辱他人，而这与任何从众压力无关（而不是让人知道，以这种方式放任他的自由意志可能为针对他的不当行为提供合理辩护）。

然而在这些案例中，我们经常高估这些人所需承担的责任，因为我们经常低估周围环境所起的作用。具有讽刺意味的是，如果做坏事的人未被抓现行或未被惩罚，而伤害或者后果很严重或持续很长一段时间，且受害者极其软弱，那么受害者受到的谴责会更加严重。[6]年幼的孩子会因为被性虐待而被谴责，即使谴责的人不得不利用孩子过往的生活来为此辩解。[7]自然灾害的受害者一直因为他们的遭遇、不幸的死亡，甚至灾害本身而受到他人的谴责，仅仅因为他们是同性恋或支持同性恋权利。[8]肯特·哈伯（Kent Harber）是谴责受害者行为的研究专家，他和同事写道："谴责那些最值得同情的人，即使不是有悖常理，看上去也是自相矛盾的。然而，谴责受害者具有重要的心理作用。"[9]

我不会讨论所有和谴责受害者行为相关的案例。有不少单纯研究这一行为的专著有非常完整的讨论，尤其那些关于强奸和贫穷的专著。我也不会试着为谴责受害者行为开脱，但是会描述谴责受害者行为所具有的"心理作用"。哈伯仅仅提到了一个作用，也是被引述最频繁的一个作用。但是，我已经提到过，我认为，至少有三个原因可以用于解释为什么绝大多数人（通常是无意识地）利用这一基本归因错误。

意识到谴责受害者行为发生的原因，或者对这一现象了解得更多一点，有利于我们避免谴责受害者。尤其是，如果我们有能力确定自己之所以谴责受害者是因为感觉自我受到威胁——正如路怒症这一例子——那么我们可以寻求其他方法以保护或稳固自我，如此一来，就不需要谴责受害者了。研究已经表明，用其他法增强自我有利于减少谴责受害者行为。自我受到威胁会导致特定的负面情绪，而其他研究已表明，表露自己的情绪也有利于减少谴责受害者行为。在决定是否谴责受害者之前，请和他人分享自己的情绪状态。[10]

减少谴责受害者行为极其重要，因为如果无辜的人除了遭遇厄运或暴力攻击，还因此受到他人的谴责，那么就会出现诸多负面结果。谴责受害者行为会减少他人帮助正遭遇困难又急需帮助的人的意愿。[11]谴责受害者行为会增加受害者自责、沉默、焦虑、抑郁、罹患创伤后应激障碍的风险。[12]在我们对自己所犯的基本归因错误中，自责是出现次数最少的一种。具有讽刺意味的是，他人对我们犯下的基本归因错误是可以负责的。

因此，我会提到若干谴责受害者行为的例子，描述若干相关研究，以说明产生谴责受害者行为的三个原因。接下来，我会讨论人们被谴责的例子，人们仅仅因为不高兴就被谴责，甚至有明显的外部原因说明人们为什么不高兴时也是如此，这些原因包括自然灾害、离婚或爱人的逝世等。我将这一话题称为灰色地带话题，因为你有可能感觉到，旁人会因为你感到不开心就以不公正的方式谴责你，而在某些情况下，这样的人可能试图帮助你（甚至可能经过临床训练，以这种方式为你提供帮助）。

尤其在性侵和虐待儿童案例中，我会提到，不少心理治疗师和受害者倾向于使用“幸存者”标签，而不是“受害者”标签。我知道，人们在遭遇创伤事件之后不接受受害者角色，会带来不少潜在的好处。但是，我并不认为这两个标签穷尽了所有情况。在无可指责的情况下被谴责，并不意味着从创伤中恢复的力量和韧性不存在。

谴责受害者行为的原因

个人认知失调

在路怒症或其他案例中，施暴者伤害了他人，此时，他可能会处于认知失调状态，因为他认为自己是一个正派的人，但又伤害了无辜的人。蔑视受害者能够帮助他减少认知失调，以防止自我受到威胁。这些施暴者或许在那一刻会真正感受到，受害者咎由自取。

有一项经典的研究说明了这种认知过程。实验参与者需要接受一些背景假设，在假设条件下，他们需要给另一名实验参与者施以电击，而被电击者实际由一名演员所扮演。因为外部压力减轻了实验参与者的认知失调程度，所以他们给另一位实验参与者施加电击没有承受过大的压力，毕竟是“研究人员要求我这么做的”。和对照组相比，或者与电击前相比，在施以电击之后，实验参与者通常认为这些受害者不受别人喜欢，不那么友好，也没有价值成为自己的密友或室友。（事实上，电击是假的，只是演员扮演的被电击者使实验参与者相信他们真对他人施以电击了。）

在这项研究中，蔑视受害者效应仅在实验参与者料想自己不会受到报复的情况下出现。这种预期可能与受害者更加无力的前提有关，就像在家庭虐待案例中，施暴者会说是受害者让他们这么做的。在另一项研究中，一旦实验参与者一开始就被给予能够稳固自我的积极反馈，那么蔑视受害者效应会尤其明显。研究人员认为，在施加电击阶段，积极正面的自我形象会增加自我形象和伤害受害者之间的认知失调程度。这一结论强有力地表明，谴责受害者行为是一种自我保护。[13]

在更为日常的人际交往中，我们需要为他人的痛苦负责，但与此相比，路怒症和高攻击性案例或许比较罕见。就像迈尔斯所传达的，即便是发表伤害性评论也会导致谴责受害者行为。你是否曾经无意地弄哭过别人，或让他感到难受？认为受到伤害的这个人不应该那么敏感，或者认为他应该脸皮更厚一点？这可能也是一种微妙的谴责受害者行为。反思一下你是否有过此类经历，也是有价值的。

一旦你不用为他人的痛苦或遭遇负责，那么谴责受害者行为将更为常见。路怒行为的旁观者和法庭案件中的陪审团成员一样，经常困惑为什么受害者会让自己陷在这一情境中，而不是做得更多一点，让自己不要陷入其中。旁人看到遭受强奸的受害者，尤其会考虑这些可能性。律师为行凶者辩护有可能“启发”旁观者提出这些困惑。在这些案例中，谴责受害者的那些人，他们的自我不会受到威胁。因此，谴责受害者通常不是为了自我保护，也不是为了减少个人的认知失调程度。那为什么我们还是会谴责受害者呢？

相信世界是公正的

谴责受害者行为之所以受到研究人员和大众读物作者的广泛关注，其中一个原因是，谴责受害者会让谴责的人持有一个信念，那就是世界是公正的。1980 年，梅尔文·勒纳提出公正世界理论，这是谴责受害者行为成为一个庞大的专业研究领域的原因。根据公正世界理论，好事与好人相随，恶行与恶人相伴。如果坏事降临在好人头上，或者某个人不应该承担糟糕的结果，那么这种世界观就会受到威胁。世界观受到威胁，尤其是公正世界观受到威胁，会造成很大的痛苦。简单地说，看到无辜者受难无法与相信这个世界是公正的保持一致，而谴责受害者可以减少不一致性。[14]

一旦人们的公正世界信念受到威胁，人们就会面临诸多认知失调和压力，需要使用诸多方法来减少这类压力。勒纳在 1980 年写的那本书里确认了若干条策略来应对受到威胁的公正世界信念。因此，人们并不一定那么热切，一定要去谴责无辜的受害者。人们有其他的选择，不管是有意识的还是无意识的。如果实验参与者有机会减少痛苦或中止痛苦，那么他们在谴责受害者之前就会这么做。如果实验参与者自己相信“苦难会塑造性格”，那么实验参与者也会避免谴责受害者。但是，从经验上讲，谴责受害者是修复公正世界信念的有效且常见的方法。[15]

公正世界信念与有付出才有收获这一日常观念相一致，也和一报还一报这一日常观念相一致。有趣的是，这些格言或许反映了 A 推出 B 问题。我想你还记得第一章的内容，我曾认为，绝大多数基本归因错误案例可以归结为一个错误的假设，也就是，如果 A 能推出 B，那么 B 一定能推出 A。这个错误在这儿也起作用。即使埋下邪恶的种子或作恶总是导致出现负面结果（A 推出 B），但也不意味着，出现特定的负面结果必然反映你作恶才导致这个结果。或许除了 A，还有其他的原因导致 B 的出现。

对公正世界理论的研究支持之前所提到的一个具有讽刺意味的现象，也就是，如果行凶者未被逮捕或被惩罚，而伤害本身或后果非常严重或持续时间很长，加之如果受害者确实无能为力，那受害者所遭受的谴责会更加严重。在这种情况下，受害者所承受的结果太过不公平和不公正，这些情况威胁到了公正世界观，确实会导致出现更多的谴责受害者行为。研究人员支持公正世界理论还在于，更加坚定地持有公正世界信念的人，更有可能谴责受害者。[16]

控制的需要

在第三章，“动机驱动基本归因错误”这一节中，我描述过，基本归因错误由控制周围环境的需要驱动，或由能够比实际能力更好地预测、理解的愿望驱动。我所提到的研究表明，控制感的降低会导致更为严重的错误感知，因为实验参与者在此情况下能够察觉到不曾存在的联系。这种联系包括迷信，例如，敲击木头能够以某种方式为我们在重要会议上带来更好的运气。[17] 我也曾提到过用个人的懒惰解释其失业或贫困的例子。我或许不认为自己懒惰，因此不害怕自己会被解雇或陷入贫困。认为自己可以控制自己的未来，这令人感到欣慰。

其他谴责受害者行为的例子可以表明害怕失去自己对生活的控制，会导致我们将可怕的结果和受害者的某些过错联系起来。在我看来，害怕恐怖的、不可预见的事情会降临在自己身上（如此这般的事情降临在无辜之人头上，会触发这种感觉）不仅仅是因为公正世界信念受到威胁。这种控制错觉对身心健康非常重要[18]，如果我们担心无法控制的因素会随时随地伤害到我们，那么这种错觉就会破灭。谴责受害者能够抑制这种恐惧。

有些研究公正世界信念的学者把控制的需要与公正世界信念联系在一起。但是，梅尔文·勒纳因提出公正世界理论而备受赞誉，他认为相信世界是公正的本身就是一种动机，而且这个信念区别于相信“世界是可控的”。[19] 其他人认为公正世界信念可被归入普遍的确定性诉求之中。有些人甚至提出这样一个问题，对公正世界的“信仰”和对公正世界的心理“诉求”不完全一样。[20] 因此，在解释谴责受害者行为时，我会将控制的需要或确定性诉求、对失去控制的恐惧，与公正世界信念区别开来。

公正世界信念和控制的需要或确定性诉求之间的差异非常重要，因为它表明存在减少谴责受害者行为的其他方法。一旦自我受到威胁，谴责受害者行为就会出现，我曾提到研究人员发现另一种稳固自我的方法，可以减少谴责受害者行为。因此，当人们需要解释人类苦难并感到丧失了控制感时，用其他的方法（除了谴责受害者）巩固控制的需要或确定性诉求有可能在减少谴责受害者行为上有相似的结果，例如，宗教就有这种效果。研究早已表明，“实验参与者确信自己有重要的价值”就是一种提升“安全感”的方式，这可以排除典型的错误感知，而控制感的降低会导致错误感知。这些研究人员设想，心理治疗可以向病人提供更强的控制感，同样能够防止他们在他人身上看到不存在的负面意图。[21]

换句话说，如果研究人员找到了另一种方法让人们与不确定性相处得更为融洽，那么也应该能减少谴责受害者行为。我自己的研究也发现，对控制和确定性的需求不高的人不容易犯基本归因错误。[22] 我将在第九章进一步讨论个体差异研究。

灰色地带

到目前为止，讨论真实的谴责受害者行为的例子相对比较简单，但是在日常生活中，有不少微妙的、难以解释的谴责受害者形式。我把其中一些例子称为灰色地带，因为有些读者真的认同谴责受害者行为的部分内容，而另一些读者好奇这有什么值得大惊小怪的。

美国梦

虽然并不是所有美国人都同意美国梦依然鲜活，也不是所有政治家都以相同的方式表述美国梦，但是美国梦基本上是一个传统观念，也就是，如果你工作足够勤奋，那么你就会成功且富有。从逻辑上讲，这个命题可以重新表述为（作为它的逆否命题）如果你没有成功，且并不富有，那就说明你还不够努力。这个观念是典型的谴责受害者观念，谴责那些被解雇或贫穷的人——当然这不是说，那些推销美国梦的人一定会谴责受害者。事实上，可能刚好相反。公开支持美国梦或许是一种鼓舞人心或表明自己爱国的尝试。

本・卡森（Ben Carson）是美国住房和城市发展部部长，他相信美国梦。他把自己当成实现美国梦的例子，因为他出生在贫困家庭，但成就斐然。2017 年，他说贫穷是一种“心态”，从而将美国梦这一观念提升了一个档次，之后这一观念频繁见诸报端。这一观点迅即引起了广泛反响，有人在推特上留言评论说，她会告诉自己的房东，自己会用积极的思想支付房租。[23]

公平地说，卡森所说的完整内容是“在很大程度上，贫穷也是一种心态”。卡森也给出了一些有研究基础的建议，例如人们做哪些事情可以降低自己穷困潦倒的风险。一些社会科学家回应称，思维方式和结果之间的相关性是很难解释的，尤其是出现在类似卡森的案例之中的相关性（卡森会成功可能是因为他有着积极的思维模式），因为贫穷和缺衣少食的经历真的会导致消极的思维模式，而这才是卡森所说的贫穷的原因。一位社会科学家在谈及卡森的观点时说：“我认为卡森倒因为果，贫穷才是消极思维的原因。”[24]

让我们对卡森再公平一点。除了共和党人卡森外，民主党人也支持美国梦。但是，根据《21世纪的美国梦》一书的编辑约翰·肯尼思·怀特（John Kenneth White）的观点，一般而言，民主党人更有可能支持政府采取的增加每一个人实现美国梦的机会的举措，而共和党人则更有可能重视美国人人尽其才的自由。[25]

善意的建议

有时，我们在亲密关系或工作中正经历一段难熬的日子，亲密朋友或爱人会支持我们，会建议我们做些事情，让自己好过些。例如，“振作起来，不要让自己失望”“不要让他们左右你的想法”“我认为你不应该给自己那么多的压力”。

有人听到此类鼓舞人心的话之后或许会好过一些。实际上，这些鼓舞人心的话并不是行动建议，而是简单的同情表述。但是，有人或许会注意到其中隐含的意思，那就是，是我们“让”倒霉之事降临在自己身上，或者我们就是把压力“放在”自己身上的那个人。也许我们确实在做这些事，鼓舞人心的说辞让我们感受到力量，可以停止伤害自己。但是，我们或许还感受到自己受到了不公正的谴责。

谁又知道呢？被人谴责的感觉或许不仅仅存在于我们的脑海中。在鼓舞我们的人的心中，我们确实要为发生在自己身上的事情负些责任，我们确实还做得不够，没法让自己摆脱现状。亲密朋友和爱人看到我们承受苦难，于心不忍，尤其是发生在我们身上的事不是我们的错误所致或是我们所能控制的。他们会觉得这有点不公平。有这样的想法是公正世界理论在作祟。如果降临在我们头上的倒霉之事部分是因为自己的错误或者是我们的所作所为导致的，那么这些事情就能说得通了，或这些事情能够让那些看到我们受罪的人减少点痛苦。[26]

我在脸书上注意到几则帖子，这些帖子的目的是支持那些正经历痛苦的人，但是，如果从公正世界理论的角度来审视这些帖子，那么这些帖子可能会让一些人误解。帖子中，一些建议写在有颜色的文本框里，有时，建议是某个名人说的，例如，“没有你的认可，谁也不能让你低人一等”或者“没有糟糕的一天，只有糟糕的时刻，不要选取糟糕的时刻携带一整天！”我能想象推特用户会如此评论：“谢天谢地，今天我虽然出车祸了，但我可以选择卸下伤痛，轻装上阵。”

卡罗琳·格雷戈瓦（Carolyn Gregoire）是“赫芬顿邮报”的资深撰稿人，写过一篇用心良苦的文章，标题为《科学证明，快乐就是一种选择》。她认为“积极心理学领域的大量研究已经表明，快乐是所有人都能做出的选择”。她引述了一位著名心理学家的观点，说：“每一代人最伟大的发现都是，人可以通过改变态度来改变自己的生活。”[27] 当然，这个结论只适用于平均情况——并不是说“所有人”遵照她的建议都能获得快乐。但是，说“所有人”都能获得快乐，难道不让人更有动力吗？不，这不适用于所有人。因为有人认为这个观点让人意志消沉。

桑德拉·李·丹尼斯（Sandra Lee Dennis）是《爱与背叛之谜》（*Love and the Mystery of Betrayal*）一书的作者，她觉得这种快乐观来自“一种认为背叛和无法忍受的情感疼痛都可以被无视的文化”。丹尼斯如此描述这种获得快乐的方法：

> 无论你遭遇什么痛苦，都假定你可以创造自己的世界……这种观点带来的结果就是，如果你采用更有先进性的视角，不再感到委屈害怕，那么你的痛苦就会烟消云散……如果你最需要他人的认可和支持，让自己挺过人生最痛苦的岁月，那么就与良善之人照面吧。但是这些不易察觉的似真似假的准宗教式的狂热会让你深深地陷入绝望。[28]

心理学家芭芭拉·赫尔德（Barbara Held）也曾经提到类似的“存在于美国的积极态度主义”，情绪受害者在被谴责没有形成更佳的心理状态之后，情绪和心理状态变得更为糟糕。[29] 研究快乐的专家学者实际上知道态度不是决定我们是否快乐的“唯一”因素。但是有些大众读物作者在积极思考和自我救赎运动中走得越来越远，过分简化了信息。

我在脸书上发现了另一则文本框中的引言，这则引言说：“一旦你认为所有事情都是某个人的错导致的，那么你将会遭受巨大痛苦。而一旦你意识到自己才是万事的因缘，那么你就能获得平和和愉悦。”根据这一全有或全无谬论（认知行为治疗师称其为认知扭曲），除了自己的错误之外，没有人的错误是你的痛苦之源。这个思路被认为是佛教高僧所提出的。当然，把这一思路从篇幅更长和更细致的讨论中抽离出来理解，未免断章取义，但是，哲学和心理治疗深化了这一观点，也就是，我们如何感知事物才是要义。有些脸书上的帖子较为明确地传达谴责受害者观念，例如，“有人呼风唤雨，但暴雨袭来又自怨自艾”。

有时，善意的支持小组和其他组织会提供建议，帮助人们避免成为受害者。在美国汽车协会交通安全基金会的一份报告中，路易斯·米泽尔（Louis Mizell）建议不要在汽车保险杠上贴“任何会冒犯他人的贴纸或标语”[30]。我明白有人会因此建议暗含之意感到生气，好像贴贴纸的受害者需要为路怒攻击负责，但米泽尔的本意不是谴责受害者。

能够最大化减少女性被性侵的建议包括，“不要喝醉”和“结伴而行”。但是，这些建议并没有被所有女性认可。事实上，根据亚历山德拉·布罗德斯基（Alexandra Brodsky）的观点，这些建议完全是在谴责受害者。她是《谴责强奸犯，而不是受害者》一文的作者，该文发表在《纽约时报》上。布罗德斯基认为，这些建议“通过专注于幸存者本应该用于避免伤害的策略，来‘减轻施暴者’的罪责”[31]。

心理学家雪莉·汉比（Sherry Hamby）是期刊《暴力心理学》的创始编辑，她表达了这样一个观点——从事心理干预工作的治疗师或许因为提出这些建议而在不知情的情况下做出了谴责受害者行为。汉比的原话是：

> 要保证绝对安全，只能绝不离家一步，那么你几乎没有可能受到伤害。我认为，人们没有仔细地思考过，要避免违法犯罪行为，自己要负多少责任。[32]

在诊所看病时

因此，心理治疗师在建议女性如何避免性侵时，或许会有做出谴责受害者行为的风险。其他研究也已表明，心理治疗师在提供预防性建议之外，会指责遭到强奸的受害者，而且没有考虑到病人的情境。[33] 当然，心理治疗师不是十全十美的。我们每个人都有可能犯错。但是心理治疗师是在和最容易受伤的病人打交道，所以讨论在心理诊所看病期间潜在的谴责受害者行为和其他认知偏差尤为重要。当然，有些心理治疗师更有可能出现认知偏差，而且不是所有心理治疗师都以相同的方式看待事物。

有些心理治疗师会因为病人撒谎而痛骂他们，或者假定病人就是因为某事而感到害羞，而其他心理治疗师会责怪他们自己，反思他们所营造的诊所环境是否有利于病人。[34] 我在第五章提到了社会角色这一概念，病人在诊疗时撒谎或隐瞒自己的真实感受，可能是由于“优秀的病人”这一社会角色的作用，而不一定是因为他们感到羞耻或有撒谎的倾向。

有一位心理治疗师承认，在早些年，因为尴尬，当病人“准确地发现自己有睡意或感到紧张时”，他总是向自己的病人撒谎。他后悔自己摧毁了病人对他们知觉的自信心，而事实上这些知觉是准确的。他写道：“有时，不让你的知觉经验得到验证，会让人发疯。”[35]

这是一个故事。我并不是在宣称，心理治疗师容易撒谎。并非如此。但是，对病人而言，他们的知觉没有得到验证，或因自己的遭遇而被责怪，因此怀疑自己以错误的方式感知事物，这才是真实的问题。[36]正如桑德拉·李·丹尼斯曾经说的，被告知“你可以创造自己的世界”和被告知你的痛苦可以完全通过改变你的态度而消除，这确实让人极度绝望。绝大多数采取“改变态度”疗法的心理治疗师可能没有那么轻率。而且这些心理治疗师中的绝大部分很有可能通过训练，能够将这种方法与其他支持方法平衡在某一恰当水平。但是，有些病人还是会感到绝望，尤其在这一平衡失效以后，以及心理治疗师明确地传达出病人的问题完全是由病人不准确的感知所导致时（即使病人的周围环境极为压抑，让人喘不过气来。）

虽然我一直在阅读临床医学文献，但是我没有接受过心理治疗的训练。所以我会尽量简要地评论认知和认知行为疗法中的一个信条，也就是，因为病人确实无法正确地思考或以理性的方式思考，所以他们才会焦虑和抑郁。在我看来，尽管对许多病人而言，这一信条可能赋予他们自我调节的力量，也是心理治疗师的一片好意，但是这一信条将谴责受害者观念注入其中。至少，从业的心理治疗师比我更深入地“触及‘谴责受害者’特质，而这一特质固化在认知行为疗法之中”[37]。

戴维·伯恩斯是《伯恩斯新情绪疗法》的作者，他和不少采用认知行为疗法的心理治疗师确实表达过这个信条，也就是焦虑和抑郁是由对现实世界的认知扭曲导致的。当然，不少病人或许是这种情况，那么能够纠正这些认知扭曲的心理治疗方法确实有效。但是，具有讽刺意味的是，伯恩斯和其他心理治疗师有时会使用认知扭曲（甚至是伯恩斯自己所列举的十大认知扭曲）去改变病人的思维模式。尤其是，伯恩斯会经常鼓励病人，让其意识到“这不是世界末日”。

伯恩斯的书中有一个案例，一对父母不小心让他们的女儿生了病。他们非常害怕，但是伯恩斯“理性”地评论称：“即便女儿确实生病了，那也不是世界末日。”说完世界末日之后，伯恩斯有时会继续说他对生命不歇的笃信不疑，例如，“即使你始终未能成功，生命仍会继续”。我不想从篇幅如此长的书中有目的地截取若干例子，来支持我的观点。这本书中有大量不同的案例和不同类型的建议，其中不少建议颇有益处。甚至对某些病人来说，对他们说“世界不会就此终结”也是有帮助的。但是绝大多数担心孩子身体健康的父母或许不会真的想象世界会因此而终结，即使他们的焦虑水平一直在上升。心理治疗师有意将父母的顾虑扩大到一个看上去是认知扭曲的水平，伯恩斯将其称为“放大器疗法”。通过指出要么世界会终结，要么生活将一如往常，这种思维方式正好契合全有或全无思维方式，但这是一种认知扭曲。[38]

即使绝大多数病人的焦虑和抑郁都是因为认知扭曲或夸大产生的，伯恩斯和其他作者做出的概括也是过度的，将这种可能性推广到所有病人和案例不可取。而且，许多支持和采用认知行为疗法的心理治疗师似乎忽视了两个大型研究领域，它们将心理健康总体图景变得复杂，那就是抑郁现实主义研究领域和心理健康中正向错觉作用的研究领域。

抑郁现实主义指的是，中度抑郁患者能够比非抑郁个体更为准确地感知世界。事实上，有抑郁症状和悲伤难过的个体更不容易犯基本归因错误。[39] 正向错觉研究表明，包括不现实的乐观主义和控制错觉在内的特定的认知偏差是健康的心理状态的一部分，甚至是身体健康的一部分。[40] 我会在第十章和结语部分进一步讨论这些研究。但是，这些研究内部也存在着诸多争议。我不是想告诉你不要去看认知行为治疗师了。即使你的认知模式没有出现扭曲，心理治疗对你也会有帮助，而且有些心理治疗师以更为广博或多变的方法有效地借用了认知行为疗法的部分内容。

作为一名社会心理学家，一旦我读到有关认知行为疗法的专著和文献，但是在其中没有看到它们提及上述研究领域，那么我就会认为这是一个危险信号。每当与那些教授或主导认知行为疗法的人交流，意识到他们甚至没有听说过这些领域，我的顾虑就会与日俱增。

认知行为疗法经常被拿来讨论，被认为是焦虑和抑郁的最佳循证疗法，虽然不是所有元分析研究都同意这一点。这一疗法的成功比例在 25% 和 60% 之间浮动，具体取决于多种因素，包括病人的状况。认知行为疗法并不适用于所有人，而且成功比例还没有算上那些拒绝尝试这种疗法的病人。[41]

我想知道，拒绝采用认知行为疗法的人给出的一个理由，或这个疗法不适用于所有人的一个原因是否就是，有些病人传达了绝望的情绪，而某些心理学家承认这是遣责受害者导致的。我想确认的其他原因还包括，有些病人没有完成治疗师交代的“家庭作业”和有些案例过于复杂。我还想了解，认知行为疗法不适用于所有人，是不是因为有些人焦虑或抑郁的原因并不是非理性的，而是对真正糟糕的生活情境有准确的认知。

病人各不相同。下一章我将会进一步讨论个体差异。

第九章

个人因素也很重要

我们不是屈服在情境力量淫威下的奴隶……在我们探索的所有情境中，一直有那么几个人，他们是少数派，抵抗着情境力量的侵蚀。

——菲利普·津巴多，《路西法效应》的作者

在一个持续试图让你变成其他人的世界里，成为你自己是最伟大的成就。

——拉尔夫·瓦尔多·爱默生，小说家和诗人

在斯坦利·米尔格拉姆著名的服从行为研究中，身穿实验室白大褂的权威人士让实验参与者倍感压力，他命令实验参与者电击另一位假装是实验参与者的演员，让他尖叫、状态更糟。然而，不管权威人士施加多大压力，有 35% 的实验参与者始终拒绝服从这个命令。[1]

而在所罗门·阿希著名的群体压力研究中，五名演员围坐在桌子旁，假装自己是实验参与者，在若干个视知觉感知测试中，大声地说出同一个错误答案。真正的实验参与者知道正确答案，但被安排到最后一个发言。不管压力如何持续增加，总有 25% 的实验参与者在所

有测试中都给出了正确答案——他们绝对不会改变自己的答案。[2]

有一个为人所熟知的故事，1964 年，凯蒂·吉诺维斯在纽约市公寓大楼外被谋杀，而当时有 38 人旁观，没有一人伸出援手。这就是责任在过多旁观者之间扩散所造成的影响，至少绝大多数新闻报道是这么说的。但是，事实上，有一位旁观者（在一开始）大声尖叫吓退过施暴者，吉诺维斯才有机会进入她的公寓大楼。[3]

对旁观者效应的首项研究源自吉诺维斯的遭遇。约翰·达利（John Darley）和比布·拉塔内（Bibb Latané）通过内部通信系统上演了一出好戏，一位学生假装癫痫发作，并让真实的实验参与者听到此事。真实的实验参与者会以为其他三位实验参与者也听到此事（与他认为没有其他实验参与者听到此事相对比）*,但有 31% 真实的实验参与者仍然在一分钟之内报告了有紧急情况发生（认为只有自己听到此事的真实的实验参与者有 85% 做出了类似的行为）。[4]

这些仅仅是众多能够说明个人因素也很重要的例子中的一些，甚至在已经表明情境可以强有力地影响我们行为的经典研究中也是如此。情境不会影响所有人，总是有些人不符合经典的行为模式，他们不会被情境因素影响，或很少受到情境因素的影响。这些人是谁？是他们的人格特质让他们做出了不同的反应吗？

* 根据作者援引的原始文献显示，应该是真实的实验参与者假定有其他四位实验参与者也听闻了此事，而非本书所写的其他三位。

水杯并不是完全空的

总有一些人有着坚定的意志。但是，对于那些重视个体价值的人来说，我需要提醒的是，这不是形如“水杯是半空还是半满”的问题。在这些经典研究中，情境因素的作用明显地压倒了绝大多数实验参与者的个人特质发挥的作用（但我不是想说他们应该感到羞愧）。相反，我要说的是水杯并不完全是空的。

社会科学的研究成果一直是关于平均情况的，但是个体差异始终存在。强有力的情境因素不会一直压倒每个人，即使情境因素会压倒绝大多数人。有些人所具有的人格特质、生活经历或目标，能够让他们受情境的影响少一些。甚至当一个情境真的影响到他们时，可能部分原因是某些关于他们的事情，而不是他们自己。有些人的人格特质、生活经历或目标会让他们更容易被特定的情境因素影响或更愿意随波逐流。容易被激怒的人会以更激烈的方式回应挑衅行为。这些案例就是个人与情境相互作用的类型，在这些例子中，存在情境影响，但是个体的人格因素会降低或提升情境影响的程度。[5]

但是，除了个人因素和情境因素相互作用之外，二者也会同时发挥作用。在整本书中，我一直在传递一个信息，人们的行为或结果通常是个人和情境因素共同作用的结果（外加相互作用）。严格地说，一个人做出伤害他人的行为是由诸如他接到命令等情境压力和诸如争强好斗等个人特质所导致的。年轻人和同辈混在一起，做出有问题的行为，那么这个行为的发生既有从众压力的影响，也有缺乏良好判断能力的影响。危险的驾车行为部分是司机的愚笨所致，部分是紧急事件所致。丢掉工作部分是因为能力不足，部分是因为巨大的经济运行压力。

我们经常低估情境因素的力量，例如，从众压力、经济压力和不可见的紧急情况，但是个人因素仍然很重要。个体是这个复杂局面的一部分——虽然比我们想象中占比更少，但并不是完全没有。个体的人格特质会（但不是必然会）导致他的行为或结果，因为还有来自情境的影响。

请不要忽略个人因素

作为一个社会心理学家，我接受的是传统训练，这种传统要求人们不要忽视情境的力量。我们中的绝大多数人会轻易地快速假定彼此的人格特征和意图。我们自信满满，认为自己可以基于对他人人格的推断而预测他的行为。我们会高估自己，认为自己有能力理解他人的面部表情或肢体语言。我们认为自己可以仅仅通过别人对自己的简单提问或通过他人的语词选择，推测出他人的态度、偏见或消极意图。"无所谓。"

政客或媒体会给我们提供一些脱离语境的引言，而我们会在没有考虑到完整语境或等不及被引述的个人自己做出权衡的情况下，做出强烈反应。我们认为受害者是咎由自取，或自认为他们至少可以多做点事阻止悲剧的发生。我们太容易谴责他人，太容易生气，有时，我们会据此采取错误的攻击行为。我们所有人时常会因为看到邪恶行为，而认为这是邪恶之人所为。

如果我们多看一看个人的过去经历，看到完整的情境，那么我们通常可以意识到，自己一开始的假设是错误的或者需要调整。如果我们考虑到这种可能性，也就是存在完整的情境，而且有可能存在我们尚未看到的情境因素，那么我们或许有更多的意愿去帮助受害者。如此一来，我们不会一上来就指责受害者，也不会轻易发怒。问“你所处的情境出了什么问题”，而不是问“你这人脑子是不是有问题”，可以彻底改变社会交往的动态结构，而原本的社会交往的动态结构会导致越轨行为。

到目前为止，在这本书中，我一直在试图向你传递这些信息。即使学界观点不一，我也支持各观点的发展。

但是，有时我注意到这一社会心理学的重要信条和目标或许走得有点远了。努力提升对情境的重视程度，个人的影响会有所减少，至少在某些读者和学生看来是如此。[6]

《情境影响力》一书的作者萨姆·萨默斯认为，不管公众如何理解个性，“我们如何回应这个世界，真的是由情境所驱动的”[7]。萨默斯在浪漫爱情这一主题上也表达了类似的观点，“和绝大多数是日常经历一样，吸引本身只关乎情境”[8]。其他大众读物作者描述了由米尔格拉姆、阿希和达利所完成的经典研究，这些作家传达了类似的非此即彼的信息，诸如“情境而非个性决定我们的行为”或情境如何“战胜个人价值”[9]。

我曾经看到一位社会科学导论课程的教师描述米尔格拉姆的服从研究。她描述得很好，紧接着顺畅地进入讨论环节，讨论二战大屠杀期间的纳粹分子。但是，她最后总结认为，纳粹分子如此作为，不可能仅仅是因为他们品性邪恶。这位教师看上去采取了非此即彼的方法，强调情境因素在解释极端错事上的力量。以如此方式讲授米尔格拉姆研究的，不只有她一个人。

如果真的只有两个选择——情境或个人——那么社会心理学确实通常会押宝在情境因素上面，但事实远比这复杂。纳粹分子需要面对针对他们及其家庭的巨大压力，而这些压力来自上级部门和社会，但是他们也可能的确是一帮邪恶之徒。如果没有注意到这种复杂性，也没有提醒学生或读者，解释并不是找借口脱罪，那么社会心理学家有时可以成功地为做错事的人开脱（而事实并非如此）。研究早已表明，情境可以导致邪恶行为，这一简单的观念会摧毁社会心理学的可信度，使得一些人不那么相信情境的作用，尤其是当邪恶行为能够在个体层面影响这些人。[10]

菲利普·津巴多有时会被批评走得太远，因为他写了一整本书来说明情境如何让好人变成恶人。他将这本书命名为《路西法效应：好人是如何变成恶魔的》。津巴多甚至通过讨论更大的社会机构或系统性影响能够创造可以导致邪恶行为的日常情境，而在情境中增加了另一个层次。他的书聚焦于斯坦福监狱实验，而这个实验表明一个足够强大的系统和情境如何将普通学生转变为滥用职权的狱警。津巴多把这一实验当成首要案例，说明“每一个特定的强有力的社会情境、社会环境和社会结构都会……压制个体差异，让个体向根深蒂固的价值观念妥协”[11]。

但是，甚至是斯坦福监狱实验最终也被证明并非清楚明了。狱警表现出多种个体差异，而他们的人格特质对他们的行为有影响。后面我会继续讨论斯坦福监狱实验。津巴多甚至在那本书的最后，在论述英雄时，简要强调了个体的力量——即使情境鼓励或要求人变坏，英雄也不会变成坏人，也不会蒙蔽自己的双眼。情境确实很重要，但是个人也很重要。

我将通过进一步描述凯蒂·吉诺维斯事件和有关旁观者效应的文献，讨论个体的力量。吉诺维斯刚发生意外时，旁观者不仅可以干预意外，看起来也可以拯救她的生命，而且仔细阅读关于这一意外的研究文献后，我发现，身处一大群旁观者中间，受害者没有像社会心理学家一直在说的那样害怕。这不仅仅是在澄清这个意外的结果。不幸的是，一篇发表于 1981 年的著名的旁观者效应的综述论文也有一个错误，而纠正这一错误有着深远的意义。

在 20 世纪 90 年代后几年，我把自己困在了这个错误里，在 2008 年，我最终发表文章更正了这个错误。然而，这个错误依然鲜为人知。我已经证明，如果有旁观者的话，随着旁观者人数的增加，至少有一位旁观者会伸出援手的可能性也会随之增加。单个旁观者比我们想象的还要重要，甚至可以抵抗责任扩散的力量。这个发现现在缓慢地走进旁观者效应教材和研究，因此，我一直在尽我所能传播这个发现。[12]

旁观者效应真相

凯蒂·吉诺维斯的故事经常被用来阐明旁观者效应：旁观者越多，情境越容易抑制旁观者帮助受害者。这是其中一个结果，尽管最初发现时令人惊讶，且违背直觉，但它从那一刻起可能已经进入美国人心里，并成为一个常识。我在课堂上讨论美国人心理时，我的绝大多数学生似乎都知道旁观者效应。因此，具有讽刺意味的是，在报道旁观者效应研究和吉诺维斯事件的方式上存在一些常见的混淆或错误。

据说，那天晚上没有人出面帮助吉诺维斯，阻止施暴者对她施暴。全国上下为此震惊。但是，我一直强调，这个被经常讲到的故事有个错误——事实上，是有多个错误，其中一个严重的错误是认为无人出面帮助受害者，实际上，有一个旁观者及时出面制止。这个旁观者拯救了吉诺维斯的生命，让她能够躲到自己的公寓大楼。不幸的是，这个施暴者又返回公寓大楼，在楼梯间谋杀了吉诺维斯，但绝大多数旁观者无法从他们的公寓窗户关注到这件事。无论如何，这个故事不像绝大多数传播版本说的那样。

甚至在吉诺维斯离开他人视线之前，旁观者人数明显少于 38 人，而且也没有那么多人直接看到一开始的袭击，或者持续关注整个过程。此外，至少还有一位旁观者即刻拨打了报警电话。警察抵达案发现场时，吉诺维斯还活着，但是她最终没有幸存。[13]

即使有两三个或更多的旁观者直接伸出援手，我们中的一些人也可能认为他们本可以做得更多，阻止悲剧的发生。他们本可以冲出去，跟随吉诺维斯进入她的公寓。他们本可以帮助她在施暴者返回时击溃他。但是，在我看来，在生命受到威胁的环境中，很难期望人们会让自己置身危险。可能是普通人不够勇敢，但也可能存在情境原因，让人无法成为英雄。可能有些旁观者是拖家带口的单身母亲或父亲，如果不幸降临在（英雄式的）单亲母亲或父亲身上，那么孩子就会成为孤儿。

吉诺维斯事件发生之后，首项相关研究是之前提到的由达利和拉塔内完成的假装癫痫发作研究。与认为还有三名实验参与者也听闻此事的反应相比，更多的以为仅自己知晓有人癫痫发作的实验参与者报告了这一紧急情况。但是两位作者指出，重要的是，其他三位实验参与者仅仅是虚构的，不是真实存在的。如果有四名真实的实验参与者听闻了这一紧急情况，那会发生什么情况？两位作者有能力去推断出一个答案。他们发现，受害者获得帮助的概率在两种情况下没有任何变化（但旁观者越少，帮助来得越快）。[14]

纠正一个计算错误

但是，这只是一项单一研究。或许其他研究会表明，在不同条件下，受害者获得帮助的概率有所不同。因此，比孤例更重要的是对大量过往研究结果进行综合定量分析的报告。此类报告被称为元分析。比布·拉塔内和斯蒂夫·尼达（Steve Nida）在 1981 年完成了一项元分析，他们分析了超过 55 项关于旁观者效应的研究。[15]

拉塔内和尼达总结如下：旁观者越多，受害者越不可能获得他们的帮助。然而，二位作者在他们的元分析中犯了一个计算错误。在那些例子中，旁观者与他人的交流受限，例如，在吉诺维斯事件中，旁观者在各自公寓听到袭击声，但是他们计算错了一个平均值。我注意到这一错误，修正了它，进行更新后又重新分析，最后在 2008 年发表了一篇论文，讨论经过修正后的研究的意义。我解释说，在交流受限的情况下，研究结果可以表明，旁观者人数越多，旁观者越有可能向受害者伸出援手。[16]

由于人们对吉诺维斯事件的真实情况知之甚少，因此，这一新的结论是有意义的。只有少数人听到吉诺维斯的尖叫声，因此，在他们之中几乎没有人会有足够的勇气或同情心去帮助吉诺维斯。听到尖叫声的人越多，其中存在有足够的勇气或同情心的人的可能性就越大。这种模式仅仅是旁观者人数所具有的原始力量，但是这种力量不会导致旁观者的帮助行为，除非在这些人之中，有人想去帮，且有能力去帮。情境之中如果有英雄存在，情境就不那么重要。而且旁观者越多，英雄就越有可能存在于其中。

但是这一修正结论只适用于交流限制的情况。在能够充分交流的情况下，实验参与者可以互相看到对方，那么作者的结论在严格意义上是正确的，也就是，受害者更有可能从孤身一人的旁观者那里获得帮助。一种解释是，相较于有限制的交流，在充分交流的情况下，实验参与者或许会感到更大的尴尬，因为自己伸出援手时，别人能够看到他们。

然而，两位作者将旁观者情境分为两类，一类是有一位旁观者，另一类是有多个旁观者，再次进行元分析。换言之，不管旁观者是两个还是十个，这些例子都会被划为一类。虽然在那时以这种方式进行分类并非罕见，但是这种分类方式一直受到批评。从那时起，情境主义者一直强烈建议进行相关性分析。[17]

我重新分析了研究数据，以便更为精确地评估，随着旁观者人数的递增，结果有何变化。我的相关性分析再一次表明，在交流受限的情况下，旁观者人数越多，受害者越有可能受到帮助。而在充分交流的情况下，旁观者人数丝毫没有作用，也就是相关系数是0。将交流受限情况和充分交流情况整合在一起就能产生一个正向相关——旁观者越多，受害者受到帮助的可能性就越大。总之，从整体上说，旁观者人数能够提供某种程度的安全性。

两位作者完成的另一项元分析是，基本上对每一项研究同等加权，对旁观者效应做平均化处理。但是有些研究有更多的实验参与者，因此他们也汇报了如果将样本大小考虑进去会发生什么。在后一种情况下，他们的结论揭示出，一旦旁观者人数多于一人，受害者获得帮助的可能性就会随之增加，这一结论与我的新发现如出一辙。但是，他们受制于原有的权重计算方法，没有重视这个结果。在当时，这两种方法都是合理的。

受到帮助的可能性 v.s. 社会抑制的可能性

那篇元分析文章和我的修正文章比我在此处能传递的信息更为复杂。但是至少有一点很重要。受害者至少从一个旁观者那儿获得帮助的可能性，严格意义上不同于单个或平均意义上的一个旁观者会提供帮助的概率。换句话说，在一大群旁观者（例如，一个骑手待在满是乘客的地铁车厢）中，旁观者伸出援手的平均概率会随之降低，但与此同时，在那个群体中，受害者或许更有可能获得至少一个人的帮助。仅仅得到一个旁观者的帮助就等于研究中规定的受到帮助。

元分析研究和我的研究共同确定的是，旁观者越多，平均旁观者施以援手的概率就越低。这个效应被称为“社会抑制”（social inhibition）——一大群旁观者会抑制平均旁观者伸出援手的概率。且慢，正如我一直从总体上在报告的，旁观者越多，受害者越有可能受到帮助。在一般情况下，社会抑制没有强大到可以压倒旁观者数量所具有的原始力量，尤其是在交流受限的情况下。这是一个微妙的数学观点，关于各种可能性相互竞争后的最终结果的数学观点，但是这对于理解在人群中受害者会面临什么情况非常重要。

不幸的是，许多大众读物作者和学术作者在论述旁观者效应时，会混淆受害者受到帮助的可能性和社会抑制的可能性。事实上，有些作者将旁观者效应定义为降低受到帮助的可能性，而明显没有意识到他们所引述的结论是针对社会抑制效应的。我认为，绝大多数人将旁观者效应理解成了降低受害者受到帮助的可能性。拉塔内和尼达他们自己也提到，受害者不会真的关心社会抑制效应或平均旁观者伸出援手的概率，受害者真正关心的是能够得到帮助——是否至少有一位旁观者会伸出援手协助受害者。

实际上，得到帮助的可能性必定也是悲剧新闻读者所关心的。之所以旁观者效应在新闻媒体中被大肆讨论，是因为受害者有时无法从旁观者那里得到帮助，哪怕旁观者人数再多，而这才是悲剧所在，值得新闻报道。或者在英雄故事中，不管人群规模如何，总有人勇敢地站出来，拯救受害者。但是英雄故事不可能冠以这样的标题:《英雄身处人群救儿童于水火，看客人均救助儿童概率暴跌》。

人们关心的是受害者是否能得到帮助，不关心平均概率问题。基于我的新结论，甚至基于拉塔内和尼达的某些原始结论，从整体上讲，旁观者越多，受害者越有可能得到帮助。总之，与之前我们所设想的情况不同，受害者不太需要担心，有不少旁观者在场是否会降低自己得到援助的可能性。

当然，新闻媒体还是会报道悲剧故事，尽管受害者身边人来人往，但没有人伸出援手。或许有大量独特的因素导致了悲剧的发生，甚至在旁观者人数较少的情况下，也会出现相同的结果。因此，我要强调的是，并不是说受害者身处一大群人中间时，完全不需要担心无人伸出援手。如果你在众人面前发现自己需要帮助，那么教材的建议依然可以直接采用：如果可以的话，直接指着某个旁观者，或挑出某个旁观者，告诉他你需要帮助。遵照这个建议做，可以提升你及时获得帮助的机会。

但我说这些，并不是想让你作为旁观者听到他人尖叫时无动于衷。希望你不要用我的最新研究结论，去假定总有人会帮助受害者。如果你能够挺身而出、伸出援手，希望你能主动帮助受害者。事实上，从经典的旁观者效应研究中获得的知识让学生有更大的可能去帮助他人。[18] 我自己也可能从这些知识中获益一两次。

我结婚之后就住在密尔沃基市（Milwaukee）。一天晚上，我和我的妻子在自家的公寓中听到大街上妇人的尖叫声。尖叫声来自我们窗户的拐角处。正如凯蒂·吉诺维斯发生悲剧那天的尖叫声，几十间公寓中的一间听到了这个声音。我假定其他人也能听到这个尖叫声，但是我知道有可能没有人采取行动，或及时伸出援手。因此，虽然我有点害怕，但也冲出家门来到了大街上。走进楼梯间时，我非常高兴地看到另一位小伙子也冲了出来。我们很快相互确认各自奔跑出门的原因。等我们跑出公寓，抢劫犯早已逃离现场。这位妇人状态尚好。在我们来到妇人身边时，其他人早已抵达。或许我本应该在不知道旁观者效应的情况下跑出公寓，但是我非常高兴其实我是知道的。当然，每一位旁观者必须自己决定是否冒着风险去帮助受害者。

网络空间发生的案例

《情境的力量》一书的作者萨姆·萨默斯在将旁观者效应或责任扩散效应确立为一个显而易见的社会现象时写道：“看看无处不在的大量电子邮件，就能理解这一过程是如何发生的。”他介绍说自己会即刻删除某类邮件，例如，一位同事最近群发了一封邮件，询问是否有人愿意帮助实习出现问题的学生。萨默斯猜测，每一位同事都会类似地忽略这一请求，他认为“身处人群之中——甚至身处一个虚拟的网络空间之中——也会导致你无动于衷”，那位学生直接联系某位教职员工或许会更好。[19]

但是，根据我对 1981 年那篇元分析论文的数据的重新分析，我认为相反的结果也应该是对的。网络空间是交流受限的绝好例子，在这种情况下，个体回信者或旁观者彼此看不到（但又知道对方的存在），而我的重新分析已经表明，在交流受限的情况下，旁观者人数增加，得到帮助的概率会随之增加。因此，这位学生最好群发邮件——收到信件的人数越多，效果就越好，即使每一位收到信件的人知道还有很多其他的收件人。

在那篇发表于 2008 年的论文的结尾部分，我写了一小节内容，标题为“线上请求帮助”，在这一小节中，我简要总结了我对三个相关的网络空间研究所做的新分析，在这些研究中，有人通过电子邮件向不同数量的人请求帮助。在每项研究中，正如一开始所预测的，得到帮助的可能性随着收件人数的增加而增加，即使收件人知道除他之外还有其他不少收件人。社会抑制效应依然存在（因为收件人回应的平均概率会随之下降），但是还没有强大到能够压制人数上升带来的效果。

我随后完成了一项小型元分析，并且更为详细地报道了这一网络空间模式。因此可以说，甚至在网上，你联系的人越多，有一个人愿意或有能力帮助你的可能性就越大。如果你身陷麻烦，那么可以说，你联系的人越多，你的贵人就在其中的概率就越高。[20]

英雄

2007 年夏，在一次大型会议期间，我听了菲利普·津巴多的一场演讲。我认为，虽然这场演讲是关于他的著作《路西法效应》的，但是我记忆最为深刻的是他关于英雄角色的动人评论。津巴多将英雄定义为有能力抵抗环境压力而不作恶的人，或能够在他人需要帮助时抵抗环境压力而伸出援手的人。我相信这是我第一次听说韦斯利·奥特里（Wesley Autrey），也就是“地铁英雄”，他在 2007 年面对了达利和拉塔内假装癫痫发作实验的真实版本。

一名男子癫痫发作，倒在列车轨道上，而他面前的纽约市地铁月台站满了人。奥特里将他的孩子交给陌生人照看后，只身一人跳入地铁轨道，试图让这个受害者脱离险境。但是由于列车即将到站，奥特里没有足够的时间跳上铁轨把这位受害者拉到安全的地方，于是他跳到铁轨之间的排水沟里，将那个男子压在身下，火车在离奥特里头部一英寸的上方驶过。后来，我听说这名男子癫痫发作时，奥特里和其他两名旁观者“冲过去帮忙”。这名男子一开始看上去没什么问题，但却倒在了列车轨道上。[21]

为什么责任扩散效应没有阻止奥特里和其余两名旁观者的行动？我相信这与我的观点没有关系。即使有强大的情境力量迫使人们不要贸然行动，但是总有一些人还是会伸出援手拯救他人。

反思

这一章的第一部分侧重于个体旁观者比绝大多数人之前想的更为重要，而且有英雄存在，他们会帮助无辜的受害者，即使情境压力会阻止他们这么做。但是，我知道，我就旁观者人数所能提供的安全感做出了新的科学陈述。大约在 50 年前，我们假定旁观者人数能带来安全感。而在凯蒂·吉诺维斯事件之后，几十项研究发现，旁观者人数能否带来安全感变成了一个谜。2010 年，《流行心理学的 50 个难解之谜》一书将它收入其中。[22] 现在，我认为这个谜可能部分正确，至少我们可以回顾我们一开始所相信的观点。一般来说，旁观者越多，受害者能够相应地更多或更有可能得到旁观者的帮助。至少，我们可以忽略一个普遍观念，即旁观者人数所能带来的安全感并没那么多。

社会科学和公众长久以来一直将旁观者人数所能带来的安全感称为一个谜，人们都相信这个观点，但这个观点又有可能是错误的，因此，如果有人质疑我的某些论断，我一点也不感到奇怪。我欢迎大家来讨论这个问题。我不敢擅自假定自己知道该如何开展讨论，或许这个问题仍旧不会受到关注。但是，我希望读者和评论者能够仔细评判我的立场，审阅我的数据，记下我的警告，并且开始相信一个不那么悲观的观点：一旦一大群人意识到无辜的受害者需要帮助，那么肯定会有人伸出援手。其他研究人员也开始论证，对人类大型群体要持有一个更为积极的立场，尤其是在理解大型群体有利于受害者这一方面。[23]

斯坦福监狱实验：狱警的暴力倾向是天生的吗？

除了研究旁观者效应，另一项被用来阐明情境力量的研究是由克雷格·黑尼（Craig Haney）、柯蒂斯·班克斯（Curtis Banks）和菲利普·津巴多在 1973 年进行的斯坦福监狱实验。[24] 在这项研究中，大学生自愿报名参加“监狱生活”研究之后，随机扮演狱警和囚犯角色。津巴多扮演监狱主管。关于这个实验的绝大多数研究认为，模拟出的监狱环境和角色驱使狱警虐待囚犯，从而导致津巴多提前结束这项研究。但是，扮演狱警的学生的人格有可能起到的作用遭到质疑。

斯坦福监狱实验存在一些争议，最近的一次重复实验屏蔽了有暴力倾向人格的狱警，其他狱警没有虐待囚犯，没有屈服于自己所扮演的角色。甚至对于最初的斯坦福监狱实验，稍晚一些的报告也强调了实验参与者的个体差异——实验中“既有刻薄的狱警，也有善良的狱警”，而且“囚犯和狱警不仅在一开始就挑战他们的角色，而且贯穿整个实验始终”[25]。包括津巴多在内的多名学者撰写了这些报告。

这次重复实验在若干方面不同于最初的斯坦福监狱实验，因此，不可能说屏蔽有暴力倾向的人格是狱警在重复实验中没有做出虐待行为的原因。然而，在 2007 年，托马斯·卡纳汉（Thomas Carnahan）和山姆·麦克法兰（Sam McFarland）做了一个实验，证明这一可能性是真实的，也就是参加斯坦福监狱实验的学生在实验前已具有某些人格特质，这些人格特质会让他们更容易做出虐待行为。[26]

让卡纳汉和麦克法兰感到好奇的是，在斯坦福监狱实验招募广告中出现的“监狱生活”这一短语，是否在无形中对潜在实验参与者进行了筛选。因此，他们设计了两份招募广告。这两份几乎与最初的斯坦福监狱实验广告相差无几，但是一则广告说这是“一项关于监狱生活的心理学研究”，而另一则仅仅说这是“一项心理学研究”。结果让人大为惊讶。那些自愿参加“关于监狱生活的心理学研究”的实验参与者在攻击性、独裁主义、马基雅维利主义、自恋和社会支配等五个人格测量上分值显著高于自愿参与“心理学研究”的实验参与者。“监狱生活”实验参与者的同情心和利他主义分值也显著低于另一组实验参与者。

卡纳汉和麦克法兰由此得出结论，斯坦福监狱实验的狱警之所以有虐囚行为，或许不仅仅是因为强大的监狱情境。原因或许还包括狱警的人格特质，因为自愿参与实验的人有自我选择偏差。尤其是，两位作者认为，情境和人格特质会发生相互作用，从而导致虐囚行为。他们还提到了另外一个案例，或许阿布格莱布（Abu Ghraib）监狱丑闻中的真实虐囚行为背后有着类似的相互作用，而津巴多在《路西法效应》一书中讨论了这个案例。

在我看来，卡纳汉和麦克法兰在表述他们的结论时，仔细又谨慎。他们说的是“或许”和“有可能”，而且讨论了相互作用时个人因素和情境因素发挥的作用。他们甚至承认，他们的结果“没有低估模拟监狱或真实监狱诱发虐待行为的力量”[27]。

但是，令人惊讶的是，最初的斯坦福监狱实验的作者——黑尼和津巴多为他们对实验的最初解释进行了辩护，还激烈地批评了卡纳汉和麦克法兰的文章，后两者文章中的限定词和声明对此没起多大作用。黑尼和津巴多提出了几个重要的观点，但是夸大了卡纳汉和麦克法兰所持的中立立场，显得他们的立场比原先的更加极端。[28]

因此，斯坦福监狱实验的重复实验没有印证之前的实验结果、记录在案的狱警的个体差异，以及实验参与者可能具有的自我选择偏差，这些问题的存在指向了一个明显的可能性，那就是个人的作用并没有完全因斯坦福监狱实验设定的情境静默。但是，不幸的是，几乎没有教材和教师提到这些问题或这些参考书目。例如，一项最近的调查发现，只有四分之一的心理学导论的教师提到存在自我选择偏差的可能性。绝大多数学生学到了对斯坦福监狱实验的经典解释，但这种解释没有为个人发挥作用留出一丝空间。[29]

我真的不能说个人的作用有多大。我相信监狱情境的作用更大。但是我认为，越来越多的教科书和教师在讨论斯坦福监狱实验室时，需要提到上述潜在问题，让学生知道，现实远比想象的更复杂。

人际吸引：爱是盲目的吗？

除了这些关于身处困境的受害者和监狱虐囚行为的经典研究之外，让我简要介绍一个轻松且更为常见的话题：浪漫和人际吸引。有时人们会一见钟情，如何解释这一类型的爱情呢？为什么有人会被那个独特的人深深吸引呢？

绝大多数人认为这是一种个人偏好，渴望找到一个特别的伴侣——他或她对我们而言是特别的。但是，不少作者认为，即使没有真正看到对方独有的特征，我们还是会被对方吸引。我们被某个人吸引，仅仅因为在公交车或班级里他经常坐在我们身边。这就叫作“曝光效应”（mere exposure effect）。接近性（proximity）产生吸引力，相似性（familiarity）也产生吸引力。这听起来似乎在说，爱情是盲目的（“爱情是盲目的”这一短语在此处的含义不是平日里那种浪漫的意思）。[30]

有一类经典研究被称为“令人害怕的悬索桥”研究。事实表明，男性会把悬索桥诱导产生的生理唤醒（例如，心率加快）错认为对桥上某位女性心有好感。这是一项非常有意思的研究，它建议你带约会对象去看一场恐怖电影，或者坐一次过山车，这可以提升获得爱情的机会。所以，爱情听上去有点盲目，如果仅仅坐一次过山车就能获得爱情的话。[31]

总之，因为自己在公交车上坐在某个人身边就产生与他坠入爱河的感觉，或者错把对悬索桥的恐惧当成对某人的爱情冲动，没有一点浪漫可言。但是，这种唤醒转移确实会发生。至于相似性是否会产生蔑视或好感，确实存在争议。[32]对于接近性，不少相关性研究表明，处于热恋期的情侣曾经在一起工作过，或彼此住得很近，但是，我之前提到过，相关性并不能推出因果性。共同出现的事件，例如，住得近和变得亲密，并不意味着前者能够导致后者。接近性只是坠入爱河的必要条件，而不是充分条件。还有真实的实验研究可以表明接近性能够产生身体吸引力吗？并不太多。

被引述最多的实验是理查德·莫兰（Richard Moreland）和斯科特·比奇（Scott Beach）所完成的实验。他们报告，被动靠近班上女生就座，能够对她产生更大的吸引力，但这是相较于这位女生没有出现在教室或很少出现在教室而言的。尽管得出了这一关于吸引力的结论，但主要的测量方法是对十个人格特质进行平均化处理，最终发现其中九个与身体吸引力毫无关系。学生评价这位女生的十个特质分别是：有趣、有吸引力、无私、受欢迎、不自负、聪明、热情、成功、诚实和真诚。甚至更令人惊奇的是，实验参与者包括男生和女生，他们的反应有着统计上的相似性。我不是研究吸引力的专家，但是，基于男女评价者有着相同评价的测量方法推断身体吸引力看上去有问题。[33]

绝大多数作者引用这项研究并不是想用它去解释浪漫或身体吸引力的产生原因。相反，他们提到的是，身体上靠近彼此能够提升对某人的偏好或正向关注。虽然萨姆·萨默斯在关于爱情这一章的结尾已经说过，吸引"完全取决于情境"，而且"教室里择人而坐"实验是吸引力迸发的实验证据[34]，但是他采取了更为中立的立场，也就是，个体对某个特定伴侣的偏好与情境一样重要。社会心理学家谢利·泰勒（Shelley Taylor）就友谊和爱情也表达了类似的中立观点：

如果他没有租街对面的公寓，或者她没有在最后一分钟决定去溜冰，那么我们绝没有机会碰面——这类评价我们常听到。机会确实在建立情侣（或朋友）关系中有着重要的作用。但是，看一看另一种途径，这种关系也是由情侣（或朋友）积极塑造和建立的。这个世界让我们与成千上万人建立联系，但只有一小部分人能成为朋友或情侣。从这一角度看，很容易明白选择性在朋友和情侣关系的建立中是多么重要。[35]

谁更容易犯基本归因错误?

因此，个人偏好是浪漫方程的一部分。在受害者需要帮助时，个体回应强大力量的方式存在差异，如顺从、反抗或冷眼旁观。个体非常重要，只是绝大多数人并不这么认为。

这一章置于整本书的语境中看起来让人有些许困惑，以防万一，让我再次声明，这本书的主要思想是，绝大多数行为和结果是个人因素和情境因素共同作用导致的，但是我们绝大多数人低估了情境的力量。在通常情况下，个人因素也非常重要，只是没有绝大多数人以为的那么重要。基本归因错误就是赋予个人以过度的重要性，而对情境的重要性认识不足。有时，我会担心善良的社会心理学家走得太远，忘记提起个体的价值，但是，我绝对同意，绝大多数人容易犯基本归因错误，这会给社会和自己带来负面结果。

我们中的绝大多数犯过基本归因错误，这可以确定。那么，谁不容易犯基本归因错误呢？情境对我们的影响存在个体差异，犯下基本归因错误的人，也存在个体差异。我们讨论过的几项研究已经识别出了某些人格特质，这些人格特质能够预测个人是否会经常犯基本归因错误。例如，我已经报告过，持有坚定的公正世界信念的人更容易做出谴责受害者行为。

我认为，知道哪些人格特质易导致基本归因错误出现，有着非凡的价值。其中一项价值是，这些知识可以使研究者知晓，哪些人更需要干预策略以减少基本归因错误。这些知识也可以用来帮助发展这些策略。我会在下一章讨论这些策略。

现在，有一张几近完整的单子，上面罗列了性格、特征、个人信念或其他可以高度准确地预测易出现基本归因错误的人格特征。如果你可以自我识别出若干个人格特质，那么你要明白，我并不是说，你一定是容易犯基本归因错误的人。这些结论都是平均意义上的结论。但是如果这一小节的内容触发了某些自我反思，那也不一定是件坏事。

具有特定人格特质或性情的人

逻辑或科学推理测试分值较低的人更容易犯基本归因错误。[36]这些发现与我早些时候的建议是一致的，也就是，出现基本归因错误的绝大多数例子来自逆向推理错误这一逻辑谬误。或许与此相关的是，不喜欢进行费力的认知活动的人，即在“认知需求”项目上的得分较低的人，也容易犯基本归因错误。[37]

我已经提到过，攻击性越强的人，越容易在模棱两可的情境中推断他人有敌对意图，而敌意归因偏差是基本归因错误的一种。或许与之类似的是，正念量表得分低的人，被认定会更快地进行防御，也更容易出现敌意归因偏差。[38] 我很早之前就提到过这种基本归因错误，也就是，我们认为银幕上的演员实际上拥有他们在扮演角色时所刻画的性格特征。这一点也不奇怪，在观看电影或电视剧时，“融入”故事情节的程度越高，越容易犯这种基本归因错误。[39]

我也提到过，强烈的控制需求如何驱动人们犯下基本归因错误，例如，人们对控制感、认知闭合或结构的需要程度越高，越容易犯基本归因错误。控制需求量表得分高的人实际上一直在夸大他们对他人的性格归因。“认知封闭需求”和“结构性需求”都能协助预测个体是否会犯基本归因错误。个人如果在这两个方面得分较高，在经历不确定事件时会有更为强烈的不适感。[40]

最后，大量基本归因错误研究一直在探索归因复杂性（Attributional Complexity，也译“归因情结”）这一人格特质。归因复杂性有几个组成部分，包括对解释人类行为的高度兴趣、考虑多种原因的倾向、基于个体内在和个体过去思考复杂性原因的倾向。[41] 归因复杂性强的人被认为具有社交智慧，而且归因复杂性量表的创建者强烈预测，归因复杂性强的人不容易犯基本归因错误。然而，他们发现情况正相反——归因复杂性强的人更容易犯基本归因错误。[42]

在这一点上，不少研究已经表明，归因复杂性强的人更容易犯基本归因错误，但有几项研究的结论与一开始所设想的一样，归因复杂性强的人不容易犯错。我进行元分析后发现，归因复杂性强的人整体上更容易犯基本归因错误，但是程度非常轻微。一种可能的解释是，归因复杂性强的人或许过于自信，尤其是在归因问题不够困难，无法激励他们用自己的归因技能处理这些问题时。[43]

持有特定信念的人

有几项研究已经表明，持有特定信念的人更容易犯各种形式的基本归因错误。我在前几章已经提到过其中一些结论。我会把它们全都列出来，但请注意，我并不想为持有这些信念的人进行分类。一个人要远远比一组特定观点的集合更为复杂。正如我之前所说的，这些结论只是平均意义上的结论。好吧，更容易犯某一形式的基本归因错误的人包括：坚定持有公正世界信念的人、有着固定型思维模式的人（而不是有着成长型思维模式）、持有政治保守信念的人（而不是自由主义信念）、信仰新教的人（而不是信仰天主教）以及相信行为可以透露人格特质的人（这种信念认为人们的真实人格特质和态度会从他们可观察的行为中透露出来）。[44]

其他人

虽然有几项研究表明，东方人和西方人都容易犯基本归因错误，但是总体上，有证据表明，西方人更容易犯基本归因错误。这一结果似乎是西方人更有可能持有个人主义观念这一原因所致。个人主义思维模式越显著，人们越会关注他人的人格特质而非情境因素。[45]有几位研究学者也研究个体的年龄差异。虽然这项研究在某种程度上将不同年龄段的实验参与者混在一起，但是从整体上讲，年长的成年人比年轻的成年人更容易犯基本归因错误。[46]

有一些研究已经开始研究不同阶级的差异，发现身处上流社会和中产阶级的个体相比底层社会或工人阶级个体，更容易犯特定形式的基本归因错误。尤其是，处于较高社会阶层的人不太可能引用情境因素去解释社会经济不平等现象、失业和糟糕的医疗保险状况。虽然对较低社会阶层的人而言，将这些结果归咎于情境因素或许看起来有点自私，但是较高社会阶层个体在解释人们的情绪表达、慈善工作和犯罪行为时不太关注情境因素。在视觉感知练习中，他们也不太可能仅仅关注情境变化。[47]

最后，有讽刺意味的是，快乐之人或度过了“美好一天”之人更容易犯基本归因错误，尤其是在使用经典的态度归因和社会-角色范式去测试他们是否会犯基本归因错误的情况下。处于快乐状态很明显可以降低我们处理情境信息的细致程度（而处于悲伤状态会提升处理情境信息的细致程度）。或许有点类似的是，另一项研究发现，能够更好地调节自己情绪的实验参与者更容易犯社会角色形式的基本归因错误。但有趣的是，悲伤的人更容易做出谴责受害者的行为。在下一章，我会进一步讨论上述若干发现。[48]

这些有关个体差异的研究结果，绝大多数是相关性结果。例如，有着高控制需要和高结构性需求的个体更容易犯基本归因错误，但是这并不意味着是对控制和结构性的需求导致了基本归因错误。不过，也有可能就是如此。或许人们降低这些需求就会减少基本归因错误。在下一章节，我会讨论诸多可以减少基本归因错误的潜在策略。

第十章

认知偏差的利与弊

无知是福。

——托马斯·格雷，诗人

知识就是力量。

——弗朗西斯·培根，哲学家

快虽然好，但准确才是一切。

——怀亚特·厄普（Wyatt Earp），副治安官兼警长

性格推断可以为观察者提供一个在文化上能够被接受的归因方式，从而提升她或他对所处环境的控制感，而且这种控制感有可能最终产生比逻辑上正确的推理更大的心理上的收益，即使这种控制感是一种错觉。

——丹尼尔·吉尔伯特和帕特里克·马龙，社会心理学家

在哈利·波特第六部电影《哈利·波特与混血王子》中，罗恩·韦斯莱喝了自认为是幸运之水（福灵剂）的液体，于是他获得了人生中最佳的魁地奇比赛成绩。幸运之水是一种罕见的魔法药剂，能

够让人在他们所尝试的每一件事上都取得成功。所以，罗恩有了卓越的表现也不足为奇。然而，罗恩并没有真正喝下幸运之水，他只是以为自己喝下了。罗恩错误地感知了现实世界，但这种错觉使他获得了巨大的收益。甚至在魔法世界之外，这种事情也会发生，它被称为安慰剂效应。

认知偏差的益处

错误感知和认知偏差既有利也有弊，尽管关于认知偏差的书籍有一个共同的前提，那就是认知偏差是不好的。安慰剂效应是认知偏差具有益处的一个例子，病人错误地认为他们服用了药物，而且表现出改善迹象，似乎他们真的服用了药物。在一个宽泛的水平上，安慰剂效应属于自我实现预言，也就是，预期某个特定结果会真真切切地帮助这个结果实现，即使这个预期存在认知偏差。例如，教师预期自己的学生能够做得更好，这一点可以导致学生有更好的学业表现。[1]

在证真偏差中，回避与我们坚定持有的观点相矛盾的证据可以保护我们的自我。对世界观或政治的绝对确信感觉能够抑制恐惧和焦虑，即使有证据证明我们的感觉出错了。对一个政治党派的盲目支持可以帮助其候选人赢得竞选。忽视身边人的缺点，甚至没有注意到他们对我们生气，能够构建更幸福的关系。[2]

有关正向错觉的争议

谢利·泰勒为某些正向错觉的有益作用写过一本书和多篇文章。泰勒、她的同事和其他学者从几十年间的几百项研究中积累了证据，表明不切实际的乐观主义、对自己不切实际的积极认知，以及适度的控制错觉是良好的心理健康甚至是身体健康的一部分。而将自己和世界看得过于精准透彻，尤其是意识到自己生活于世但毫无掌控力的人，患中度抑郁的可能性更大，术语“抑郁现实主义”描述的正是这种情况。

我在思考不切实际的乐观主义时，有时会想一想 J. K. 罗琳。她的第一部“哈利·波特”小说的手稿曾经被拒稿十二次，但是她坚持了下来。回顾过去，她写道：“只要不是每个出版商都拒绝我，我就绝不放弃。”我不知道她当时的确切想法，也不知道她的心理健康指标如何，但是她那不切实际的坚持最终让她获得巨大的收益，而她一直说自己感激自己的那一份坚持。[3]

案例研究暂时放在一边，正向错觉和抑郁现实主义研究领域一直存在争议。近来，绝大多数抑郁现实主义研究综述已经断定，这种现象是真实存在的（即使没有一开始所推断的那么明显）。[4]适度的正向错觉是否与更好或更差的健康结果相关，对这一问题的广泛争论短时间内很难有结果，但是有更多的证据支持适度的正向错觉与更好的健康结果相关。绝大多数证据都是相关性证据，有可能是正向错觉促成了良好的身心健康，也有可能是良好的身心健康让人们有理由维持正向错觉。但是也存在来自真实的实验研究的一些证据，例如，诱导形成的正向错觉也能导致积极的身心健康结果。[5]

为什么有些研究表明正向错觉和身心健康是负相关的，而不少其他研究表明二者是正相关的？泰勒和她的同事指出，这一争论的双方经常使用不同的方法测量正向错觉。结论为负相关的一方在更为公开或负责任的情境中测量知觉状态，因为表现出正向错觉的人更有可能导致矛盾证据出现。另一方面，结论为正相关的一方测量的是更为一般的知觉，此时矛盾证据不太可能出现。

有一个过分简化的例子可以说明这一现象。相较于在看到黑板之前认为黑板一定是白的，看到一块黑板，然后说这是白的显然是一种更明显的错觉（或许预示着负面的身心健康结果），即使我们知道绝大多数黑板都是黑的。有关支持负相关结论的一方的更为典型的例子是，有神经质倾向或患自恋症的个体"或许认为自己很糟糕，但他们仍然会以浮夸或自恋的方式向他人展示自己"。这样的个体不会真正持有对自己的积极评价，而且他们可能缺少诸如谦逊等社会交往技能，因此，尽管他们表现出了正向错觉，但在心理健康测评中仍得分较低，这并不让人意外。[6]

泰勒将支持负相关结论的一方刻画为，用神经质和自恋人格等稳定的人格特征解释正向错觉，而支持正相关结论的一方认为正向错觉是一种"情境反应"，因为"正向错觉会随着可证实的情况不断增加而逐步减少"。持正相关结论一方的部分观点是，心理健康的人在结果尚未确定时能够坚持更长的时间。例如，研究表明，当任务结果开始显现时，任务开始阶段的正向错觉比结束阶段更加明显。"与有着清晰的行为参照对象的个人特征相比，具有模糊的个人特质"的人所具有的正向自我知觉更加明显。例如，我或许认为我擅长开车，但我也擅长路边停车吗？不，不是特别擅长，但是我会越做越好。[7]

从泰勒的视角出发，我发现了极其有趣的观点，得出负相关结论的一方可能犯了某种类型的基本归因错误，他们认为人们之所以有正向错觉是因为有某些稳定的人格特质。另一方面，得出正相关结论的一方将正向错觉描述为在某个特定情境中更具有适应价值的错觉。

基本归因错误的益处

基本归因错误的潜在益处包括维持控制错觉或防止出现失控的感觉。我在第三章提到过，一旦人们的控制感减弱或者感到自我受到威胁，那么就很有可能犯基本归因错误，从而建立不存在的联系，或看到不存在的模式。在第九章，我讲到个体差异，描述过需要更加强烈的控制感和结构性的人更容易出现基本归因错误。在第八章，我描述过，一旦我们看到无辜之人遭难，同时又持有公正世界信念，那么谴责受害者不仅可以帮助我们维续安全感和生活可控感，也能帮助减少负面情绪和压力。一旦我们让受害者遭难（不管是有意还是无意的），谴责受害者不仅可以减少心理压力或认知失调程度，也能保护自我。

在日常生活中，基本归因错误也很有用，因为它能快速高效地“解决”认知问题。经典社会心理学研究提到典型的（有认知偏差的）感知者时，称这些感知者是“认知吝啬鬼”，不愿花费认知资源。吉尔伯特和马龙写道：“性格推断是一种非常经济的认知机制。”[8]绝大多数人不会用一整天（甚至十分钟）时间去决定或研究为什么那个笨蛋会在高速上加塞。我经常要求我的学生给我计时，看看我犯基本归因错误用了多长时间。我会设置一个场景，如一个笨蛋加塞到我前面，然后要求我的学生开始给我计时。不一会儿我就会说：“混蛋！好吧，过去多久了？”

另一方面，仔细思考和研究不同的可能性会花费更多的时间，或许会把提供咨询的朋友、家人、治疗师甚至社会科学研究专家或教师（我的学生有时也会向我咨询）牵扯进去。大脑会一整天、一个礼拜甚至一个月都在循环往复思考事件发生的原因。我们或许会问自己，是否本应该做出不同的反应，而这一决定部分取决于为什么那个人会以那种方式行动。不确定性会消耗大量时间（不仅仅让人觉得不舒服）。找到一个性格原因并加以确定，这一认知过程就很快。

认知偏差的弊端

但是认知偏差也有弊端。速度不能取代一切。即使泰勒是对的，三种正向错觉经常与更好的身心健康状况相关，但是对某些人而言，这三种正向错觉也与负面的身心健康相关。为了公平对待认知疗法（我在第八章就此质疑过），诸如不公平的自我谴责、夸大的消极或无力感，这些消极错觉在某些心理疾病中有着重要的影响。不是所有论述认知偏差的专著都会明确地罗列认知偏差潜藏的负面结果，但是我认为这些负面结果是激励作者撰写这些专著的重要原因。我会从前几章中提取内容，快速总结消极错觉所潜藏的负面结果。

基本归因错误和其他误解（至少在他人做出负面或含混的行为

时）的负面结果包括愤怒、压力、敌意、人际冲突、偏见、群体间冲突、误导性报复、挑衅，甚至战争，而且调节冲突或防止这些负面结果再次出现的能力也会降低。谴责受害者的负面结果包括，帮助他人的意愿变低，受害者自责、焦虑和抑郁的程度变高。在治疗时，谴责病人会导致病人的治疗动机减弱，病人尝试改变他们自己的负面境遇的能力也会减弱。[9]

更一般地说，许多认知偏差会导致人们做出拙劣的抉择，无论是在工作中、在一段关系中、在行车途中还是在身心健康方面。例如，高估某些能力会让我们在尚未准备好的情况下接受任务。控制错觉会让我们在开车时过于冒险。过于乐观则会在必须就医时延误就医。泰勒可能会说这些正向错觉早已超出了适当的程度，因为它们不再具有适应性价值，但是正向错觉的结果是一个平均结果——论文中适度的错觉可能并不总对某些人具有适应性价值。

如果我们可以控制家庭生活、工作甚至政府部门，那么认知偏差所导致的拙劣决策不仅仅会对自己产生负面影响。历史上，有些灾难性的决策很明显是群体思维的结果，领导者和他们忠诚的谋士在思考他们的敌人时犯了基本归因错误，认为敌人“极其邪恶，不能与之谈判”。另一个基于群体思维而犯下基本归因错误的例子是，人们常认为每个人都点头赞同糟糕的计划就意味着他们支持这个计划，实际上是群体压力让每个人不敢有异议。[10]

我之前提到过，对学生抱有积极的期望能够通过自我实现预言效应带来积极的结果，即使这些期望存在认知偏差，但是另一方面，有认知偏差的期望会降低学生的学业表现。我在第五章提到过刻板印象威胁这一概念，社会期望诸如黑人学生和女生等特定人群有着糟糕的行为，而这一期望又会导致这些群体表现不佳。没有注意到你的另一半正对你怒火中烧，对你而言可能是一件幸事，但是另一方面，你另一半的这股怒气会逐渐恶化，随后爆发。甚至安慰剂效应也有相反的效应——反安慰剂效应（nocebo effect）——认为自己服用了药物，会导致副作用。[11]

虽然回避与我们坚持的观点相矛盾的证据能够保护自我（以证真偏差的方式），但是，这种保护仅仅是短期的。随着证据的不断积累，有些人或许会更加有口难言，因为他们已经持有错误的观点如此之久，尤其是我们还要大声说出这些观点，或者基于这些观点进行公开的行动。回避矛盾证据也会妨碍问题的成功解决，无论这个问题是有关自己婚姻、工作，还是诸如气候变暖的全球性问题。

管理认知偏差

因为认知偏差既有利也有弊，所以现在我要传递的简要信息是，不要试着立刻减少自己的认知偏差，或过于着急地减少认知偏差（如果你认为你有认知偏差的话），因为你可能会开始感觉到有一点无助、缺乏安全感、缺少控制力，感觉对自己或自己的另一半不够积极，而这些都会造成抑郁。你可能一开始就会对曾经长期坚持的真理产生动摇，而这会提升你的心理压力、焦虑和恐惧。

对你自己、你的观点、你的密友和你所居住的地方偏点心，不是一件坏事。在生气时迅速谴责他人或受害者，以及有点迷信，可以增加一致性和控制感，也对你的心理健康有好处。实际上，基本归因错误研究专家吉尔伯特和马龙走得更远，他们甚至认为，基本归因错误利大于弊，至少对于归因者而言是如此。他们写道，哪怕是错误的性格归因“对归因者而言可能都没有多少不利后果，却有诸多有利后果”[12]。因此，如果我们刚好意识到在自己身上有微小的特定类型的认知偏差，我们也没有必要责备自己。

然而，有些人有的不仅仅是微小的认知偏差。在第九章，我概述过哪些人更容易犯基本归因错误。我认为，吉尔伯特和马龙忽视了基本归因错误对那些我们对其没有做出公正评判的人的负面影响，这些人的情绪、结果和报复也会一直影响我们。在我看来，认知偏差弊大于利——不仅仅是对自己而言，更关系到关系中的另一方和整个社会。因为基本归因错误会减少受害者所得到的帮助，贫困儿童和灾区同样会受到影响。基本归因错误会导致人际冲突，总有人会因为由此而产生的暴力成为受害者。近年来，美国出现大量偏见、仇恨犯罪和政治分歧，一部分原因就是基本归因错误。

我认为论述认知偏差的绝大多数作者会同意，认知偏差弊大于利。我的学生甚至在学到一些认知偏差有着潜在的心理健康益处后也同意这一点。具体地说，在我的学生知道了如果我们的认知过于准确会有患抑郁症的风险之后，我问几个班的同学在多大程度上“愿意为了让认知更为准确而牺牲些许心理健康”。平均下来，学生对这个问题的回答是“有点愿意”——这个程度超出了量表的中值（虽然没有超出很多）。当然，你可以自己决定，为了提升认知的准确性而冒患上抑郁症的风险是否值得。[13]

但是对于绝大多数人而言，我相信人们不会为了准确性而牺牲心理健康。我认为，在没有抑郁或焦虑的风险的情况下，在提升准确性上，我们还是有不少提升空间的。在本书结语部分，我还会讨论在减少认知偏差和做出更为准确的判断的同时避免这一风险的方法。下面，我会罗列诸多基于研究而发现的方法，以减少认知偏差，尤其是基本归因错误。

了解认知偏差：它真的有帮助吗？

不少论述认知偏差的大众图书认为，了解认知偏差可以帮助我们减少认知偏差。这些作品有时鼓励读者使用书中最新发现的知识，去识别和减少他们在日常生活中出现的认知偏差。而除此之外，这些作者会暗示：通过阅读他们关于认知偏差的著作，你的认知偏差可能就会少一点。了解认知偏差真的可以帮助我们减少认知偏差吗？是的，但是没有我们希望的那么有帮助。

厄尔·亨特（Earl Hunt）是心理学家，也是人工智能专家，他注意到，“人不是机器；让人类表现得像是被动的信息运载者，这根本是错误的”[14]。可能发生的情况是，了解认知偏差的人会将他们所听到的内容翻译为“认知偏差是其他人才有的错误，我没有”。这种现象部分属于高于平均水平效应，也就是一种认为自己好于平均水平的倾向。而且研究结论确实只适用于平均实验参与者，而不是每一位实验参与者。社会科学的真相给所有读者留下了足够大的余地，让他们认为自己比有认知偏差的实验参与者更聪明。

高于平均水平效应是我在导言部分建议读者对自己只有平均水平这一可能性持开放态度的原因。如果大部分人以这种方式接纳这一可能性，即使有些人不容易产生某个特定类型的认知偏差，那么在平均水平上，认知偏差总体还是会有所减少的。

社会心理学家艾米丽·普罗宁和她的同事已经总结并引用了不少研究，这些研究表明让人们寻找自己的认知偏差非常困难。人们更容易看到他人的认知偏差，而这种认知偏差就是偏差盲点。在通常情况下，了解偏差盲点或高于平均水平效应不仅无法减少这些认知偏差，甚至还会加重这些认知偏差！[15]

这一复杂局面的另一部分是，我们倾向于相信自己感知到的是基于现实的。这种信任有时被称为朴素实在论（naïve realism）。因此，一旦有人不同意我们看待世界的方式时，我们通常不会考虑自己才是抱有偏见的这一可能性。相反，我们会犯基本归因错误，将他人的观点归因为个人政治立场、性情或认知偏差。分歧越大，我们认为另一方的观点有偏差的程度就越严重，而且我们越会将自己的立场看成是具有现实基础的。[16]

因此，一旦有人不同意我们的看法，或者告诉我们是我们错了，即使他们给出能够支持他们看法的研究报告或事实，基本归因错误也会真真切切地阻止我们看到自己的错误。基本归因错误是我们用来为自己的证真偏差进行辩护的一种方法，也就是将反对我们观点的信息归因为信息提供者的认知偏差或恶意，而不相信信息是基于现实的，不管这些信息的提供者是新闻媒体、政党、科学家还是特定个体。

然而，幸运的是，大量研究（虽然只有十几项）早已表明，了解包括基本归因错误在内的认知偏差或者上过关于认知偏差的课程确实可以帮助我们减少认知偏差。消除认知偏差专家斯科特·利林菲尔德（Scott Lilienfeld）写道，这只是"一些研究，而非所有研究"。但是至少有一些研究表明确实如此。[17]

有趣的是，多年来我有不少社会心理学专业的学生在了解基本归因错误之后，和我分享避免基本归因错误的经验。学生们已经对他们的同学、伴侣、亲戚和其他司机不那么生气了。有一个学生和她的朋友甚至创造了一个游戏，她们会定期喊对方出来聊一聊基本归因错误。

但是社会科学课程的教育始终是有限的。不是每一个学生都能接受此类教育，有时也会发生意外。第九章讨论过，让更多的学生回避基本归因错误的最佳方法是回避全有或全无的信息，这些信息没有提及个人因素会影响行为，只强调情境可以导致行为。这一方法在正确有效之余，还有额外的好处。行为通常是个人因素和情境因素共同导致的。

许多心理学家，包括伦纳德·纽曼（Leonard Newman）、阿瑟·米勒（Arthur Miller）和菲利普·津巴多，早已记录了美国人的一个独特趋势，也就是抵制情境可以为严重的不法行为负责这一观念。绝大多数人认为，坏人做坏事。说得更加具体点，一旦社会心理学家评论某个公开罪行或侵犯人权行为，并提醒人们存在情境因素的影响，不要犯基本归因错误，人们通常会错误地假定社会心理学家在为违法犯罪者开脱罪责。这个假设让人们心烦意乱，从而抵制情境信息。[18]

可能与之类似的是，文森特·伊泽比特（Vincent Yzerbyt）和他的同事发现，教导实验参与者在解释特定行为时不要考虑个人因素确实会减少该场景下出现的基本归因错误，但是之后这种做法会产生副作用。相较于从来没有被教导过的实验参与者，一开始就被教导过的实验参与者在下一个场景中会犯更为严重的基本归因错误。研究人员将其称为反弹效应。我的要点是，在人们应该或不应该考虑的可能原因方面，不要给他人过度施压。[19]

我自己的研究已经表明，在基础课上接受调查的学生只要被提醒情境因素可以解释攻击行为或不当的驾驶行为，他们就更容易犯基本归因错误，而在相同情况下，选修高阶课程的学生就不那么容易犯基本归因错误。[20] 有趣的是，就情境因素在解释针对美国的恐怖活动上所起的各种作用，我有几位学生明显感到不高兴。这些学生真诚地论证，没有理由为恐怖主义开脱，即使我一直在强调，解释不是找借口。有位学生写道："不需要用情境因素'解释'恐怖分子的行动。行动说明了一切。"

这些学生反对情境解释的部分原因很可能是，他们持有基于基本归因错误的信念。学生坚持反对情境解释，是我每学期都要强调为什么解释不是找借口的部分原因。即使情境是人们违法犯罪或进行恐怖活动的部分原因，但这不是在为违法犯罪开脱。有些人好奇，既然不是为了开脱，那为什么还要不厌其烦地识别情境因素呢？一个答案是，因为更好地解释不当行为，能够帮助我们在未来阻止这个行为的发生。

关于认知偏差的大众读物通常不会在了解认知偏差之外，讨论如何减少认知偏差。与此同时，这些读物又很少承认人们在了解认知偏差时会有局限性或困难。我会试着填补这些不足。在这一章的余下部分，我会讨论基于研究而发现额外的方法，可用于减少基本归因错误。我会尝试告诉你不要去做这些事，但是如果你的目标是减少基本归因错误，那么这些策略值得考虑。

除了了解基本归因错误，还要知道减少基本归因错误的方法

1. 了解情境因素

如果我们不知道情境因素是什么，或者情境因素不可见，那么我们忽视情境因素就很容易理解。如果我打电话时咯咯笑是因为我的狗在舔我的脚，那么除非我说出来，否则电话那头的人不可能知道我为什么笑。我的姊妹有时在通话时会出人意料地插入一些题外话。一开始我好奇是不是因为我说了什么，但是，真实原因是她需要给她的小狗一些直接的方向指示。一个更为重要的案例是，在失业、丧失房屋抵押品赎回权或贫困背后，我们可能没有意识到经济或社会力量的特殊性。我们可能也没有意识到，刻板印象威胁降低了少数群体成员的学术成就，或者群体压力让人们做出错误决策，无论是年轻人、忠诚的谋士还是总统皆是如此。回到本书的导言部分和第二章，因为新闻媒体只公布了报警者的回应录音，所以我们听不到 911 接线员对种族情况的询问，于是只能听到“这家伙看上去图谋不轨……他看起来是

黑人。”

我在第四章讨论过，个人的任何一张照片必定不会包含大量情境或物理环境信息，而这就是我们很容易错误解读照片中人的心理状态的原因之一，即使他们看起来笑脸迎人或摆着一张臭脸。如果可以和照片中的人交流或与摄影师交流，那么我们有可能知道之前没有注意到的情境因素，这样一来，至少有些观察者可以重新评估照片中人的面部表情的含义。

尼古拉斯·埃普利是《我懂你：如何运用“第六感”提高洞察力》一书的作者，他也同样建议，不要仅仅通过上下打量对方去评判他人，而要与他人交流。他们会分享所有周边环境信息，以便解释他们的表现或有问题的行为是如何出现的。罗杰·阿克斯特尔写过不少关于在不同文化中如何与人交流的书，他同样建议，在确信他人使用某个特定手势的原因前，最好问问当地人。如果不同的文化出于不同的原因使用某个手势，而你在不知情的情况下做出判断或者认为自己被人冒犯，那么你就是在冒着犯基本归因错误的风险在做判断。一般情况下，了解情境确实能够减少犯基本归因错误的风险。

2. 不要急着下结论

但是，如果遵照埃普利或阿克斯特尔的建议，在做判断之前先和人聊一聊，多少有点浪费时间。我们无法立即做出准确的判断。托马斯·吉洛维奇和李·罗斯在最近的一本书《房间里最有智慧的人》（*The Wisest One in the Room*）中论述基本归因错误的章节中也同样鼓励读者不要急于下结论（不要急着做出判断）。他们写道：

> 你如果是房间中最有智慧的人，那么，训练自己在了解他人之前不要急着做出判断，并且训练自己，让自己能够真切理解情境因素和约束条件所具有的力量。[21]

马尔科姆·格拉德威尔是《眨眼之间：不假思索的判断力》一书的作者。作品出版时，他提倡以眨眼一般的速度做出容易犯基本归因错误的判断，后来他也承认快速判断“很有可能经常出错”。格拉德威尔还表示，写作《眨眼之间》一书教会他不要用直觉去评判他人。[22] 人们确实能够本能地、自动地且快速地做出有基本归因错误的判断，而且诸多教材甚至将基本归因错误定义为一种自动或自发的性格判断，即使人们了解了情境信息，这种判断也没有得到充分调整。

如果我们可以暂缓决策，那么甚至可以不用花时间去收集更多的信息就能减少基本归因错误。在实验参与者完成经典的基本归因错误研究范式后，杰里·伯格（Jerry Burger）等待数日，然后询问实验参与者如何进行归因，如此，他显著地降低了实验参与者犯基本归因错误的次数。[23] 即使你认为等待数日也不会改变你的想法，这个方法也值得一试。类似地，言语或身体上受到攻击的受害者在事发几个月后更有能力考虑情境因素。[24]

当然，在某些情况下，人们需要快速评判某个人。如果在酒吧或者派对上，有人想约你出去，那么你或许要做一个快速判断，毕竟我不那么确定，你该怎么向他说明你需要花时间收集更多的信息（在同意第二次约会之前你可以在第一次约会时收集更多的信息！)。但是，如果有人在高速上加塞，或者当着你同事的面不公平地冲你发火，那么立刻表达你的愤怒并没有什么不妥。如果你决定反思再三，那么你会在评判这个人后再生气（即使你当下就会自己申辩）。在办公室咆哮这个案例中，你可以试着在事情平复之后再和对你咆哮的那个人好好谈谈。如果你认为这是值得的，那么可以试着找出（情境的）问题所在。

当然，心烦意乱的部分可能并不总是在我们的控制之下。我在前面几个章节讨论过，愤怒、心烦意乱会自动触发基本归因错误。因此，想暂缓判断有时需要先平复心情。说总是比做简单。我会在这一章后面讨论正念练习（mindfulness practice）——诸多能够减少愤怒的策略之一。但是，如果我们可以暂缓判断，怒气就会有时间自然地消散，这一点让我看到，若有可能的话，我们不需要即刻回复恼人的短信或邮件。或许，我们可以更进一步，草拟愤怒的回复，把不安好心的邮件发送者放进去，然后过会儿再决定是否发送。

3. 减少认知负荷

研究显示，增加认知负荷，或者让实验参与者忙于心智活动（脑力活动），会提升犯基本归因错误的风险。[25] 如此一来，在评判他人时，移除心智活动或不做让人分心的事情，减少认知负荷，犯基本归因错误的风险也应该随之降低。如果认知负荷的增加是因为认知活动会给人带来压力或是需要花费时间，那么在有压力的或花费时间的认知任务完成之后再评价他人（如果可能的话），应该也能实现相同的目标。

如果记录一个行为的音视频的图像或声音是模糊的，需要投入更多的注意力才能完成分辨任务，那么犯基本归因错误的风险也会相应增加。因此，如果你正在看有关自然灾害的现场直播或违法犯罪视频，那就要确保图像足够清晰，声音足够响亮，这样应该能够把出现基本归因错误的风险降到最低。如果视频质量很差，可以看一看 YouTube 上有没有人上传质量更好的版本。[26]

4. 确保我们的判断是可解释的

如果我们无法提升图像的质量，也无法暂缓判断，那么我们至少可以尝试为自己的判断进行解释。可解释性可以通过多种方法实现，但是诸多方法共有的成分是给予自己或他人解释的机会，解释自己对他人的评判。这样做能够减少包括基本归因错误在内的认知偏差的出现次数。[27] 在抚养孩子、教导学生时，这一方法可以减少基本归因错误，而且执行起来也较为容易。我们可以要求或鼓励孩子、学生解释自己的行为。有时，我会在考卷上写下“请为自己的答案进行解释”。然而，在试着减少自己的认知偏差时，让自己符合这个标准有点困难。我们可能确信自己是正确的，或感觉自己没有必要向自己解释。但是我们或许可以告诉其他人，或在日记中写下自己的想法。

面对有极端的政治态度，而且确信自己理解实际上并不理解的基本政治政策的人，史蒂文·斯洛曼（Steven Sloman）发现，类似于要求人们进行解释的做法可以减少这些人的过度自信。斯洛曼要求实验参与者解释其自以为理解的政策，也就是回答“这是什么，这如何导致怎样的结果”。事实证明，实验参与者的态度和理解都变得不那么极端了。[28]

5. 加强逻辑、统计或科学推理训练

在第九章，我引述的研究表明，拥有更强的逻辑或科学头脑的个体不太容易犯基本归因错误。虽然这是个相关性研究，但是至少有一个真实的实验支持逻辑训练可以减少基本归因错误。马克·沙勒（Mark Schaller）和他的同事训练实验参与者掌握协方差统计分析的逻辑知识。例如，在其中一个训练场景，研究人员要求实验参与者比较两位网球选手，他们赢得比赛的比例分别是 40% 和 60%。虽然看起来后者的能力更强一些，但是实验参与者同样了解到一些相关的情境因素，例如，赢得 40% 比赛的选手在高手如云的网球联赛中比赛的场次比另一位选手要多。这些情境因素与不同的获胜记录有共变关系，这意味着赢得 40% 比赛的选手实际上有着更强的能力。和对照组相比，在随后的两个新场景中进行能力和智力判断时，接受过训练的实验参与者更不容易犯基本归因错误。[29]

6. 让自己处于悲伤状态

我的研究和其他学者的研究早已表明，在实验环境或电影院中，

快乐的人更容易犯基本归因错误，而变得悲伤的人更不容易犯基本归因错误，这有点违背人们的直觉。已经患有中度抑郁或“过得不愉快”的人犯基本归因错误的次数也较少。原因明显是，悲伤和中度抑郁让人处于或触发了更为谨慎的思维模式，更加关注环境的具体细节。[30] 我并不建议为了减少基本归因错误，就让自己悲伤。但是，如果我们注意到自己很开心，或者自己正在欣赏一部令人愉悦的电影，那么在我们平复情绪之前，我们或许要暂缓判断他人的行为。

7. 保持快乐状态、自我肯定或少一些情绪波动

在“悲伤但更有智慧”这一基本归因错误研究中，明显的例外是谴责受害者这一形式的基本归因错误。快乐状态能够提升犯下典型的基本归因错误的频率（使用的是态度归因范式和社会–角色范式），但是快乐状态可以减少谴责受害者行为。我们在第八章讨论过，看到无辜的受害者遭难会导致负面情绪，这是因为人们希望世界是公正的或可预测的，因此这种观念会鼓动人们谴责受害者，而谴责受害者是一种重建世界的可预测性和让自己少一点负面情绪的方法。快乐心态是一种天然的缓冲，以缓冲无辜的受害者遭难这一令人悲伤的现实，因此，有着快乐心态的人，不太需要通过谴责受害者来回避负面情绪。[31]

然而，据我所知，快乐心态能够提升绝大多数基本归因错误类型的出现频率，与快乐心态能够减少谴责受害者行为，二者之间的矛盾冲突，还没有学者直接研究过。有着快乐心态的人很少关注情境细节，为什么这一认知缺点没有让他们更容易谴责受害者，但是却让他

们更容易犯其他类型的基本归因错误？简单的原因或许就是，受害者遭难的严重程度压制了快乐之人不太关注情境的特质。换句话说，或许导致受害者遭难的情境原因捕获了快乐之人的注意力，而悲伤的观察者也同样关注情境原因。

此处最重要的建议是，在评判受害者之前，要看一些或做一些让自己开心的事情。如果有帮助的话，可以分散一下注意力，然后再就为什么某些不好的事情会发生在某人身上做出最终判断。

当然，除了参与各种活动和看电影，我们还可以从很多地方收获快乐。得到他人的赞美，取得成果，或者回忆过去的成就，也能让我们开心。甚至仅仅思考属于自己的积极方面也有帮助。这些回忆、思考被称为自我肯定。安娜玛丽·洛泽曼（Annemarie Loseman）和克泽·范·登·博斯（Kees van den Bos）引用自我肯定理论表明，写下属于自己的三个积极特征确实可以减少谴责受害者行为。他们告诉实验参与者，这就是个让人分心的任务，但是实验证明这样做可以影响情绪。这些研究人员没有引述快乐能够减少基本归因错误这类研究，而是表明自我肯定能够帮助我们更好地调整或减少不必要的情绪。[32]

调整或减少负面情绪也可以通过情绪表露实现。我们在第八章讨论过，表露情绪可以减少谴责受害者行为。肯特·哈伯和同事推测，之所以看到无辜受害者受难会导致负面情绪，是因为此类苦难与公正世界信念相冲突或有矛盾。他们引用差异理论（discrepancy theory）解释说，与他人分享自己的情绪可以将让人不安的事件翻译为“微不足道的、更容易被剖析理解的命题”，这一过程可以“重新排列”自己的信念以适应这些事件，因此这些负面情绪就会自动消散。[33]

所以，不管是自我肯定或自我调节理论，差异或失调理论，还是快乐的原始力量，这些建议都可以减少谴责受害者行为，减少负面情绪。做能让自己开心的事，或者想一想自己的积极方面，和你所信任的人聊一聊你的感受，都可以减少你的负面情绪。

8. 感同身受

感同身受或从他人的视角看问题应该可以减少基本归因错误，这是一个非常符合直觉的观念。站在他人的立场上看问题能够让我们更加清晰地看清楚他人所处的情境。虽然对特定对象抱有同情没有说起来那么容易，但是不少研究已经表明，规划好方向，从他人的视角看问题，能够增加对他人困境的情境解释。

在一项研究中，大学毕业生在一个咨询项目中完成了一次角色转换任务。在任务中，他们观看一位委托人的视频记录之后，必须从这位委托人的立场想象和详细论述他们所感觉到的东西。和对照组相比，这些实验参与者随后的表现说明，在观看委托人的多个视频之后，他们犯基本归因错误的水平有所下降，而这些委托人都有因情境因素导致的问题。[34] 在谴责受害者行为研究中，实验参与者在电击实验中站在受害者的角度进行判断（第八章描述过实验的内容），相较对照组，这些实验参与者表现出更少的谴责受害者行为。[35]

换位思考（观点采择）指导也能减少最终归因错误。最终归因错误是基本归因错误的一种，指人们在解释另一群体的成员的负面结果时会低估情境的力量。特蕾莎·韦肖（Theresa Vescio）和她的同事的研究表明，在实验参与者是白人的情况下会出现这种效应。实验参与者会收听一个广播节目，在节目中，一位非裔美国男性学生描述了他作为第一代大学生遭遇的困难。[36]

除了换位思考指导外，研究还显示，仅仅模仿他人的身体运动也能提升同情程度。马里耶勒·施特尔（Mariëlle Stel）和同事的研究表明，模仿受害者的行为可以减少谴责受害者行为。模仿一位受害者的行为，甚至可以减少对在一个不相关的犯罪场景中完全孤立的其他受害者的谴责行为。他们认为，模仿创造了同情的思维模式，超出我们平常看待被模仿对象的范畴。他们还注意到，与真实的受害者站在一起会降低模仿的倾向，因此，他们建议警察、心理治疗师和其他能够接近受害者的人，在与受害者聊天时，可以有目的地模仿受害者的行为和表达方式。[37]

有些读者或许觉得在家里尝试这些策略是很傻的行为。但是，此处所要表达的观念是，有目的地模仿不幸之人的身体动作和表达方式，在一般情况下，都有机会减少谴责受害者的行为，不管这些受害者是出现在新闻媒体上，还是我们的社交圈里。

9. 提醒自己有类似的行为

我们已经知道，如果一个人是有心理问题的病人，或者是负面结果、不当行为的受害者，那么同情他的遭遇可以减少我们犯基本归因错误的可能。但是，如果他人做出了不当行为，而我们是受害者，该怎么办？认为我们可以同情施暴者，这现实吗？同情足以减少我们对施暴者犯基本归因错误的风险吗？如果施暴者道歉了，又该怎么办？

小泽征高久研究了上述问题。他认为，光是道歉通常不足以减少基本归因错误，但是道歉外加同情通常可以减少基本归因错误。然而，采择施暴者视角的标准指导或许还不足以让人产生同情。小泽征高久认为，我们或许可以提醒自己，自己过去也做过不当行为。此外，这种类型的同情诱导或许会导致我们感受到虚伪或认知失调，因为我们想要谴责当下的施暴者，但是我们知道，一旦我们有过类似的不当行为，那么我们同样会去谴责其他人或谴责导致不当行为发生的情境。这就是双重标准。这种不一致性所导致的额外的不愉快感受会让我们对施暴者的谴责少一点，从而减少不一致性。

在一项研究中，小泽征高久向实验参与者描述了一个场景，在这个场景中，有位同学虐待了实验参与者，然后诚心诚意地道了歉。但是首先，小泽征高久指导实验参与者做图像化思考，然后让他们写下他们过去有意或无意伤害过他人的事件。相较于对照组，接受指导的实验参与者对同学的不当行为很少做出性格归因。在另一项实验中，小泽征高久用到了驾车场景，有位违规者加塞到了另一位司机前面。一旦实验参与者再一次被要求回顾自己驾驶时的违规行为，甚至在违规者没有道歉的情况下，他们也很少对违规者的驾驶行为做性格归因。[38]

到目前为止，反思自己的违规行为或许是最具挑战的减少基本归因错误的方法。但是，我想强调的是，在你的生活中，真正的违法犯罪之人是品行相当恶劣之徒，他们的行动很少受到情境因素的影响，这与你自己的违规行为毫无可比性。如往常一样，你可以自行决定如何思考或行动。虽然小泽征高久的确提到了基本归因错误，也记录了归因模式，但是他的关注点是谅解行为。决定是否谅解他人是一种非常私人的决策。但重要的是，反思自己过往的不当行为会削弱犯基本归因错误的风险。因此，如果目标是减少基本归因错误，那么这个策略值得一试。

10. 正念练习：葡萄干任务

另一种诱导同情的方法是进行正念。这一实践或概念在佛教中已经存在了数个世纪，被纳入多种心理疗法之中，包括基于正念的认知疗法、接受与承诺疗法。正念的定义在不同文本中有些许不同，但是，这基本上是一种以接受或不做判断的方法关注当下的过程。[39]

学界已经开始检验正念在帮助有诸多身心问题的人方面的效果。在诸多研究者之中，不少人已经论证过，正念可以培养同情心。[40]因为同情心可以减少基本归因错误，所以，正念也应该可以减少基本归因错误。我在第九章提到过，在正念量表上得分高的人更不容易犯基本归因错误。

蒂姆·霍普特罗（Tim Hopthrow）和他的同事完成的三项实验表明，五分钟的正念练习确实能够减少一种典型的基本归因错误的发生（使用的是态度归因范式）。他们将这种练习称为“葡萄干任务”（raisin task），因为练习包括缓慢而谨慎地触摸、闻，最终吃掉一颗葡萄干。葡萄干任务可以减少基本归因错误的原因尚不明确。研究人员承认，或许是因为正念可以增强人的同情心。但是，他们更加坚定地认为，是因为正念可以改善认知过程，包括（但不限于）对细节的关注。[41]

为什么正念练习在本章中不像它能有效减少基本归因错误这一事实一样重要？五分钟的葡萄干任务对所有人来说不是那么容易尝试的。事实上，对某些人而言，正念练习存在些许风险。[42] 但是葡萄干任务能够快速完成，又为人所熟知，在多个网站有指导和教学视频。[43]

11. 学会与不确定性更融洽地相处

正念可能减少基本归因错误的另一个原因是，正念可以让人们更容易接受不确定性，或与不确定性更融洽地相处。我在之前几章讨论过，基本归因错误，尤其是谴责受害者行为背后的主要动机是提升控制感或确定性。这一动机意味有两种减少基本归因错误的选择。第一，找到不会犯基本归因错误的方法以提升这些感觉。我在第八章引述过，研究人员已经发现，至少有一种方法可以做到这一点，也就是让实验参与者确定他们有重要的生活价值。第二，发现一种方法，以便与不确定性融洽相处。我在第九章引述过，人们需要控制感或确定性的程度越低，越能够与不确定性融洽相处，那么他们自然而然地越不容易犯基本归因错误。是否有方法能让我们减少对控制感的需求，提升与不确定性相处的融洽程度？

有不少书整本都在处理这个问题，包括佩马·肖德龙（Pema Chödrön）所写的《与不确定性愉快相处》（*Comfortable with*

Uncertainty）一书。这本书提供了几种工具让自己能够与不确定性愉快相处。其中一个工具就是正念。另一本书名叫《未知的力量》（*Nonsense：The Power of Not Knowing*），作者杰米·霍姆斯（Jamie Holmes）认为，更为融洽地与不确定性相处，这不仅是可能的，而且还能获得力量。这种力量包括从我们自己的错误中学习和解决难题。[44] 我认为，这种力量还包括减少基本归因错误。为什么绝大多数人会如此这般行动，其中必定存在无法躲避的不知。接受不知，对性格原因少一点确信，这必然可以减少基本归因错误。

面对不确定性，在不知道为什么其他人会如此这般行动的情况下，依然能感到舒适，即使我们想向这一目标努力，或许也要接受这是一个漫长而又充满挑战的过程。阅读类似肖德龙著作的书或许会有帮助。阅读有关确定性是多么愚蠢之类的名人名言也有帮助，例如，“确定性是蠢货之母”和“虽然质疑不是一种令人愉悦的状态，但确定性一定是荒谬的”[45]。关于成长型思维模式和固定型思维模式的对比研究发现，仅仅阅读一篇文献或相关格言，就足以让实验参与者采取某个特定的思维模式，至少在短期内是这样的。[46] 因此，类似地，研究人员或许可以让学生大量接触上文所引述的相关阅读材料和格言，创造一种“不确定也是可以的”的思维模式。

12. 玩严肃的电子游戏

相较于直面生活中的不确定性，玩电子游戏挑战性小不少。近来，研究人员已经设计出“严肃的游戏”，用以减少包括基本归因错误在内的各种认知偏差。这些游戏基本上是教育类游戏，用虚拟角色模拟现实生活中的决策过程，玩游戏的过程相当于动手学习的过程。到目前为止，这些努力初见成效，但却是对其他认知偏差更为有效，而不是基本归因错误。在其中一项基本归因错误研究中，严肃游戏确实减少了基本归因错误，但是相比动手环节少的教育视频，减少的程度没那么大。[47]

我对此表示乐观，这些研究人员会基于当下的研究结果，进一步开发他们的游戏，通过电子游戏实现动手学习能比传统教育在减少基本归因错误上走得更远。至少，学生很可能有更强的动机去玩精心设计且能得分的游戏，而不是去听一场讲座。我设想未来会有一个教育网站，学生可以在上面免费玩游戏。当然，我知道有些教师甚至在传统课堂上也擅长实践动手学习策略。

13. 树立成长型思维模式

成长型思维模式研究领域的文献数量一直在稳步增长，它作为一种教育运动帮助学生实现提升认知能力的目标。这种思维模式允许我们相信，因为我们的能力和其他性情特征不是稳定不变的，所以我们可以学得更多，做得更好。虽然这一领域中绝大多数研究关注个人成就，但是早期的思维模式研究确立了这样一个观点，即成长型思维模式能够对他人的行为少做一些性格归因。[48] 如此一来，树立成长型思维模式应该可以帮助我们减少基本归因错误。在尾注部分，我会给出一个能够获得若干资源的网站链接，它能帮助我们达成这一目标。[49]

14. 不要使用基本归因错误相关用语

情绪研究专家已经发现，强迫自己的面部肌肉做出微笑表情（用牙齿咬住笔，或者用橡皮筋绷出表情）能够让你产生积极情绪。因此，不需要露出真心实意的笑容，你的大脑就会认为你正在微笑，并让你产生相应的情绪。类似地，摆弄自己的手指，让其做出“竖起中指”的样子，就会唤起有敌意的思想，让你出现敌意归因偏差。关于这些现象的一般性观点是，“让人觉得你‘好像做了什么’就会导致别人真的产生那种感觉”[50]。

我之前讨论过，不同的询问方式所具有的不同的潜在效果，例如，问“你所处的情境出了什么问题”和“你这人脑子是不是有问题”会产生不同的效果。那时我一直在思考这项研究。做出一个微笑的表情或一个有敌意的手势，都会唤起相应的感受或观念，似乎你做这些动作的目的就是如此。语言也有相同的效果吗？与其用“你究竟在想什么”或“你这人脑子是不是有问题”回应他人的不当行为，我们还不如尝试去问“你的生活中发生了什么让你做出这个行为”。不使用基本归因错误相关用语是否可以减少基本归因错误？如果不是我们自己使用基本归因错误相关用语，而是那些能够听到我们发问的人使用这些用语，又该怎么办？

2016 年上映了一部科幻电影——《降临》（*Arrival*）。这部电影的主题是，语言可以重塑大脑结构。在电影中，一种可以重塑大脑结构的外星语言创造了诸多精神能力。很明显，电影的设定有点离谱，但是语言学和认知心理学事实上已经发现，语词的选择可以影响我们的思维和记忆。性别中立的职业语词，如“消防员”（firefighter），相比“救火的男人”（fireman），可以使人们对这些职业产生不同的感知。[51] 心理治疗师或侦探的引导性问题也会影响人们的记忆。

在伊丽莎白·洛夫斯特经典的引导性问题研究中，实验参与者观看了一段车祸视频，当被问及汽车相撞时车速是多少时，听到问句中使用“smashed”的一组估计的车速比问句中使用“hit”的一组估计的车速快，且一周后更容易回忆起破碎的玻璃，即便视频中没有出现这样的画面。引导性问题可能有损目击者证词的可信度。[52] 也许问“你所处的情境出了什么问题”，而不是“你出了什么问题”，更适宜充当亲社会型引导性问题，这不仅仅是对受访者而言，对提问者也是如此。

其他研究发现，用形容词而不是动词描述他人的行为更可能让听众做出性格归因。例如，“约翰不太聪明”/“约翰没有通过考试”，或者“约翰对我太恶毒”/“约翰对我大喊大叫”。使用动词而不是形容词，这一“实事求是”的方法可以减少基本归因错误，甚至对我们自己也有相同的效果。[53]

在使用不同类型的动词上，研究人员还发现了一个更加细微的效果差异。如果我们读到一篇关于两人交往或两人关系的文章，使用“不喜欢”“讨厌”之类的状态动词和“批评”“袭击”之类的解释性动作动词会让我们做出不同的推论。一般而言，相较于状态动词，动作动词让我们推断，这一关系缺少稳定性，两人的特定互动不太可能再次出现，更容易受到情境因素的影响，受到批评或攻击的那个人所承担的责任少一点。[54]

我在第一章就提到过，人们如何使用某个特定的词不会必然地反映他的看法或认知偏差。但是，使用特定的语词有生成或减少认知偏差的潜力。

还没有人具体测试过，以“你所处的情境出了什么问题”等形式提问所具有的效果，但是长此以往，勤于实践，这种方式或许能减少演说者和听者犯基本归因错误的次数。我们可以考虑为自己的孩子和学生树立这种使用语词和思考方式的榜样。尽可能地调整用语，以便更好地符合你的风格，或符合你和他人的关系。如果不问“你所处的情境出了什么问题”，你也可以尝试用类似“一切还正常吗”发问，表明你不是在做某个特定的判断，而这仅仅是在表述问题的方式上做一些变化。

减少对亲近之人犯基本归因错误的频率

偏差盲点研究表明，相比察觉自己存在认识偏差，我们更容易看到他人的认知偏差。但这项研究无法确保，我们认为其他人有认知偏差，其他人就真的存在认知偏差。事实上，其他研究表明，我们对认知偏差的感知可能存在偏差。但是，万一我们是正确的呢？如果家庭成员、朋友、伴侣、配偶或同事（对我们或其他人）犯了基本归因错误，那该怎么办？我们应该试着解决这个问题吗？

如果有人因为忽视了我们所处情境中只有我们自己知道的某些信息，而错误地评价了我们，那么和他分享这些信息似乎是一件轻而易举的事（当然，除非是与他人无关的个人信息）。人们有时因为别人对待他们的方式感到不安，所以找到我们寻求支持，在这类场景中，我曾多次充当他们的听众，长此以往，我似乎能够更好地处理减少潜在的基本归因错误这一微妙任务，并有了些经验。

举一个例子。有一天，你的好朋友在工作上不太顺心。她的上司对她大喊大叫，或者就某件事居高临下地批评她，但是这件事却不是她的错。你的朋友看上去不太开心，跟你说，她的上司有多么刻薄、愚蠢，完全不考虑别人每天都经历了什么。如果在这之前，你已经对她的上司有所耳闻，也知道一定还有其他事情掺杂其中，例如，这位上司有婚姻问题，那么，你或许想试着提出用情境因素这一可能性来解释上司的行为。但是你的朋友正在气头上，哭着喊着寻求你的支持，你应该怎么做？减少基本归因错误可以减少她的怒气和压力，这或许能让她好过些。你会这么做吗？

首先，这取决于你。你了解你的朋友。当她感到悲伤时，或多或少有能力去处理你的特定回应。你或多或少地愿意给出不同的回应，包括点头、拥抱或直接的建议。如果你确定尝试解决潜在的基本归因错误，这儿有一些一般性的建议可供参考。

注意不要谴责受害者。看到你的好朋友受委屈，尤其是这完全不是她的错误，你感同身受。如果告诉她，她对自己的上司反应过度，或者忽视了上司所处的情境，这可能构成谴责受害者行为。参考这一章节所给出的策略，可以减少做出谴责受害者行为的可能，这样，你就可以考虑一下你朋友所处的情境，回避诱导你谴责受害者的因素。

确保以某种方式交流，告诉她，解释不是找借口。你可以自行决定如何去完成这个目标。我不建议你以这句话开始沟通：“我不是在为你上司的行为找借口，但是……”一旦有人感到悲伤，而且他们感受到你并没有和他们站在一起，那么你在说出“但是”之后要停下来，否则他们可能会停止倾听。我甚至认识一些人，他们承认他们听到“但是”后会想到另一面：你就是想找借口为别人开脱，虽然你从没说要为别人找借口，但是你表现出来的倾向比直接说出来更明显。你或许可以断言，没有任何借口可找，或者上司不应该这么做。在你决定是否继续说明“但是”之后的观点之前，让你朋友的情绪释放一段时间。

事实上，出于诸多原因，在情绪消散之后，再提到情境因素，或许比较明智。我有一些临床上的朋友，他们一直告诉我，一开始要认可你朋友的情绪，向他们表达“这多么令人沮丧”或“听到这些，我感到很遗憾”，虽然这不一定是有效的。从你的朋友悲伤的视角去审视这个场景，这个世界或许就是非黑即白的。对你的朋友而言，其他人要么支持她，要么就是反对她，所以你不要冒险，让她觉得你站在她上司的立场上反对她。站在上司的立场上，会让她感到你背叛了她。如果她认为你是想告诉她，是她自己错了，那么你朋友的自我或许会受到威胁。

顺便提一句，我们在第八章讨论过，表露情绪至少可以减少谴责受害者行为这一基本归因错误形式。或许，仅仅让你的朋友对你发泄她的情绪，认可她遭受的痛苦，就是减少对她上司犯任何形式的归因错误的开始。

如果你决定告诉她存在情境因素的可能性，那么可以用提问的方式表达你的想法，而不是直接陈述你的观点，例如，“是否有可能存在其他因素呢？”或“我好奇，是不是存在其他因素？”。避免使用全有或全无的措辞，认为这就是情境因素所致，因为不可能只有情境因素在起作用。在一般情况下，只用情境因素解释不当行为，人们是难以接受的。

最后，请记住，基本归因错误也有益处。是的，你需要减少你朋友因基本归因错误产生的愤怒和压力，但是，我们已经讨论过，基本归因错误也有心理益处，例如，维持控制感。或许，在讨论可能存在的情境因素、逐步瓦解你朋友的控制感之前，“你比我更了解你上司”或“你知道在工作中你都做了什么”等表述可以帮助你的朋友维持控制感。希望这些努力能够带来好运。

我相信，在一般情况下，基本归因错误弊大于利，但是，有些人会因为判断过于准确而出现抑郁或焦虑。如果你听上去站在你朋友上司的立场上，那么她就不会来寻求你的支持。一旦你的朋友需要你的支持，点头赞同她的观点，能够带来很多好处。在本书的结语部分，我会继续讨论基本归因错误的利与弊，然后，给出一些终极建议，以抵消因准确判断所带来的心理健康风险。

结语

理性的幸福

真理会让你自由，但首先会让你痛苦。

——马克·吐温，作家

我们不会犯错，因为我们很难看到真理，它只在一瞬间显现。我们会犯错，因为错误让我们感到更舒服。

——亚历山大·索尔仁尼琴，小说家和历史学家

有时，人们很容易看到真理，它就在我们面前，但我们仍旧难以接受它。被性侵和其他悲剧事件伤害过的人都是受害者。许多人认为他人履行职责，在某种意义上就是在向我们表明他们的个人偏好或人格特征。虽然我们一直相信政党候选人，也一直在批评我们的主流媒体，但是，政党候选人确实可能撒谎，而我们却无视真相，继续参加游行集会支持他。

即使有好几百项研究和几近百分之百的科学家反对我们坚定持有的观点，许多人还是会找方法回避、不重视或歪曲那些证据。至少一

开始是这样的。我们的自我、政治忠诚或控制需求会让我们不惜代价地维护我们坚定持有的观点。我们需要时间去接受那些证据，但是有些人永远也不会接受。在“哈利·波特”系列小说中，魔法部部长不相信黑魔王伏地魔回来了，但是当伏地魔就站在他面前时，他最终还是接受了这一事实。

但是，当新闻媒体或政治广告向我们隐藏情境信息时，人们就难以看到真相，真相也没有有形的可见特征。当美国全国广播公司播放 911 报警录音时，听众听到“这家伙看上去图谋不轨……他看起来是黑人”这句话后怎么能知道有重要的信息被省略了？当我们在照片中看到一个表情或一个手势时，我们无法看到照片之外的情境，即使这个手势符合帮派手势的样子也不能说明什么。当我们看到别人驾驶技术很糟，工作、学业表现不好时，或者当我们听到人们说出伤人的话时，我们通常无法看到在他们所处的情境中发生了什么。司机急着送人去医院吗？表现不佳的学生遭受了刻板印象威胁吗？这些人在与世隔绝期间承受了什么样的压力？他们是从哪里学到这些可以伤害人的语词的？

我们不用假定一定有一个情境因素可以改变行为呈现的方式，但是我们也不能假定不存在情境因素。罗宾·威廉斯说，你所遇到的每一个人都在为你一无所知的事情战斗。他是对的吗？如果不对，或许就很难区分孰对孰错。减少认知偏差的最大挑战是，即使我们无法看到情境力量，情境力量也总是在起作用，而我们需要对这一可能性持开放态度。

但是，我们可以看到自己所处的情境。我们知道 911 接线员是否要求我们说出受害者的种族身份；我们知道自己是否急着送人去医院；我们知道自己正在为什么而战斗，即使其他人对此一无所知；我们可以看到自己的行为和行为的结果是由情境原因导致的，尤其是当行为和行为的结果是有害的或是极端之时。但是，许多人很难允许他人身上存在这种可能性。蕴藏在解释行为和结果之中的真理就是这种普遍的可能性，也就是有比眼睛看到的更为重要的东西在其中，但是在理解他人的行为时，肤浅片面的解释更让人舒适和节省时间。

在写这本书期间，从许多文献中，我更新了知识，而且被自己发现的一些信息震惊，因为这些信息数量极多，内容还很新颖。一次又一次，驾车行为研究专家将路怒症与谴责其他司机联系在一起。研究公正世界信念的专家已经非常详细地了解，我们究竟可以（或为什么可以）将无辜受害者确实是无辜的这一真相无视到何等程度。受害者承受的后果和事件结果越不公正，我们无视事实的程度越明显，而且给受害者造成的结果越消极。研究情绪和非言语行为解读的学者越来越关注情境和文化在理解面部表情中的作用。准确解读情绪并没有我们想象的那样普遍。情境确实很重要。

情境的力量确实比我们大多数人意识到的要多。情境不仅是我们在确定原因时所低估的因素，也是帮助我们解读他人言语、行动、表情、困境和情绪的力量。审视和整合情境需要花费更多的努力和时间。不得不否定我们最初对某个人的假定，会让我们感到难受或尴尬，尤其是在这个人不公正地对待我们的情况下（而我们想报复他）。意识到这个世界比我们所想的要更不公正、更难以控制，会让我们感到痛苦或害怕，听到能够反驳我们长期持有的观点的证据时也是如此。

真相可能让人感觉不适，让我们感到害怕、焦虑和抑郁。因此，心理健康的人通常有不少正向错觉，为支持这些错觉而出现认识偏差，一点也不奇怪。有些研究甚至认为，抗抑郁药物一开始会诱导正向的认知偏差从而改善我们的情绪状态。[1] 我们的幸福是不理性的。

复杂又让人感到害怕的现实世界是多重的和背景性的因素共同作用的结果，我们通过犯下基本归因错误可以减少不确定感，增强控制感。为我们毫无缘由的愤怒进行辩护，支持对公正的和安全的世界的幻想，出现这样的基本归因错误可以减少认知失调所带来的不适感。

但是，产生包括基本归因错误在内的认知偏差，也会承担不少成本，而且在我看来，这些成本远超认知偏差所带来的收益（请参见第十章）。因此，减少认知偏差势在必行。我们可以减少认知偏差而不因此焦虑或抑郁吗？在减少基本归因错误和其他正向的认知偏差的同时，维持幸福状态，这可能吗？答案是肯定的。我相信，人们既可以理性地认识这个世界，也能获得幸福。我称这种状态为理性的幸福——拥有良好的心理状态，而不像许多心理健康的人一样很容易产生非理性的认知偏差。

我在第十章已经说过，我认为，我们绝大多数人在不产生抑郁或焦虑的前提下仍有改善的空间。对于我们绝大多数人而言，我不相信略微减少认知偏差就会危及我们的心理健康。但是，大幅度减少认知偏差，或者快速减少为数众多的认知偏差，或许会带来风险。而对某些人而言，认知偏差的小幅度减少也会威胁到幸福。我们或许必须在变得更为理性的同时努力维持我们的幸福。

终极建议

在结语部分，我承诺提供一些既可以把我们患抑郁症的风险降到最小，也可以在减少认知偏差的同时让我们能够做出更为准确的判断的建议。我曾在第十章给出了一些减少认知偏差的建议，现在，我提供的建议有助于抵消抑郁风险。如果你已经能够做出准确的判断，但是被中度抑郁困扰，那么希望这一节的内容能对你有所帮助。在社会心理学课程的最后，我会与我的学生分享这些建议，也许通过一个学期的学习，他们已经不会出现那么多的认知偏差。对于严重的抑郁症（如果不是中度抑郁），我建议向医生或心理治疗师寻求专业的帮助。

我告诉我的学生，我的建议就是抗抑郁药物，但是我允许服用的是那种不会带来危险的药物。从本质上说，这些建议就是提醒事项。例如，我会提醒我的学生准确判断的好处是什么（来源于认知偏差的所有弊端）。这些好处包括：更好地为自己做决定、更好地解决问题、减少受害者耻辱感、提升帮助他人的意愿、与其他人和睦共处、减少群体间的偏见、减少刻板印象威胁、减少无缘由的愤怒和报复心理以及防止或减少个体间的冲突和压力。

因此，为了在能做出更为准确的判断的同时，抵消患上抑郁症的风险，我的第一个建议是，记住做出更加准确的判断所能获得的所有好处。这些好处并非不值一提。我们甚至可以大声地复述这些好处。这让我们能够更加愉快地接受让人难以接受的真相，并且用愉悦的心情抵消出现抑郁的风险。

此外，这与做出更为准确的判断是一致的，而调和的认知是减少认知失调带来的不适感的首要方法。你还记得吗，某些认知偏差的出现理由是减少认知失调。善良、无辜的人可能遭受噩运这一现实与我们的公正世界信念不符。承认他人对我们施以恶行是情有可原的，与我们感到愤怒并准备报复不协调。接纳气候变化的证据与质疑气候变化不相一致。认知失调是负面情绪和抑郁的一部分，准确判断和接受那些证据会造成认知失调。一种常见的避免认知失调的方法是，拒绝接受这些证据，对受害者、我们愤怒的对象、记者和科学做出有认知偏差的判断，这些认识偏差是典型的非理性幸福的基础。

我的观点是，要减少在接纳难以接受的真相时所产生的认知失调，另一个方法是增加调和的认知。如果你已经避免了这些认知偏差，但是又被恐怖或令人悲伤的真相困扰，那么就想一想准确判断所能带来的好处。如果你能借助这类调和的认知减少认知失调，那么我们不仅可以更好受一点，而且我们也不会被引诱，以扩大认知偏差的方法去减少认知失调。如此，我们就可以用一种更加理性的方法维持我们的幸福。

为了在做出更为准确的判断的同时，抵消患上抑郁症的风险，我的第二个建议是，接受判断越准确说明你越聪明这一观念。这就是书本智慧和街头智慧的结合。这是一件值得骄傲的事情。换句话说，告诉自己，我是聪明的人，或表明自己是聪明的人，就是一种自我肯定，而自我肯定可以减少认知失调，因为认知失调经常会威胁自我。即使自我肯定不会直接减少认知失调，它也能抵消抑郁。

某些名人名言能够帮助我们用自我肯定的方法将判断的准确性与智慧等同起来。亚历山大·蒲柏说过：“人不应该对自己的错误感到羞耻，因为这正好说明今天的自己比昨天更加睿智。”减少认知偏差可以让我们更睿智。“真正的智慧在于你知道你的无知”，这个观点通常被认为来自苏格拉底。或许有点夸大其词，但是这听上去似乎是，我们不可避免地无法知道为什么人们会如此这般地行动。接受这一点，也挺睿智的。[2]

我的第三个建议来自社会心理学中的一个卓越的理论，即社会比较理论（social comparison theory）。在此，我要强调的信条是，与不如自己的人相比，人们就能好受些。你有阅读本书的动力，而且你从中学到了不少知识，说明你已经高于平均水平。这是千真万确的。当然，这只是我个人的观点。相较于没有读过社会心理学教材或这本书的人，你希望满满，知道更多的认知偏差知识，而且知道如何减少认知偏差，这些会让你享受准确判断带来的好处。

社会比较研究同样表明，与有着和你一样处境的人相比，人也可以加固自我，抵消患上抑郁症的风险。知道自己不是唯一有特定问题的人，这是社会支持团体能够帮助许多人的原因之一。尤其是，知道不是只有自己有出现认知偏差的风险。我的匿名网站 PARBs 就是利用这一点建立的（PARBs 的意思是“有认知偏差风险的匿名者”）。因为我们都有认知偏差风险，所以我可以自夸，这个网站拥有地球上非官方成员人数最多的支持团体。

当然，临床心理学在社会比较过程之外也找到了其他原因，可以说明支持团体能够帮助人们。在很大程度上，心理学已经发展出了许多干预方法以提升人们的正面情绪。有些干预方法对特定的人更加有效，但是为了抵消在判断变得更加准确的同时出现抑郁的风险，这些方法还是值得一试的。近来，一项综述研究发现，这些干预方法有强大的支持效果。这些干预方法包括：想象可能会在未来发生的积极事件、回忆或写下过去发生的积极事件、强迫自己大笑（如练习大笑瑜伽和有氧大笑），还有正念练习，如仁慈冥想。

和这本书尤为相关的其他干预方法包括尝试影响我们所处的情境。这些干预方法被称为情境修正或情境选择。虽然我们能为自己选择的情境很明显是有限的，但是研究表明，在一般情况下，人们可以通过社交、锻炼、身处自然环境、参与慈善活动，让自己变得更快乐，同时，工作不要太辛苦，通勤时间不要太长，和电子设备相处时间也不要太长。（当然，有人确实热爱他的工作，这另当别论。）参与活动的方式也很重要。能够将积极情绪的增加最大化，活动参与策略是：最好玩的活动放在最后，随着时间的推移，将令人愉悦的活动间隔开。[3]

尝试影响我们所处的情境，让自己更加快乐，这反映了这本书所要传达的重要信息：我们的行为和结果通常是个人和情境因素共同作用的结果。个人和情境都很重要，但是在解释他人行为和结果时，绝大多数人在识别情境因素方面可以做得更好。

致 谢

在完成这本书的过程中，我得到了许多帮助。苏珊·西蒙斯（Susan Simmons）是一名作家，也是本书的编辑，她帮助我了解整个出版过程并全程相伴。她帮助我专注于我的观点，向我提供最初几个章节的重要的反馈意见，而且一直尽她所能和我讨论问题或给予我社交上的支持。我非常感谢那些能够阅读本书章节，并和我分享他们的专业知识、写作经验的人，他们包括：约翰·韦弗（John Weaver）、琳达·沃里克（Lynda Warwick）、戴维·哈瓦斯（David Havas）、海迪·伯格（Heidi Berg）、朱莉·麦奎因（Julie McQuinn）、黛安娜·克尼奇（Diane Knich），尤其是我的朋友兼写作好友雪莉·尤克（Sherrie Yurk）。

我要感谢编辑史蒂文·米切尔（Steven Mitchell）和普罗米修斯（Prometheus）出版公司给了我这样一次机会，能够与公众分享我的研究。我要感谢罗伯特·巴伦（Robert S. Baron）和约翰·哈维（John Harvey），他们是我研究生时期的导师，在他们的影响下，我成为一名研究学者，他们总能在繁重的工作之余找出时间给我写推荐信，还在我开启本书的写作计划时，给我鼓励。

我要感谢我的父亲罗伯特·斯塔尔德（Robert Stalder）和我已故的母亲特蕾莎·斯塔尔德（Theresa Stalder），他们在我求学的每一阶段都给予我莫大的支持。如果能看到这本书出版，我的母亲一定会很高兴。生活在继续，而我和我的妻子一直在承受所爱之人的离去，包括妻子最伟大的叔叔达塔·帕蒂尔（Datta Patil）。没有他的帮助，我的妻子绝没有机会从印度来到密尔沃基与我相遇。所爱之人的离去，是完成这一写作计划遭遇的诸多挑战之一。我和我的妻子非常感谢在这段艰苦的时光里给予我们帮助的人，尤其是我的姊妹朱莉·麦奎因。

我要感谢我的父亲和兄弟姊妹，他们考订了我在书中分享的家庭故事的细节。我还要感谢妻子的姊妹阿努拉达·萨伦克（Anuradha Salunke），她经常特意问起写作进度，并表达对我的支持。我尤其要感谢我的妻子舒本吉·斯塔尔德（Shubhangi Stalder），是她倾听我的观点，阅读书中章节，鼓励我写作之余要勤加锻炼，总之，她在各个方面都支持我。我的妻子比任何人都更鼓励我接下这个项目。

最后，我要感谢威斯康星大学-白水文理学院（University of Wisconsin-Whitewater College of Letters and Sciences），在我开启写作计划时，给了我一个学术假期。我还要感谢我的系所同事，他们同意承担更加繁重的教学任务，没有他们的支持，我的学术假期也不可能获得批准。

注 释

导言 社会判断和认知偏差

1. Christopher Y. Olivola and Alexander Todorov, “Elected in 100 Milliseconds: Appearance-Based Trait Inferences and Voting,” *Journal of Nonverbal Behavior* 34 (2010): 83–110.

2. Nicholas Epley, *Mindwise: How We Understand What Others Think, Believe, Feel, and Want* (New York: Alfred A. Knopf, 2014); Lee Ross and Richard E. Nisbett, *The Person and the Situation: Perspectives of Social Psychology* (London: Pinter & Martin, 2011).

3. Matt Philbin, “Shameless: NBC Never Tells Viewers It Smeared Zimmerman with Doctored Audio,” NewsBusters, June 20, 2013, http://newsbusters.org/blogs/matthew-philbin/2013/06/20/shameless-nbc-never-tells-viewers-it-smeared-zimmerman-doctored-aud (accessed July 25, 2017).

4. 在社会心理学研究领域，认知偏误（error）和认知偏差（bias）严格说来不是同一个东西。认知偏差是独立于逻辑或证据而被歪曲的认知，但是认知不一定总是错误的。古语有云，破钟一天也能准两次。但是，在本书的论述过程中，我会一直交替使用这两个术语，不会区别对待。

5. David Myers, *Social Psychology*, 11th ed. (New York: McGraw Hill, 2013);

Daniel R. Stalder, "Political Orientation, Hostile Media Perceptions, and Group-Centrism," *North American Journal of Psychology* 11 (2009): 383–99.

6. Shelley E. Taylor, *Positive Illusions: Creative Self-Deception and the Healthy Mind* (New York: Basic Books, 1989).

7. Epley, *Mindwise*, 59, 63, 111, 119.

8. Christopher Chabris and Daniel Simons, *The Invisible Gorilla: How Our Intuitions Deceive Us* (New York: Broadway Paperbacks, 2009),7.

9. Daniel J. Simons and Christopher F. Chabris, "Gorillas in Our Midst: Sustained Inattentional Blindness for Dynamic Events," *Perception* 28 (1999): 1059–74. 西蒙斯和查布里斯的论文一共描述了 9 种出现大猩猩的情况，其中 8 种情况在主要实验步骤部分有所描述，最后一种在论文结尾有所描述。（在前 8 种情况中，一位"撑伞女士"取代了大猩猩的位置，但是只有三分之一的实验参与者报告没有看到这位女士，这或许是这本书没有被冠名为《看不见的撑伞女士》的部分原因。）9 种出现大猩猩的情况中，有 5 种反映的是真实生活视角，其余 4 种出现大猩猩的情况，演员和大猩猩都是"部分透明的"（研究人员用这些情况模拟早期研究中的叠加单独显示镜头的程序）。在"部分透明"的情况下，70% 的实验参与者报告，没有看到大猩猩。这也说得通，毕竟大猩猩是部分透明的。把部分透明情况和真实生活视角情况的实验结果整合在一起，就能得到查布里斯和西蒙斯合著书中报告的结果，"几乎一半的"实验参与者没有看到大猩猩。

10. Trafton Drew, Melissa L.-H. Võ, and Jeremy M. Wolfe, "The Invisible Gorilla Strikes Again: Sustained Inattentional Blindness in Expert Observers," *Psychological Science* 24 (2013): 1848; Elizabeth R. Graham and Deborah M. Burke, "Aging Increases Inattentional Blindness to the Gorilla in Our Midst," *Psychology and Aging* 26 (2011): 162; Daniel Memmert, Christian Unkelbach, and Steffen Ganns, "The Impact of Regulatory Fit on Performance in an Inattentional Blindness Paradigm," *Journal of General Psychology* 137 (2010): 133; Aude Oliva, "Seeing and Thinking in the Mist," *Science* 329 (2010): 1017.

11. Janet S. Hyde, "The Gender Similarities Hypothesis," *American Psychologist* 60 (2005): 581–92; Janet S. Hyde, "Gender Similarities Still Rule," *American Psychologist* 61 (2006): 641.

12. Barbara Oakley, *Evil Genes: Why Rome Fell, Hitler Rose, Enron Failed, and My Sister Stole My Mother's Boyfriend* (Amherst, NY: Prometheus Books, 2007), 19. Dr. Phelps wrote the preface from which I took the quote.

13. Ross and Nisbett, *Person and the Situation*, 3, 7.

14. Ibid.

15. Maria Sciullo, "Pitt's 'Vampire Professor' Competes on 'Ninja Warrior,'" *Pittsburgh Post-Gazette*, August 2, 2014, http://www.post-gazette.com/ae/tv-radio/2014/08/03/Pitt-s-vampire-professor-competes-on-Ninja-Warrior/stories/201408030001 (accessed July 25, 2017).

16. "Yoga for American Soldiers: Yoga for Veterans and Service Members," Yoga across America, 2014, http://www.yogaacrossamerica.org/drupal-7.0/yfas (page removed).

17. Hal R. Arkes and Philip E. Tetlock, "Attributions of Implicit Prejudice, or 'Would Jesse Jackson Fail the Implicit Association Test?'" *Psychological Inquiry* 15 (2004): 257–78; Frederick L. Oswald et al., "Using the IAT to Predict Ethnic and Racial Discrimination: Small Effect Sizes of Unknown Societal Significance," *Journal of Personality and Social Psychology* 108 (2015): 562–71; Daniel R. Stalder, "Thinking We Can See Invisible Racism," PARBs Anonymous (blog), August 18, 2016, https://parbsanonymous.wordpress.com/2016/08/18/ thinking-we-can-see-invisible-racism/ (accessed August 18, 2016).

18. James Friedrich, "On Seeing Oneself as Less Self-Serving than Others: The Ultimate Self-Serving Bias?" *Teaching of Psychology* 23 (1996): 107–109.

19. Jamil Zaki, "Psychological Studies Are Not about You," *Scientific American*, September 5, 2013, http://blogs.scientificamerican.com/moral-universe/2013/09/05/psychological -studies-are-not-about-you/ (accessed April 6, 2014).

20. Ross and Nisbett, *Person and the Situation*, ix.

21. "Author Malcolm Gladwell on His Best-Selling Books," interview by Anderson Cooper, 60 *Minutes Overtime*, November 24, 2013, video, http://www.cbsnews.com/news/ author-malcolm-gladwell-on-his-best-selling-books/ (accessed July 25, 2017).

22. Thomas Carnahan and Sam McFarland, "Revisiting the Stanford Prison

Experiment: Could Participant Self-Selection Have Led to the Cruelty?" *Personality and Social Psychology Bulletin* 33 (2007): 603–14.

23. Daniel R. Stalder, "Revisiting the Issue of Safety in Numbers: The Likelihood of Receiving Help from a Group," *Social Influence* 3 (2008): 24–33; Daniel R. Stalder, "Updating the Bystander-Effect Literature: The Return of Safety in Numbers" (presentation, Annual Convention of the Midwestern Psychological Association, Chicago, IL, May 5–7, 2011).

24. Taylor, *Positive Illusions*.

25. Michael T. Moore and David M. Fresco, "Depressive Realism: A Meta-Analytic Review," *Clinical Psychology Review* 32 (2012): 496–509.

26. "James A. Garfield," Wikiquote, 2017, https://en.wikiquote.org/wiki/James_A._Garfield (accessed July 28, 2017). The original source of this quote isn't entirely clear—it's been attributed to others as well as Garfield.

第一章　演讲和交通拥堵：基本归因错误入门

1. Peter M. Rowe, "Let Those Shoulder Drivers Stew in Their Own Juice," *New York Times*, June 25, 1995, http://www.nytimes.com/1995/06/25/nyregion/l-let-those-shoulder -drivers-stew-in-their-own-juice-939495.html (accessed July 28, 2017).

2. Abraham Piper, "Car Drives on the Shoulder to Avoid Traffic Jam, Gets Proper Payback," 22 Words, September 12, 2012, http://twentytwowords.com/2012/09/12/car-drives -on-the-shoulder-to-avoid-traffic-jam-gets-proper-payback/ (accessed July 28, 2017).

3. The FAE is also known as the correspondence bias.

4. Gustav Ichheiser, "Misinterpretations of Personality in Everyday Life and the Psychologist's Frame of Reference," *Character and Personality* 12 (1943): 152.

5. Kurt Lewin, "The Conflict between Aristotelian and Galileian Modes of Thought in Contemporary Psychology," *Journal of General Psychology* 5 (1931): 141–77.

6. Floyd Rudmin et al., "Gustav Ichheiser in the History of Social Psychology: An Early Phenomenology of Social Attribution," *British Journal of Social Psychology* 26

(1987): 165–80.

7. Daniel T. Gilbert and Patrick S. Malone, "The Correspondence Bias," *Psychological Bulletin* 117 (1995): 23.

8. Ichheiser, "Misinterpretations of Personality in Everyday Life."

9. Rudmin et al., "Gustav Ichheiser in the History of Social Psychology."

10. Friedrich Nietzsche, *Human, All Too Human: A Book for Free Spirits*, 2nd ed., trans. R. J. Hollingdale (Cambridge: Cambridge University Press, 1996).

11. Fritz Heider, *The Psychology of Interpersonal Relations* (NewYork: Wiley, 1958), 54. 完整的引述是："尤其是，具有诸如此类特征的行为会吞没所有场景，而不是作为一个局部的刺激因素，局限在自身恰当的位置。对这一行为的诠释需要额外的周边环境信息，这就是社会知觉中的场景信息。"

12. Ichheiser, "Misinterpretations of Personality in Everyday Life," 152.

13. Lee Ross, "The Intuitive Psychologist and His Shortcomings: Distortions in the Attribution Process," in *Advances in Experimental Social Psychology*, ed. Leonard Berkowitz, vol. 10 (New York: Academic Press, 1977), 173–220.

14. Edward E. Jones and Victor A. Harris, "The Attribution of Attitudes," *Journal of Experimental Social Psychology* 3 (1967): 1–24. 琼斯和哈里斯在写于 1967 年的论文中如实地报告了两个不同研究的相似结果，但是第一个研究结果是他们没有料想到的。因此，作者重新组合并设计了一项更为严格的实验研究，在诸多教材中多有论述，也是行文至此描述的内容。

15. Gilbert and Malone, "Correspondence Bias," 22.

16. Bo Bennett, *Logically Fallacious: The Ultimate Collection of over 300 Logical Fallacies* (Sudbury, MA: eBookIt.com, 2012). 有些读者或许知道这个"肯定后件判断"谬误：A 或许是 B 的充分条件，但不是必要条件。

17. Leora Broydo, "(Not Such a) Thriller! Critics Give Movie Studios a Thumbs-Down for Twisting Their Words," *Mother Jones*, November/December 1997, http://www.motherjones .com/politics/1997/11/not-such-thriller (accessed July 26, 2017).

18. V. P. Poteat, "Contextual and Moderating Effects of the Peer Group Climate on Use of Homophobic Epithets," *School Psychology Review* 37 (2008): 188–201.

19. Gilbert and Malone, "Correspondence Bias," 21.

20. Malcolm Gladwell, *Blink: The Power of Thinking without Thinking* (New York: Little, Brown, 2005); Timothy D. Wilson, *Strangers to Ourselves: Discovering the Adaptive Unconscious* (Cambridge, MA: President and Fellows of Harvard College, 2002).

21. Myers, *Social Psychology*, 12. 为了公平对待迈耶斯和完成相似案例研究的其他学者，需要承认的是，有时人们可以准确地推断个人价值。很难说人是否能经常做出准确判断，因为这取决于具体情况，但是能够做出准确判断的情况肯定比绝大多数人所认为的少很多。

22. Poteat, "Contextual and Moderating Effects of the Peer Group Climate"; Francesca M. Franco and Anne Maass, "Intentional Control over Prejudice: When the Choice of the Measure Matters," *European Journal of Social Psychology* 29 (1999): 469–77.

23. J. L. Cowles, "Defeating My Anxiety," *New York Times*, November 10, 2015, http:// opinionator.blogs.nytimes.com/2015/11/10/defeating-my-anxiety/ (accessed July 26, 2017).

24. "Words Can Hurt," Global Down Syndrome Foundation, 2015, http://www .globaldownsyndrome.org/about-down-syndrome/words-can-hurt/ (accessed July 26, 2017).

25. Nick Paumgarten, "Fighting Words: Whatever," *New Yorker*, July 11, 2005, http:// www.newyorker.com/archive/2005/07/11/050711ta_talk_paumgarten (accessed July 26, 2017).

26. Daniel T. Gilbert and Edward E. Jones, "Perceiver-Induced Constraint: Interpretations of Self-Generated Reality," *Journal of Personality and Social Psychology* 50 (1986): 269–80.

第二章 政治和风言风语：基本归因错误层出不穷

1. Daniel T. Gilbert and Patrick S. Malone, "The Correspondence Bias," *PsychologicalBulletin* 117 (1995): 21–38.

2. Margaret Sullivan, "Editorial Is under Fire for Saying President 'Clearly

Misspoke' on Health Care," *Public Editor's Journal at New York Times*, November 4, 2013, https://publiceditor.blogs.nytimes.com/2013/11/04/editorial-is-under-fire-for-saying-president-clearly-misspoke-on-health-care/ (accessed July 26, 2017).

3. Sam Stein, "Mitt Romney Campaign: We Will Not 'Be Dictated by Fact-Checkers,'" *HuffPost*, August 28, 2012, http://www.huffingtonpost.com/2012/08/23/mitt-romney-_n_1836139.html (accessed July 26, 2017).

4. Linda Feldmann, "How 2016 Became the Fact-Check Election," *Christian Science Monitor*, July 1, 2016, https://www.csmonitor.com/USA/Politics/2016/0701/How-2016-became-the-fact-check-election (accessed July 26, 2017).

5. Julian Zelizer, "Do Facts Matter?" CNN, October 16, 2012, http://www.cnn.com/2012/10/15/opinion/zelizer-facts-matter/index.html (accessed July 26, 2017).

6. Feldmann, "How 2016 Became the Fact-Check Election."

7. Jenna Johnson, "Many Trump Supporters Don't Believe His Wildest Promises—And They Don't Care," *Washington Post*, June 7, 2016, https://www.washingtonpost.com/politics/many-trump-supporters-dont-believe-his-wildest-promises--and-they-dont-care/2016/06/06/05005210-28c4-11e6-b989-4e5479715b54_story.html (accessed July 26, 2017).

8. Charles F. Bond Jr. and Bella M. DePaulo, "Accuracy of Deception Judgments," *Personality and Social Psychology Review* 10 (2006): 214–34.

9. Derald W. Sue, *Microaggressions in Everyday Life: Race, Gender, and Sexual Orientation* (Hoboken, NJ: John Wiley & Sons, 2010).

10. Derald W. Sue et al., "Racial Microaggressions in Everyday Life: Implications for Clinical Practice," *American Psychologist* 62 (2007): 276; Sue, *Microaggressions in Everyday Life*.

11. Xuan Thai and Ted Barrett, "Biden's Description of Obama Draws Scrutiny," CNN,February 9, 2007, http://www.cnn.com/2007/POLITICS/01/31/biden.obama/ (accessed July28, 2017).

12. Sue et al., "Racial Microaggressions in Everyday Life," 276.

13. John McWhorter, "'Microaggression' Is the New Racism on Campus," *Time*, March 21, 2014, http://time.com/32618/microaggression-is-the-new-racism-on-campus/

(accessed July 28, 2017).

14. Scott O. Lilienfeld, "Microaggressions: Strong Claims, Inadequate Evidence," *Perspectives on Psychological Science* 12 (2017): 138–69. 利林菲尔德曾详细描述轻度冒犯研究的若干局限性，注意到来自轻度冒犯训练项目的潜在危害。同一期的回应论文大致上也同意他的观点。

15. Sue et al., "Racial Microaggressions in Everyday Life," 276.

16. McWhorter, "'Microaggression' Is the New Racism on Campus."

17. Kenneth R. Thomas, Robert E. Wubbolding, and Morris L. Jackson, "Psychologically Correct Race Baiting?" *Academic Questions* 18 (2005): 50.

18. Derald W. Sue et al., "Racial Microaggressions and the Power to Define Reality," *American Psychologist* 63 (2008): 278–79.

19. Kenneth R. Thomas, "Macrononsense in Multiculturalism," *American Psychologist* 63(2008): 274; Sue et al., "Racial Microaggressions and the Power to Define Reality."

20. Carl Bialik, "The Best Worst Blurbs of 2007," *Gelf Magazine*, January 6, 2008, http://www.gelfmagazine.com/archives/the_best_worst_blurbs_of_2007.php (accessed July 28, 2017).

21. Matt Philbin, "Shameless: NBC Never Tells Viewers It Smeared Zimmerman with Doctored Audio," NewsBusters, June 20, 2013, http://newsbusters.org/blogs/matthew-philbin/2013/06/20/shameless-nbc-never-tells-viewers-it-smeared-zimmerman-doctored-aud(accessed July 28, 2017).

22. "The Splice Channel," *The Daily Show with Jon Stewart*, April 9, 2012, video, 5:15,http://www.cc.com/video-clips/2v4c0b/the-daily-show-with-jon-stewart-the-splice-channel(accessed July 28, 2017).

23. Tobias Greitemeyer, "Article Retracted, but the Message Lives On," *Psychonomic Bulletin and Review* 21 (2014): 557–61.

24. Brian Montopoli, "Mitt Romney Attack Ad Misleadingly Quotes Obama," CBS News, November 23, 2011, http://www.cbsnews.com/news/mitt-romney-attack-ad-misleadingly-quotes-obama/ (accessed July 28, 2017).

25. Lucy Madison and Sarah B. Boxer, "Mitt Romney: 'I Like Being Able to Fire

People' for Bad Service," CBS News, January 9, 2012, http://www.cbsnews.com/news/mitt-romney-i-like-being-able-to-fire-people-for-bad-service/ (accessed July 28, 2017).

26. Jim Acosta, "Welcome to the 'Out of Context' Campaign," CNN: Political Ticker,June 12, 2012, http://politicalticker.blogs.cnn.com/2012/06/12/welcome-to-the-out-of-context-campaign/ (accessed July 28, 2017).

27. Matthew S. McGlone, "Contextomy: The Art of Quoting out of Context," *Media, Culture, and Society* 27 (2005): 511–22.

28. John Pieret, "The Quote Mine Project: Or, Lies, Damned Lies, and Quote Mines," The TalkOrigins Archive: Exploring the Creation/Evolution Controversy, October 31, 2006, http://www.talkorigins.org/faqs/quotes/mine/project.html (accessed July 28, 2017).

29. Daniel T. Gilbert, Brett W. Pelham, and Douglas S. Krull, "The Psychology of Good Ideas," *Psychological Inquiry* 14 (2003): 258.

30. Sam Sommers, *Situations Matter: Understanding How Context Transforms Your World* (New York: Riverhead, 2011).

31. Carol S. Dweck, *Mindset: The New Psychology of Success* (New York: Ballantine, 2006), 53, 144. 即使针对特定思维模式的训练能够导致相应的行为（正如卡罗尔·德韦克的某些研究所表明的一样），但这也不意味着观察到同事或学生身上特定的行为，我们就能说他们有这些思维模式（虽然或许就是如此）。这一结论就是肯定后件谬误。即使个体一开始就做出由固定型思维模式所导致的行为，而且这些行为与由成长型思维模式所导致的行为不同，但是从严格意义上讲，行为只是一个相关结果，而相关性不能推出因果性。如果个体有固定型思维模式，他很容易疲惫或感到饥饿，难道是他自己"让"这个状态出现的吗？或者常规的疲惫和饥饿状态会让他形成固定型思维模式吗？我告诉自己的学生，我们完全无法确信在相关性实验设计中发现的因果关系，这是相关性关系的诅咒。原因也可能是结果。成功之路也可能是失败之路。但是，我们的确知道，德韦克的成长型思维模式训练对许多人一直有效果。

32. Emily Pronin, "The Introspection Illusion," *Advances in Experimental Social Psychology* 41 (2009): 26, 55. 普罗宁提到的内容一部分是内隐态度和非言语行为之间的正相关性，但是相关性不能推出因果性。即使相关性确实可以推出因果性，而

且内隐态度一定会导致非言语行为（也就是，即使 A 能推出 B），也不意味着行为能够自动透露行动者的态度（也就是，B 不会必然地推出 A）。

33. Sue et al., "Racial Microaggressions and the Power to Define Reality," 277, 279.

34. Rafael S. Harris Jr., "Racial Microaggression? How Do You Know?" *American Psychologist* 63 (2008): 275–76.

35. Rafael S. Harris Jr., "Racial Microaggression? How Do You Know?—Revisited," *American Psychologist* 64 (2009): 220; Derald W. Sue, "Racial Microaggressions and Worldviews," *American Psychologist* 64 (2009): 220–21. 确实会出现误解。但是不管苏是否道歉，是否纠正了有基本归因错误的推理，苏似乎仍然将哈里斯的观点与种族认同联系起来。苏指出，移民到美国的有色人种（哈里斯也是其中之一）或许会经历与他们在自己国家非常不同的歧视，因此会怀疑是否存在轻度冒犯。实际上，哈里斯没有质疑苏的空乘故事中轻度冒犯的存在，而是提出了是否可能有另一种解释这一问题。哈里斯甚至尝试联系苏，以便收集更多的信息。但是哈里斯联系过苏两次，苏要么没有回音，要么没有用常规的信件回答哈里斯的提问。我没有说，苏有义务回答哈里斯的问题，但是哈里斯有意愿提出问题（而不是预先设定答案）这一事实反映出哈里斯对苏的立场持开放态度。当然，苏或许是正确的，而哈里斯的观点或许来自自己的种族认同。又或许苏只是试图合理化他对哈里斯一开始的误解。

36. Hal R. Arkes and Philip E. Tetlock, "Attributions of Implicit Prejudice, or 'Would Jesse Jackson Fail the Implicit Association Test?'" *Psychological Inquiry* 15 (2004): 257–78;Frederick L. Oswald et al., "Using the IAT to Predict Ethnic and Racial Discrimination: Small Effect Sizes of Unknown Societal Significance," *Journal of Personality and Social Psychology* 108 (2015): 562–71; Daniel R. Stalder, "Thinking We Can See Invisible Racism," PARBs Anonymous (blog), August 18, 2016,https://parbsanonymous.wordpress.com/2016/08/18/thinking-we-can-see-invisible-racism/ (accessed August 18, 2016).

37. Mahzarin R. Banaji and Anthony G. Greenwald, Blindspot: *Hidden Biases of Good People* (New York: Delacorte, 2013), 224.

38. Roy F. Baumeister, *Evil: Inside Human Violence and Cruelty* (New York: W. H. Freeman, 1997), 97.

39. Jonathan Haidt, *The Happiness Hypothesis: Finding Modern Truth in Ancient Wisdom*(New York: Basic Books, 2006), 75.

40. Sommers, *Situations Matter*, 286.

41. Haidt, *Happiness Hypothesis*, 75.

42. David Brooks, "Tools for Thinking," *New York Times*, March 28, 2011, http://www.nytimes.com/2011/03/29/opinion/29brooks.html (accessed October 19, 2017).

43. David C. Funder, "Errors and Mistakes: Evaluating the Accuracy of Social Judgment," *Psychological Bulletin* 101 (1987): 80.

44. Bella M. DePaulo et al., "Lying in Everyday Life," *Journal of Personality and Social Psychology* 70 (1996): 991.

45. Funder, "Errors and Mistakes," 81

46. 在进一步论述之前，我想承认的是，在研究态度归因范式问题之外，有一些研究者质疑：传统的基本归因错误定义是否仍存在于研究之中。2001 年，在《心理学研究》杂志的一系列论文中，包括约翰·萨宾（John Sabini）和戴维·丰德在内的心理学家对性格归因和情境归因的含义做出细致分析之后，批评了基本归因错误这一概念。但是无须多言，基本归因错误这个概念还是幸存了下来。一些持反对态度的心理学家指出，批评分析没有扩展到属于传统基本归因错误的诸多明显又重要的例子，包括谴责因外在原因而酿成悲剧的受害者。

第三章 解读非言语行为：洞察力错觉

1. Steve Ottman, "New Falcons Take Flight," *Sheboygan Falls News*, January 1, 2014, 4.

2. Jeff Pederson, "As We See It: Perception vs. Reality," *Sheboygan Falls News*, January16,2014,https://www.facebook.com/permalink.php?story_fbid=501976516584782&id=297859563663146&stream_ref=10 (accessed July 28, 2017).

3. Sheboygan Falls Police Department, "Incident Report F14-00162," Sheboygan Falls,WI, January 13, 2014, http://media.mwcradio.com/mimesis/2014-01/18/Sheboygan%20 Falls%20Police%20Picture%20Investigation_1.pdf (accessed October 28, 2017).

4. WBAY TV-2, "Sheb. Falls Mayor Speaks on Basketball Photo Controversy," Facebook,January18,2014,https://www.facebook.com/WBAYTV/posts/10202816064939617(accessed July 28, 2017).

5. Nicholas Epley, *Mindwise: How We Understand What Others Think, Believe, Feel, and Want* (New York: Alfred A. Knopf, 2014).

6. Pederson, "As We See It."

7. Sheboygan Falls Police Department, "Incident Report F14-00162."

8. Anne M. Paul, "Mind Reading," *Psychology Today*, September 1, 2007, http://www.psychologytoday.com/articles/200708/mind-reading (accessed October 19, 2017).

9. David D. Burns, *The Feeling Good Handbook* (New York: Plume, 1999).

10. Malcolm Gladwell, *Blink: The Power of Thinking without Thinking* (New York: Little,Brown, 2005), 213.

11. Ibid., 12–13; Nalini Ambady and Robert Rosenthal, "Half a Minute: Predicting Teacher Evaluations from Thin Slices of Behavior and Physical Attractiveness," Journal of Personality and Social Psychology 64 (1993): 431–41. 马尔科姆 · 格拉德威尔报告的另一个问题是，报告的结果由一开始的瞬间判断与学期末评价之间的相关性构成，但是相关性不一定意味着评价与给出绝对的分数相类似。纳里尼 · 安巴迪和罗伯特 · 罗森塔尔也承认，期末评价有着潜在的错误，因此他们建议未来的研究使用额外的标准去评价教师的实际教学效果。

12. Timothy Levine, Kim B. Serota, and Hillary C. Shulman, "The Impact of Lie to Me on Viewers' Actual Ability to Detect Deception," *Communication Research* 37 (2010): 847–56.

13. Sharon Weinberger, "Airport Security: Intent to Deceive?" *Nature* 465 (2010): 412–15.

14. John Tierney, "At Airports, a Misplaced Faith in Body Language," *New York Times*,March 23, 2014, http://www.nytimes.com/2014/03/25/science/in-airport-screening-body-language-is-faulted-as-behavior-sleuth.html?hpw&rref=science&_r=0 (accessed July 28, 2017).

15. Jane Fritsch, "The Diallo Verdict: The Overview; 4 Officers in Diallo Shooting Are Acquitted of All Charges," *New York Times*, February 26, 2000, http://www.nytimes.

com/2000/02/26/nyregion/diallo-verdict-overview-4-officers-diallo-shooting-are-acquitted-all-charges.html (accessed July 28, 2017).

16. Gladwell, *Blink*, 191.

17. Fritsch, "Diallo Verdict."

18. Camila Domonoske and Bill Chappell, "Minnesota Gov. Calls Traffic Stop Shooting 'Absolutely Appalling at All Levels,'" NPR, July 7, 2016, http://www.npr.org/sections/thetwo-way/2016/07/07/485066807/police-stop-ends-in-black-mans-death-aftermath-is-livestreamed-online-video (accessed July 28, 2017). Of course, the context was more multifaceted than I describe here.

19. Daniel T. Gilbert, Brett W. Pelham, and Douglas S. Krull, "On Cognitive Busyness:When Person Perceivers Meet Persons Perceived," *Journal of Personality and Social Psychology* 54(1988): 733–40.

20. Amos Tversky and Daniel Kahneman, "Judgment under Uncertainty: Heuristics and Biases," *Science* 185 (1974): 1124–31.

21. Daniel T. Gilbert and Patrick S. Malone, "The Correspondence Bias," *Psychological Bulletin* 117 (1995): 21–38; Fritz Heider, *The Psychology of Interpersonal Relations* (New York:Wiley, 1958).

22. Melvin J. Lerner, *The Belief in a Just World: A Fundamental Delusion* (New York: Plenum, 1980). 当然，有时，贫苦之人确实懒惰，而富有之人也是如此，但是，懒惰是贫穷的唯一原因这种情况非常少见，至少比我们绝大多数人所认为的更为少见。

23. Daniel R. Stalder, "Competing Roles for the Subfactors of Need for Closure in Committing the Fundamental Attribution Error," *Personality and Individual Differences* 47(2009): 701–705.

24. Daniel Sullivan, Mark J. Landau, and Zachary K. Rothschild, "An Existential Function of Enemyship: Evidence That People Attribute Influence to Personal and Political Enemies to Compensate for Threats to Control," *Journal of Personality and Social Psychology* 98 (2010):434–49; Jennifer A. Whitson and Adam D. Galinsky, "Lacking Control Increases Illusory Pattern Perception," *Science* 322 (2008): 115–17.

25. Fritsch, "Diallo Verdict."

26. Alan Feuer, "$3 Million Deal in Police Killing of Diallo in '99," *New York Times*,January 7, 2004, http://www.nytimes.com/2004/01/07/nyregion/3-million-deal-in-police-killing-of-diallo-in-99.html?action=click&module=Search&region=searchResults%230&version=&url=http%3A%2F%2Fquery.nytimes.com%2Fsearch%2Fsitesearch%2F%23%2Fdiallo%2Bsettlement%2F (accessed July 28, 2017).

27. Gladwell, *Blink*, 233.

28. B. K. Payne, "Prejudice and Perception: The Role of Automatic and Controlled Processes in Misperceiving a Weapon," *Journal of Personality and Social Psychology* 81 (2001):181–92.

29. Birt L. Duncan, "Differential Social Perception and Attribution of Intergroup Violence: Testing the Lower Limits of Stereotyping of Blacks," *Journal of Personality and Social Psychology* 34 (1976): 597.

30. John F. Dovidio, Kerry Kawakami, and Samuel L. Gaertner, "Implicit and Explicit Prejudice and Interracial Interaction," *Journal of Personality and Social Psychology* 82 (2002):62–68.

31. Joseph Cilmi, "Without a Thought!" Amazon.com customer review of *Blink* by Malcolm Gladwell, March 6, 2008, https://www.amazon.com/gp/customer-reviews/RXELGQDIWU1ZH/ref=cm_cr_srp_d_rvw_ttl?ie=UTF8&ASIN=0316010669 (accessed July 28, 2017).

32. Gladwell, *Blink*, 213–214, 233.

33. Ibid., 196–97.

34. Wikipedia, s.v. "Sheboygan Falls, Wisconsin," last updated November 1, 2017, https://en.wikipedia.org/wiki/Sheboygan_Falls,_Wisconsin (accessed July 28, 2017).

35. "School Spirit or Gang Signs? 'Zero Tolerance' Comes under Fire," NBC News, Marc 9, 2014, http://www.nbcnews.com/news/education/school-spirit-or-gang-signs-zero-tolerance-comes-under-fire-n41431 (accessed July 28, 2017).

36. Samantha Grossman, "Deaf Man Stabbed after Sign Language Mistaken for Gang Signs," *Time*, January 15, 2013, http://newsfeed.time.com/2013/01/15/deaf-man-stabbed-after-sign-language-mistaken-for-gang-signs-2/ (accessed July 28, 2017).

37. Ben Rohrbach, "Illinois Girls Basketball Players Suspended for Racy Hand

Gesture," Yahoo! Sports, December 6, 2013, http://sports.yahoo.com/blogs/highschool-prep-rally/illinois-girls-basketball-players-suspended-racy-hand-gesture-172308236.html (accessed July 28,2017).

38. 如果学校政策不关心行为意图，只在乎具体的非言语身体符号是否出现在照片上，那么这些政策就是社会机构犯下的基本归因错误，因此需要重新评估这些政策，因为有些非言语符号有多重含义，所以在设立政策时，很难事先考虑到符号的所有含义。

39. Dovidio, Kawakami, and Gaertner, "Implicit and Explicit Prejudice and Interracial Interaction."

40. Tierney, "At Airports, a Misplaced Faith in Body Language."

41. Epley, *Mindwise*.

42. Roger E. Axtell, *Gestures: The DO's and TABOOs of Body Language around the World*,rev. and expanded ed. (New York: John Wiley & Sons, 1997), 130.

43. Ibid., xvii, 49.

44. Dane Archer, "Unspoken Diversity: Cultural Differences in Gestures," *Qualitative Sociology* 20 (1997): 79–105.

45. Axtell, *Gestures*, ix.

46. Archer, "Unspoken Diversity," 103.

47. Axtell, *Gestures*. 罗杰 · 阿克斯特尔提供了尼克松总统访问日本等例子。

48. Leila Fadel and Lulu Garcia-Navarro, "How Different Cultures Handle Personal Space," NPR, May 5, 2013, http://www.npr.org/blogs/codeswitch/2013/05/05/181126380/how-different-cultures-handle-personal-space (accessed July 28, 2017).

49. Roy Wenzl, "KU Researcher Studies Flirting," *Wichita Eagle*, June 4, 2014, http://www.kansas.com/news/article1145210.html (accessed July 28, 2017).

50. Jessica L. Watkins and Jeffrey A. Hall, "The Association between Nonverbal Sensitivity and Flirting Detection Accuracy," *Communication Research Reports* 31 (2014): 348–56.

51. Paul Ekman and Maureen O' Sullivan, "Who Can Catch a Liar?" *American Psychologist* 46 (1991): 913–20; Paul Ekman, Maureen O' Sullivan, and Mark G. Frank,

“A Few Can Catch a Liar,” *Psychological Science* 10 (1999): 263–66.

52. Charles F. Bond Jr., “A Few Can Catch a Liar, Sometimes: Comments on Ekmanand O’ Sullivan (1991), as Well as Ekman, O’ Sullivan, and Frank (1999),” *Applied Cognitive Psychology* 22 (2008): 1298–300; Christian A. Meissner and Saul M. Kassin, “‘He’s Guilty!’: Investigator Bias in Judgments of Truth and Deception,” *Law and Human Behavior* 26 (2002): 469–80; Carol A. E. Nickerson and Kenneth R. Hammond, “Comment on Ekman and O’ Sullivan,” *American Psychologist* 48 (1993): 989; Marc-André Reinhard et al., “The Case of Pinocchio: Teachers’ Ability to Detect Deception,” *Social Psychology of Education* 14 (2011): 299–318. 马克–安德烈 · 莱因哈德（Marc-André Reinhard）等人表明，教学经验丰富的教师并不比缺少教学经验的教师更准确。小查尔斯 · 邦德和卡罗尔 · 尼克森（Carol A. E. Nickerson）在保罗 · 埃克曼及其同事的研究中发现了统计错误或遗漏，这项研究声称某些特定的实验组表现出超常的准确性。埃克曼及其同事怀疑过邦德和尼克森的观点，或对此不予重视。但是更多的研究资料只能在最大程度上表明，只有一小部分“专家”在非言语符号解读方面能力出众。

53. Epley, *Mindwise*.

54. Gladwell, *Blink*.

55. David Myers, *Social Psychology*, 11th ed. (New York: McGraw Hill, 2013).

56. “JSL: Younger Brother,” YouTube video, 0:22, posted by “SignTV2009,” May 3, 2012,https://www.youtube.com/watch?v=p0_HevkD9Z8 (accessed July 28, 2017); “Taiwan Sign Language VS Japanese Sign Language,” YouTube video, 3:30, posted by “jslvideodayo,” November 6, 2014, https://www.youtube.com/watch?v=RMbG2d-cNhc (accessed July 28,2017).

57. Mary E. Kite and Kay Deaux, “Gender Belief Systems: Homosexuality and the Implicit Inversion Theory,” *Psychology of Women Quarterly* 11 (1987): 83–96.

58. Gerulf Rieger et al., “Dissecting ‘Gaydar’: Accuracy and the Role of Masculinity-Femininity,” *Archives of Sexual Behavior* 39 (2010): 124–40.

59. Nicholas O. Rule and Nalini Ambady, “Brief Exposures: Male Sexual Orientation Is Accurately Perceived at 50 ms,” *Journal of Experimental Social Psychology* 44 (2008): 1100–105.

60. "Ellen on Gaydar," YouTube video, 2:58, posted by "Marianaa18," July 31, 2013,https://www.youtube.com/watch?v=2bCTC0LhF8M (accessed July 28, 2017).

61. "Molly Ringwald Says 'Pretty in Pink' Friend Duckie Was Gay, but Jon Cryer Disputes Allegation," *HuffPost*, May 23, 2012, http://www.huffingtonpost.com/2012/05/23/molly-ringwald-pretty-in-pink-duckie-gay_n_1539778.html (accessed July 28, 2017).

62. Jaroslava Valentova et al., "Judgments of Sexual Orientation and Masculinity-Femininity Based on Thin Slices of Behavior: A Cross-Cultural Comparison," *Archives of Sexual Behavior* 40 (2011): 1150.

63. Rieger et al., "Dissecting 'Gaydar.'"

64. Noah Michelson, "25 Celebrity Coming Out Stories That Shocked the World," *HuffPost*, October 17, 2011, http://www.huffingtonpost.com/2011/10/17/25-celebrity-coming-out-stories_n_1015381.html (accessed July 28, 2017).

65. Nalini Ambady and Mark Hallahan, "Using Nonverbal Representations of Behavior:Perceiving Sexual Orientation," in *The Languages of the Brain*, eds. Albert M. Galaburda, Stephen M. Kosslyn, and Yves Christen (Cambridge, MA: Harvard University Press, 2002), 320–32; David Sylva et al., "Concealment of Sexual Orientation," *Archives of Sexual Behavior* 39 (2010): 141–52.

第四章　准确判断面部表情？照片是会撒谎的

1. Stephen Porter et al., "Is the Face a Window to the Soul? Investigation of the Accuracy of Intuitive Judgments of the Trustworthiness of Human Faces," *Canadian Journal of Behavioral Science* 40 (2008): 176.

2. Mats Larsson, Nancy L. Pedersen, and Håkan Stattin, "Associations between Iris Characteristics and Personality in Adulthood," *Biological Psychology* 75 (2007): 165–75. 当然，人们谈论某人的眼神极富表现力时，他们或许指的是眼睛周围的面部特征。请继续往下阅读，以获知更为全面的讨论，包括从丰富的面部表情中能解读出什么内容。

3. Charles F. Bond Jr. and Bella M. DePaulo, "Accuracy of Deception

Judgments," *Personality and Social Psychology Review* 10 (2006): 229, 231.

4. Nicholas O. Rule and Nalini Ambady, "Brief Exposures: Male Sexual Orientation Is Accurately Perceived at 50 ms," *Journal of Experimental Social Psychology* 44 (2008): 1103. 虽然男同性恋的面部照片来自脸书，但是 52% 的照片并非男同性恋者自己上传到网站的，而是他们的朋友或熟人上传的。

5. Jaroslava V. Valentova et al., "Shape Differences between the Faces of Homosexual and Heterosexual Men," *Archives of Sexual Behavior* 43 (2014): 353–61.

6. Nalini Ambady and Mark Hallahan, "Using Nonverbal Representations of Behavior: Perceiving Sexual Orientation," in *The Languages of the Brain*, eds. Albert M. Galaburda, Stephen M. Kosslyn, and Yves Christen (Cambridge, MA: Harvard University Press, 2002), 320–32. The authors described the results as "preliminary." 这些作者将这些结果描述为"初步结果"。

7. Nalini Ambady, Mark Hallahan, and Brett Conner, "Accuracy of Judgments of Sexual Orientation from Thin Slices of Behavior," *Journal of Personality and Social Psychology* 77(1999): 544.

8. Wright and his deadpan humor are discussed in detail in this article. Hal Boedeker, "Comedian Steven Wright: Deadpan but Delighted," *Orlando Sentinel*, August 29, 2017,http://www.orlandosentinel.com/entertainment/tv/tv-guy/os-et-comedian-steven-wright-deadpan-but-delighted-20170829-story.html (accessed December 29, 2017).

9. Brian Parkinson, "Do Facial Movements Express Emotions or Communicate Motives?" *Personality and Social Psychology Review* 9 (2005): 278.

10. Lauren Collins, "The Obama Selfie-Face-Gate," *New Yorker*, December 13, 2013, http://www.newyorker.com/news/news-desk/the-obama-selfie-face-gate (accessed July 24, 2017).

11. Andy Soltis, "Michelle Not Amused by Obama's Memorial Selfie," *New York Post*,December 10, 2013, http://nypost.com/2013/12/10/michelle-annoyed-by-obamas-selfie-at-mandela-memorial/ (accessed July 24, 2017); Linda Stasi, "Stasi: President Obama Cluelessly Joins Danish Prime Minister's Selfie Fun as Wife Makes 'the Face,'" *New York Daily News*,December 15, 2013, http://www.nydailynews.com/new-york/stasi-

obama-cluelessly-joins-danish-prime-minister-selfie-fun-article-1.1548216 (accessed July 24, 2017).

12. Eun K. Kim, "First Lady Not Peeved, Says Photographer Who Caught the Obama Selfie," Today, December 11, 2013, http://www.today.com/news/first-lady-not-peeved-says-photographer-who-caught-obama-selfie-2d11723566 (accessed July 24, 2017).

13. Hillel Aviezer et al., "Angry, Disgusted, or Afraid? Studies on the Malleability of Emotion Perception," *Psychological Science* 19 (2008): 724–32.

14. Roxane Gay, "The Media's Michelle Obama Problem: What a Selfie Says about Our Biases," *Salon*, December 10, 2013, http://www.salon.com/2013/12/10/the_medias_michelle obama_problem_what_a_selfie_says_about_our_biases/ (accessed July 24, 2017).

15. Carol Tavris and Elliot Aronson, *Mistakes Were Made (But Not by Me): Why We Justify Foolish Beliefs, Bad Decisions, and Hurtful Acts* (Orlando, FL: Harcourt, 2007).

16. Paige Lavender, "Obama Takes Selfie with World Leaders at Mandela Memorial, and Michelle Is Having None of It (UPDATED)," *HuffPost*, December 10, 2013, http://www.huffingtonpost.com/2013/12/10/obama-selfie_n_4419349.html (accessed July 24, 2017).

17. Ibid. This comment was made in response to the *HuffPost* article.

18. Roberto Schmidt, Agence France-Presse, *Correspondent/Behind the News* (blog), "The Story Behind 'That Selfie,'" *Tampa Bay Times*, December 11, 2013, http://www.tampabay.com/opinion/columns/the-story-behind-that-selfie/2156613 (accessed December 14, 2013). These comments were made in response to Roberto Schmidt's *Correspondent* blog post.

19. José-Miguel Fernández-Dols, "Advances in the Study of Facial Expression: An Introduction to the Special Section," *Emotion Review* 5 (2013): 3.

20. Alan J. Fridlund, "The New Ethology of Human Facial Expressions," in *The Psychology of Facial Expression*, eds. James A. Russell and Jose-Miguél Fernández-Dols (New York:Cambridge University Press, 1997), 121, 123.

21. Paul Ekman, "Strong Evidence for Universals in Facial Expressions: A Reply to

Russell's Mistaken Critique," *Psychological Bulletin* 115 (1994): 287.

22. James A. Russell, "Facial Expressions of Emotion: What Lies Beyond Minimal Universality?" *Psychological Bulletin* 118 (1995): 388.

23. James A. Russell, "Is There a Universal Recognition of Emotion from Facial Expression? A Review of the Cross-Cultural Studies," *Psychological Bulletin* 115 (1994):102–41.

24. Ekman, "Strong Evidence for Universals in Facial Expressions."

25. Russell, "Facial Expressions of Emotion."

26. Sara M. Lindberg et al., "New Trends in Gender and Mathematics Performance: A Meta-Analysis," *Psychological Bulletin* 136 (2010): 1123–35.

27. Paul Ekman and Wallace V. Friesen, "Constants across Cultures in the Face and Emotion," *Journal of Personality and Social Psychology* 17 (1971): 124–29.

28. James A. Russell, Jo-Anne Bachorowski, and José-Miguel Fernández-Dols, "Facial and Vocal Expressions of Emotion," *Annual Review of Psychology* 54 (2003): 329–49.

29. José-Miguel Fernández-Dols and Carlos Crivelli, "Emotion and Expression: Naturalistic Studies," *Emotion Review* 5 (2013): 24–29; Mary Kayyal, Sherri Widen, and James A. Russell, "Context Is More Powerful than We Think: Contextual Cues Override Facial Cues Even for Valence," *Emotion* 15 (2015): 287–91; James A. Russell, "A Sceptical Look at Faces as Emotion Signals," in *The Expression of Emotion: Philosophical, Psychological, and Legal Perspectives*, eds. Catharine Abell and Joel Smith (New York: Cambridge University Press,2016), 157–72. And many others; among a few who still seem to side with Ekman are David Matsumoto et al., "Cross-Cultural Judgments of Spontaneous Facial Expressions of Emotion," *Journal of Nonverbal Behavior* 33 (2009): 213–38.

30. Tanya L. Chartrand and John A. Bargh, "The Chameleon Effect: The Perception-Behavior Link and Social Interaction," *Journal of Personality and Social Psychology* 76 (1999):893–910.

31. Phoebe E. Bailey and Julie D. Henry, "Subconscious Facial Expression Mimicry Is Preserved in Older Adulthood," *Psychology and Aging* 24 (2009): 995–1000;

Ulf Dimberg,Monkia Thunberg, and Kurt Elmehed, "Unconscious Facial Reaction to Emotional Facial Expressions," *Psychological Science* 11 (2000): 86–89; Katja U. Likowski et al., "Facial Mimicry and the Mirror Neuron System: Simultaneous Acquisition of Facial Electromyography and Functional Magnetic Resonance Imaging," *Frontiers in Human Neuroscience* 6 (2012): 1–10.

32. Patrick Bourgeois and Ursula Hess, "The Impact of Social Context on Mimicry," *Biological Psychology* 77 (2008): 343–52; Evan W. Carr, Piotr Winkielman, and Christopher Oveis, "Transforming the Mirror: Power Fundamentally Changes Facial Responding to Emotional Expressions," *Journal of Experimental Psychology: General* 143 (2014): 997–1003;Ursula Hess and Patrick Bourgeois, "You Smile—I Smile: Emotion Expression in Social Interaction," *Biological Psychology* 84 (2010): 514–20.

33. "Can We All Smile and Be a Villain?" *Toronto Star*, January 23, 2000, 1.

34. Alan J. Fridlund et al., "Social Determinants of Facial Expressions during Affective Imagery: Displaying to the People in Your Head," *Journal of Nonverbal Behavior* 14 (1990):113–37.

35. Alan J. Fridlund and James A. Russell, "The Functions of Facial Expressions: What's in a Face?" in *The Sage Handbook of Nonverbal Communication,* eds. Valerie Manusov and Miles L.Patterson (Thousand Oaks, CA: Sage, 2006), 299–319.

36. Esther Jakobs, Antony S. R. Manstead, and Agneta H. Fischer, "Social Context Effects on Facial Activity in a Negative Emotional Setting," *Emotion* 1 (2001): 51–69; Parkinson, "Do Facial Movements Express Emotions or Communicate Motives?" ; Michelle S. M. Yik and James A. Russell, "Interpretation of Faces: A Cross-Cultural Study of a Prediction from Fridlund's Theory," *Cognition and Emotion* 13 (1999): 93–104.

37. Marwan Sinaceur et al., "Weep and Get More: When and Why Sadness Expression Is Effective in Negotiations," *Journal of Applied Psychology* 100 (2015): 1847–71.

38. Fridlund et al., "Social Determinants of Facial Expressions" ; Alan J. Fridlund, "Sociality of Solitary Smiling: Potentiation by an Implicit Audience," *Journal of Personality and Social Psychology* 60 (1991): 229–40.

39. Russell, "Sceptical Look at Faces," 166.

40. Hillary A. Elfenbein, "Nonverbal Dialects and Accents in Facial Expressions of Emotion," *Emotion Review* 5 (2013): 90–96.

41. Adam Carlson, "Man in Viral Beyoncé Photo Explains the Story behind Her Apparent Side Eye: She Was 'Beyond Polite,'" *People*, June 18, 2016, http://people.com/celebrity/beyonce-side-eye-photo-man-explains-the-viral-moment-on-twitter/ (accessed July 25, 2017).

42. Daniel Cervone and Tracy L. Caldwell, *Psychology: The Science of Person, Mind, and Brain* (New York: Worth, 2016); Daniel L. Schacter et al., Psychology, 4th ed. (New York:Worth, 2017).

43. Sofia Wenzler et al., "Beyond Pleasure and Pain: Facial Expression Ambiguity in Adults and Children during Intense Situations," *Emotion* 16 (2016): 813.

44. "Can We All Smile and Be a Villain?"

45. Kayyal, Widen, and Russell, "Context Is More Powerful than We Think."

第五章　社会角色：教皇不能当过保安？

1. Arlin Cuncic, "Shy Actors," Verywell, September 20, 2016, https://www.verywell.com/shy-actors-list-3024270 (accessed October 21, 2017); Arlin Cuncic, "Shy Comedians," Verywell, September 12, 2016, https://www.verywell.com/shy-comedians-3024275 (accessed October 21, 2017); Matthew Jacobs, "Celebrities with Stage Fright Include Adele, Hayden Panettiere, Barbra Streisand, Megan Fox and Many More," *HuffPost*, April 5, 2013, http://www.huffingtonpost.com/2013/04/05/celebrities-with-stage-fright_n_3022146.html (accessed October 21, 2017).

2. David K. Li, "Pope Francis Worked as a Nightclub Bouncer," *New York Post*, December 3, 2013, http://nypost.com/2013/12/03/pope-francis-i-worked-as-a-bouncer/ (accessed October 21, 2017); Michael Solomon, "Holy Rollers: Harley-Davidsons Owned by Pope Francis and Pope Benedict Sell at Auction," *Forbes*, February 11, 2015, https://www.forbes.com/sites/msolomon/2015/02/11/pope-francis-harley-davidson-auction-pope-benedict-xvi/#67287d453dee (accessed October 21, 2017).

3. Louise Wattis and Liz James, "Exploring Order and Disorder: Women's Experiences Balancing Work and Care," *European Journal of Women's Studies* 20 (2013): 264–78.

4. James A. Russell, "A Sceptical Look at Faces as Emotion Signals," in *The Expression of Emotion: Philosophical, Psychological, and Legal Perspectives*, eds. Catharine Abell and Joel Smith(New York: Cambridge University Press, 2016), 169.

5. Alice H. Eagly and Wendy Wood, "The Origins of Sex Differences in Human Behavior: Evolved Dispositions versus Social Roles," *American Psychologist* 54 (1999): 409. This issue is debated, though Alice Eagly has made a strong case over the years.

6. Christian Gollayan, "Bar Explains Why Female Bartenders Are Being Nice to You," *New York Post*, May 30, 2017, http://nypost.com/2017/05/30/bars-message-to-rude-drunk-dudes-goes-viral/ (accessed October 21, 2017).

7. Mark D. Alicke, Jennifer I. Zerbst, and Frank M. LoSchiavo, "Personal Attitudes,Constraint Magnitude, and Correspondence Bias," *Basic and Applied Social Psychology* 18(1996): 211–28.

8. Eagly and Wood, "Origins of Sex Differences in Human Behavior."

9. My students tell me that "damn" is not technically a swear word. I've checked, and the internet tends to agree.

10. "Do Teachers Swear?" Yahoo! Answers, 2017, https://answers.yahoo.com/question/index?qid=20080109030237AAsNziD (accessed October 21, 2017).

11. Elliot Aronson, *The Social Animal*, 8th ed. (New York: Worth, 1999), 165.

12. A. Pawlowski, "Strict Math Teacher's Secret Identity . . . as a Baby Cuddler," Today,February 27, 2014, http://www.today.com/health/strict-math-teachers-secret-identity-baby-cuddler-2D12172837 (accessed October 21, 2017).

13. Cuncic, "Shy Actors" ; Cuncic, "Shy Comedians" ; Jacobs, "Celebrities with Stage Fright."

14. Lee Ross and Richard E. Nisbett, *The Person and the Situation: Perspectives of Social Psychology* (London: Pinter & Martin, 2011); Richard E. Nisbett, *Mindware: Tools for Smart Thinking* (New York: Farrar, Straus, and Giroux, 2015).

15. Ryan Howes, "Why People Lie to Their Therapists: You Spend Time, Money,

and Energy in Therapy—So Why Not Tell the Truth?" *Psychology Today*, October 26, 2016,https://www.psychologytoday.com/blog/in-therapy/201610/why-people-lie-their-therapists(accessed October 21, 2017); Ryan Howes, "The World's Best Therapy Client: Trying Too Hard in Therapy," *Psychology Today*, April 1, 2011, https://www.psychologytoday.com/blog/in-therapy/201104/the-worlds-best-therapy-client (accessed October 21, 2017); Ryan Howes, "Say Anything: The Joy of Confronting Your Therapist," *Psychology Today*, July 17, 2008,https://www.psychologytoday.com/blog/in-therapy/200807/say-anything (accessed October 21, 2017).

16. 如果你认为，自己比其他教师有更优秀的非言语符号解读能力，即使你或许就是如此，但也要意识到高于平均水平效应。

17. "How to Behave in Class," wikiHow, 2017, http://www.wikihow.com/Behave-In-Class (accessed October 21, 2017).

18. Robert J. Coplan et al., "Is Silence Golden? Elementary School Teachers' Strategiesand Beliefs regarding Hypothetical Shy/Quiet and Exuberant/Talkative Children," *Journal of Educational Psychology* 103 (2011): 939–51.

19. "How to Be Smart and Cool at the Same Time," wikiHow, 2017, http://www.wikihow.com/Be-Smart-and-Cool-at-the-Same-Time (accessed October 21, 2017).

20. Rhonda S. Jamison, Travis Wilson, and Allison Ryan, "Too Cool for School? The Relationship between Coolness and Academic Reputation in Early Adolescence," *Social Development* 24 (2015): 384–403; Karolyn Tyson, William Darity Jr., and Domini R. Castellino, "It's Not 'a Black Thing': Understanding the Burden of Acting White and Other Dilemmas of High Achievement," *American Sociological Review* 70 (2005): 582–605.

21. Mary M. Reda, "What's the Problem with Quiet Students? Anyone? Anyone?" *Chronicle of Higher Education*, September 5, 2010, http://www.chronicle.com/article/Whats-the-Problem-With-Quiet/124258/ (accessed October 21, 2017).

22. Shankar Vedantam, "How Stereotypes Can Drive Women to Quit Science," NPR, July 12, 2012, http://www.npr.org/2012/07/12/156664337/stereotype-threat-why-women-quit-science-jobs (accessed October 21, 2017); Eileen Pollack, "Why Are There Still So Few Women in Science?" *New York Times*, October 3, 2013, http://www.nytimes.

com/2013/10/06/magazine/why-are-there-still-so-few-women-in-science.html (accessed October 21, 2017).

23. Deborah Hastings, "Engineering Student with No Female Friends Has All Male Bridesmaids," *Inside Edition*, May 22, 2017, http://www.msn.com/en-us/lifestyle/whats-hot/engineering-student-with-no-female-friends-has-all-male-bridesmaids/ar-BBBoUfZ?li=BBnbfcL&ocid=ASUDHP (accessed October 21, 2017).

24. Tyson, Darity, and Castellino, "It's Not 'a Black Thing,'" 582.

25. Claude M. Steele, "Race and the Schooling of Black Americans," *Atlantic Monthly*, April 1992, https://www.theatlantic.com/magazine/archive/1992/04/race-and-the-schooling-of-black-americans/306073/ (accessed October 28, 2017).

26. Tyson, Darity and Castellino, "It's Not 'a Black Thing,'" 594–95.

27. Reda, "What's the Problem with Quiet Students?"

28. "Alison Arngrim," tv.com, 2017, http://www.tv.com/people/alison-arngrim/trivia/(accessed October 21, 2017).

29. John H. Fleming and John M. Darley, "Actors and Observers Revisited: Correspondence Bias, Counterfactual Surprise, and Discounting in Successive Judgments of Constrained Behavior," *Social Cognition* 11 (1993): 367–97; Nurit Tal-Or and Yael Papirman, "The Fundamental Attribution Error in Attributing Fictional Figures' Characteristics to the Actors," *Media Psychology* 9 (2007): 331–45.

30. Leonard Nimoy, *I Am Not Spock* (Cutchogue, NY: Buccaneer, 1975).

31. John Patterson, "Aubrey Plaza: 'Things Take on a Different Meaning When Death Comes So Close,'" *Guardian*, August 4, 2016, https://www.theguardian.com/culture/2016/aug/04/aubrey-plaza-mike-dave-different-meaning-death-so-close (accessed October 21, 2017).

32. Lee D. Ross, Teresa M. Amabile, and Julia L. Steinmetz, "Social Roles, Social Control, and Biases in Social Perception Processes," *Journal of Personality and Social Psychology* 35 (1977):486–87.

33. Stephanie Jouffre and Jean-Claude Croizet, "Empowering and Legitimizing the Fundamental Attribution Error: Power and Legitimization Exacerbate the Translation of Role-Constrained Behaviors into Ability Differences," *European Journal of Social*

Psychology 46 (2016): 621–31.

34. Bertram Gawronski, "On Difficult Questions and Evident Answers: Dispositional Inference from Role-Constrained Behavior," *Personality and Social Psychology Bulletin* 29 (2003): 1457–75.

35. Ronald Humphrey, "How Work Roles Influence Perception: Structural Cognitive Processes and Organizational Behavior," *American Sociological Review* 50 (1985): 242–52. 经理和职员不会评价自己，而是会分别评价各自的同行。他们会根据性格特征而不是任何社会角色，做出相似的评价。

36. Amanda J. Koch, Susan D. D'Mello, and Paul R. Sackett, "A Meta-Analysis of Gender Stereotypes and Bias in Experimental Simulations of Employment Decision Making," *Journal of Applied Psychology* 100 (2015): 128–61; Pollack, "Why Are There Still So Few Women in Science?"

37. Janet M. Riggs, "Social Roles We Choose and Don't Choose: Impressions of Employed and Unemployed Parents," *Sex Roles* 39 (1998): 431–43.

38. Gawronski, "On Difficult Questions and Evident Answers," 1460.

39. Sabine Sczesny and Dagmar Stahlberg, "The Influence of Gender-Stereotyped Perfumes on Leadership Attribution," *European Journal of Social Psychology* 32 (2002): 815–28.

40. Katherine H. Karraker, Dena A. Vogel, and Margaret A. Lake, "Parents' Gender-Stereotyped Perceptions of Newborns: The Eye of the Beholder Revisited," *Sex Roles* 33 (1995):687–701; Laura S. Sidorowicz and G. S. Lunney, "Baby X Revisited," *Sex Roles* 6 (1980): 67–73; Marilyn Stern and Katherine H. Karraker, "Sex Stereotyping of Infants: A Review of Gender Labeling Studies," *Sex Roles* 20 (1989): 501–22.

41. 我没有想过要把那些将自己认定为跨性别的个体排除在外，但是研究人员确实不太了解跨性别角色。

42. Alice H. Eagly and Wendy Wood, "The Nature-Nurture Debates: 25 Years of Challenges in Understanding the Psychology of Gender," *Perspectives on Psychological Science* 8 (2013): 340, 351.

43. Claire C. Miller, "How to Raise a Feminist Son," *New York Times*, July 1, 2017, https://www.nytimes.com/2017/06/02/upshot/how-to-raise-a-feminist-son.html?ribbon-

ad-idx=22&rref=opinion&module=Ribbon&version=origin&region=Header&action=click&contentCollection=Opinion&pgtype=article&_r=0 (accessed October 21, 2017).

第六章　行车途中的基本归因错误

1. Sam Sommers, *Situations Matter: Understanding How Context Transforms Your World* (New York: Riverhead, 2011), 285–86.

2. Lisa Precht, Andreas Keinath, and Josef F. Krems, "Effects of Driving Anger on Driver Behavior: Results from Naturalistic Driving Data," *Transportation Research Part F* 45 (2017): 75–92.

3. J. L. Deffenbacher, A. N. Stephens, and M. J. M. Sullman, "Driving Anger as a Psychological Construct: Twenty Years of Research Using the Driving Anger Scale," *Transportation Research Part F* 42 (2016): 236–47; Thomas A. Dingus et al., "Driver Crash Risk Factors and Prevalence Evaluation Using Naturalistic Driving Data," *Proceedings of the National Academy of Sciences* 13 (2016): 2636–41; Leon James and Diane Nahl, *Road Rage and Aggressive Driving: Steering Clear of Highway Warfare* (Amherst, NY: Prometheus, 2000); Christine M. Wickens et al., "Driver Anger on the Information Superhighway: A Content Analysis of Online Complaints of Offensive Driver Behaviour," *Accident Analysis and Prevention* 51 (2013): 84–92.

4. Deffenbacher, Stephens, and Sullman, "Driving Anger" ; Dwight A. Hennessy, "Social, Personality, and Affective Constructs in Driving," in *Handbook of Traffic Psychology*, ed. Bryan E. Porter (San Diego: Academic Press, 2011), 149–63; Louis Mizell, "Aggressive Driving" (Washington, DC: AAA Foundation for Traffic Safety, 1997); Wickens et al., "Driver Anger on the Information Superhighway."

5. Clayton Neighbors, Nathaniel A. Vietor, and C. Raymond Knee, "A Motivational Model of Driving Anger and Aggression," *Personality and Social Psychology Bulletin* 28 (2002): 324–35.

6. Jennifer S. Lerner and Larissa Z. Tiedens, "Portrait of the Angry Decision Maker: How Appraisal Tendencies Shape Anger's Influence on Cognition," *Journal of Behavioral Decision Making* 19 (2006): 115–37.

7. James and Nahl, *Road Rage and Aggressive Driving*; Jennifer S. Lerner, Julie H.Goldberg, and Philip E. Tetlock, "Sober Second Thought: The Effects of Accountability, Anger, and Authoritarianism on Attributions of Responsibility," *Personality and Social Psychology Bulletin* 24 (1998): 563–74; Brian Parkinson, "Anger on and off the Road," *British Journal of Psychology* 92 (2001): 507–26; Christine M. Wickens et al., "Understanding Driver Anger and Aggression: Attributional Theory in the Driving Environment," *Journal of Experimental Psychology: Applied* 17 (2011): 354–70; Tingru Zhang and Alan H. S. Chan, "The Association between Driving Anger and Driving Outcomes: A Meta-Analysis of Evidence from the Past Twenty Years," *Accident Analysis and Prevention* 90 (2016): 50–62.

8. Mizell, "Aggressive Driving."

9. Frank Schultz, "UW-Whitewater Professors Examine Winter Driving," *Journal Sentinel*, November 30, 2014, http://archive.jsonline.com/news/wisconsin/uw-whitewater-professors-examine-winter-driving-b99399739z1-284275651.html (accesses July 23, 2017).

10. Karin Miller, "This Woman Had a Baby in Her Car on the Way to the Hospital: And That's More Common Than You'd Think," *Self*, May 4, 2016, http://www.self.com/story/this-woman-had-a-baby-in-her-car-on-the-way-to-the-hospital-and-thats-more-common-than-youd-think (accessed July 12, 2017).

11. Marisa Cuellar, "Baby Born in Car on Way to Marshfield Hospital," *Marshfield News-Herald*, September 25, 2014, http://www.marshfieldnewsherald.com/story/news/local/2014/09/24/baby-born-car-way-marshfield-hospital/16166131/ (accessed July 12, 2017).

12. "Baby Named Camryn After Toyota Camry," Nancy's Baby Names, August 17, 2010,http://www.nancy.cc/2010/08/17/baby-named-camryn-after-toyota-camry/ (accessed July 14,2017).

13. "Baby Named After Car She Was Born In," What Car?, November 19, 2009, https://www.whatcar.com/news/baby-named-car-she-born/ (accessed July 14, 2017).

14. Craig A. Anderson and Brad J. Bushman, "Human Aggression," *Annual Review of Psychology* 53 (2002): 27–51.

15. Thomas W. Britt and Michael J. Garrity, "An Integrative Model of Road Rage," *International Review of Social Psychology* 16 (2003): 53–79.

16. James R. Averill, "Studies on Anger and Aggression: Implications for Theories of Emotion," *American Psychologist* 38 (1983): 1145–60.

17. Frank P. McKenna, "Accident Proneness: A Conceptual Analysis," *Accident Analysis and Prevention 15* (1983): 65–71; Jerry I. Shaw and James A. McMartin, "Perpetrator or Victim? Effects of Who Suffers in an Automobile Accident on Judgemental Strictness," *Social Behavior and Personality* 3 (1975): 5–12.

18. James S. Baxter et al., "Attributional Biases and Driver Behaviour," *Social Behaviour* 5 (1990): 186.

19. Thaddeus A. Herzog, "Automobile Driving as Seen by the Actor, the Active Observer, and the Passive Observer," *Journal of Applied Social Psychology* 24 (1994): 2069.

20. Niki Harré, Theo Brandt, and Carla Houkamau, "An Examination of the Actor-Observer Effect in Young Drivers' Attributions for Their Own and Their Friends' Risky Driving," *Journal of Applied Social Psychology* 34 (2004): 806–24; Dwight A. Hennessy and Robert Jakubowski, "The Impact of Visual Perspective and Anger on the Actor-Observer Bias among Automobile Drivers," *Traffic Injury Prevention* 8 (2007): 115–22; Dwight A. Hennessy, Robert Jakubowski, and Alyson J. Benedetti, "The Influence of the Actor-Observer Bias on Attributions of Other Drivers," in *Contemporary Issues in Road User Behavior and Traffic Safety*, eds. Dwight A. Hennessy and David L. Wiesenthal (Hauppauge, NY: Nova Science Publishers, 2005), 13–20; Alexia Lennon et al., "'You're a Bad Driver but I Just Made a Mistake': Attribution Differences between the 'Victims' and 'Perpetrators' of Scenario-Based Aggressive Driving Incidents," *Transportation Research Part F* 14 (2011): 209–21; Tova Rosenbloom, Adar Ben Eliyahu, and Dan Nemrodov, "Causes of Traffic Accidents as Perceived by Pre-Driving Adolescents," *North American Journal of Psychology* 18 (2016): 533–50.

21. Anderson and Bushman, "Human Aggression"; Christopher R. Engelhardt and Bruce D. Bartholow, "Effects of Situational Cues on Aggressive Behavior," *Social and Personality Psychology Compass* 7 (2013): 762–74; Hennessy, "Social, Personality, and

Affective Constructs in Driving" ; David Myers, *Social Psychology,* 11th ed. (New York: McGraw Hill, 2013).

22. Anderson and Bushman, "Human Aggression," 38.

23. Redlantrn, "Smells Like Something Died in My Car . . . ," Acurazine forum post, April 9, 2009, https://acurazine.com/forums/3g-tl-problems-fixes-114/smells-like-something-died-my-car-720085/ (accessed August 2, 2017).

24. Hennessy, "Social, Personality, and Affective Constructs in Driving," 156.

25. Mizell, "Aggressive Driving."

26. Ibid.

27. Anderson and Bushman, "Human Aggression" ; Hennessy, "Social, Personality, and Affective Constructs in Driving" ; David C. Schwebel et al., "Individual Difference Factors in Risky Driving: The Roles of Anger/Hostility, Conscientiousness, and Sensation-Seeking," *Accident Analysis and Prevention* 38 (2006): 801–10.

28. Hennessy, "Social, Personality, and Affective Constructs in Driving," 156.

29. Kenneth A. Dodge, "Translational Science in Action: Hostile Attributional Style and the Development of Aggressive Behavior Problems," *Development and Psychopathology* 18 (2006): 791–814.

30. Hennessy, "Social, Personality, and Affective Constructs in Driving," 159.

31. Craig A. Anderson et al., "Violent Video Game Effects on Aggression, Empathy, and Prosocial Behavior in Eastern and Western Countries: A Meta-Analytic Review," *Psychological Bulletin* 136 (2010): 151–73; Brad J. Bushman, Mario Gollwitzer, and Carlos Cruz, "There Is Broad Consensus: Media Researchers Agree That Violent Media Increase Aggression in Children, and Pediatricians and Parents Concur," *Psychology of Popular Media Culture* 4 (2015): 200–14. And numerous others.

32. Bryan Gibson et al., "Just 'Harmless Entertainment' ? Effects of Surveillance Reality TV on Physical Aggression," *Psychology of Popular Media Culture* 5 (2016): 66–73.

33. 从克里斯托弗·弗格森（Christopher Ferguson）撰写的文章、出版的书和大众媒体采访中可以看出，他或许是从科学的角度批评大众对媒体暴力观点最严厉的学者。而弗格森做出稻草人论证，以及出于个人好恶攻击他人，也是证据确凿。但是，我承认，认定论证是“出于个人好恶”或是对他人的“攻击”，有些主观。我也承认激烈的辩论通常包含对双方的攻击。能够确定的是，我在弗格森最近发表的一篇文章中体会到，大众以“令人惊讶的挑衅态度”，用“出于个人好恶的评价”，反对弗格森的观点。但是我追溯了弗格森引述的两篇论文，他本计划用它们来说明大众出于个人好恶而评价自己，只是这两篇文献都未能完成这个任务。在一篇论文中，弗格森认为，维克多 · 斯特拉斯堡（Strasburger）及其同事把支持自己观点的“学者”类比成“否认纳粹大屠杀的人”，但是，事实证明，他们没有给学者贴这样的标签，而是对其中一部分非学术专家（或许，这仍旧是一件不光彩的事）。Christopher J. Ferguson and Eugene Beresin, “Social Science's Curious War with Pop Culture and How It Was Lost: The Media Violence Debate and the Risks It Holds for Social Science,” *Preventive Medicine* 99 (2017): 73; Victor C. Strasburger, Ed Donnerstein, and Brad J. Bushman, “Why Is It So Hard to Believe That Media Influence Children and Adolescents?” *Pediatrics* 133 (2014): 572

34. Arlin J. Benjamin Jr. and Brad J. Bushman, “The Weapons Priming Effect,” *Current Opinion in Psychology* 12 (2016): 45–48.

35. Craig A. Anderson, Arlin J. Benjamin, and Bruce D. Bartholow, “Does the Gun Pull the Trigger? Automatic Priming Effects of Weapon Pictures and Weapon Names,” *Psychological Science* 9 (1998): 308–14; Engelhardt and Bartholow, “Effects of Situational Cues on Aggressive Behavior.”

36. Daniel R. Stalder, “Another School Shooting: Consider the Weapons Effect,” PARBs Anonymous (blog), June 8, 2014, https://parbsanonymous.wordpress.com/2014/06/08/another-school-shooting-consider-the-weapons-effect/ (accessed August 2, 2017).

37. Engelhardt and Bartholow, “Effects of Situational Cues on Aggressive Behavior.”

38. Ibid.; William Pederson, “Are You Insulting Me? Exposure to Alcohol Primes Increases Aggression Following Ambiguous Provocation,” *Personality and Social Psychology Bulletin* 40(2014): 1037–49.

第七章　人际冲突：行车之外

1. Thomas F. Pettigrew, "The Ultimate Attribution Error: Extending Allport's Cognitive Analysis of Prejudice," *Personality and Social Psychology Bulletin* 5 (1979): 461–76.

2. Réjeanne Dupuis and C. W. Struthers, "The Effects of Social Motivational Training Following Perceived and Actual Interpersonal Offenses at Work," *Journal of Applied Social Psychology* 37 (2007): 426–56.

3. Philip Zimbardo, *The Lucifer Effect: Understanding How Good People Turn Evil* (New York: Random House, 2007).

4. Dupuis and Struthers, "The Effects of Social Motivational Training."

5. "Section 6. Training for Conflict Resolution," Community Tool Box, 2017, http://ctb. ku.edu/en/table-of-contents/implement/provide-information-enhance-skills/conflict-resolution/main (accessed August 3, 2017).

6. Birgit Schyns and Tiffany Hansbrough, "The Romance of Leadership Scale and Causal Attributions," *Journal of Applied Social Psychology* 42 (2012): 1870–86; Birgit Schyns and Tiffany Hansbrough, "Why the Brewery Ran Out of Beer: The Attribution of Mistakes in a Leadership Context," *Social Psychology* 39 (2008): 197–203.

7. L. V. Anderson, "Toward a Unified Theory of the Office Kitchen," *Slate*, July 27, 2016,http://www.slate.com/articles/business/the_ladder/2016/07/why_are_office_kitchens_so_filthy_and_disgusting.html (accessed August 3, 2017).

8. David Myers, *Social Psychology*, 11th ed. (New York: McGraw Hill, 2013), 485.

9. Dupuis and Struthers, "The Effects of Social Motivation Training" ; C. W. Struthers, Réjeanne Dupuis, and Judy Eaton, "Promoting Forgiveness among Co-Workers Following a Workplace Transgression: The Effects of Social Motivation Training," *Canadian Journal of Behavioural Science* 37 (2005): 299–308.

10. Valerie S. Folkes, "Consumer Reactions to Product Failure: An Attributional Approach," *Journal of Consumer Research* 10 (1984): 398–409; Valerie S. Folkes, Susan Koletsky, and John L. Graham, "A Field Study of Causal Inferences and Consumer Reaction: The View from the Airport," *Journal of Consumer Research* 13 (1987):

534–39.

11. Elizabeth Cowley, "Views from Consumers Next in Line: The Fundamental Attribution Error in a Service Setting," *Journal of the Academy of Marketing Science* 33 (2005): 139–52.

12. Brad Tuttle, "We Hate You Too: Pet Peeves from Consumers—and from Retail Workers," *Time*, August 24, 2010, http://business.time.com/2010/08/24/we-hate-you-too-pet-peeves-from-consumers-and-from-retail-workers/ (accessed August 3, 2017).

13. Brian Alexander, "Low Blood Sugar Tied to 'Hangry' Fights with Spouse," *Today*, April 14, 2014, http://www.today.com/health/low-blood-sugar-tied-hangry-fights-spouse-2D79526249 (accessed August 3, 2017).

14. Bernard Weiner, "Searching for Order in Social Motivation," *Psychological Inquiry* 7 (1996): 199–216.

15. 公正地说，这些作者的研究很少是简单的双变量相关性研究，而是更为复杂的共变关系分析，其中包括控制某些第三个变量的偏相关分析。虽然从严格意义上说，这些实验设计没有证明变量之间存在因果关系，但是确实离证明这个结果很近了。而且，这些作者有时也会引述做出真实实验的其他研究。

16. Clive Seligman et al., "Manipulating Attributions for Profit: A Field Test of the Effects of Attributions on Behavior," *Social Cognition* 3 (1985): 313–21.

17. Weiner, "Searching for Order."

18. Kenneth A. Dodge, "Social Cognition and Children's Aggressive Behavior," *Child Development* 51 (1980): 162–70.

19. Jason E. Plaks, Sheri R. Levy, and Carol S. Dweck, "Lay Theories of Personality: Cornerstones of Meaning in Social Cognition," *Social and Personality Psychology Compass* 3 (2009): 1069–81; David S. Yeager et al., "Implicit Theories of Personality and Attributions of Hostile Intent: A Meta-Analysis, an Experiment, and a Longitudinal Intervention," *Child Development* 84 (2013): 1651–67.

20. Myers, *Social Psychology*, 138.

21. Karl Ask and Pär A. Granhag, "Hot Cognition in Investigative Judgments: The Differential Influence of Anger and Sadness," *Law and Human Behavior* 31 (2007): 537–51; Karl Ask and Afroditi Pina, "On Being Angry and Punitive: How Anger Alters

Perception of Criminal Intent," *Social Psychological and Personality Science* 2 (2011), 494–99; Dacher Keltner, Phoebe C. Ellsworth, and Kari Edwards, "Beyond Simple Pessimism: Effects of Sadness and Anger on Social Perception," *Journal of Personality and Social Psychology* 64 (1993): 740–52.

第八章　谴责受害者行为

1. David Myers, *Social Psychology*, 11th ed. (New York: McGraw Hill, 2013), 131.

2. Juliana Breines, "Why Do We Blame Victims? When Others' Misfortune Feels Like a Threat," *Psychology Today*, November 24, 2013, https://www.psychologytoday.com/blog/in-love-and-war/201311/why-do-we-blame-victims (accessed August 8, 2017).

3. Brandon Smith, "Orlando Victims Died Because They Were Unarmed—Not Because They Were Gay," Alt-Market.com, June 15, 2016, http://alt-market.com/articles/2921-orlando-victims-died-because-they-were-unarmed-not-because-they-were-gay (accessed August 8, 2017).

4. M. J. Davis and T. N. French, "Blaming Victims and Survivors: An Analysis of Post-Katrina Print News Coverage," *Southern Communication Journal* 73 (2008): 243–57; Thomas Gilovich and Lee Ross, *The Wisest One in the Room: How You Can Benefit from Social Psychology's Most Powerful Insights* (New York: Free Press, 2015).

5. Peter Jamison, "These 8th-Graders from New Jersey Refused to Be Photographed with Paul Ryan," *Washington Post*, May 28, 2017, https://www.washingtonpost.com/politics/these-8th-graders-from-new-jersey-refused-to-be-photographed-with-paul-ryan/2017/05/28/ca46b116-43b9-11e7-bcde-624ad94170ab_story.html?utm_term=.b0c1a38bb752 (accessed August 8, 2017); Kelly Wallace, "Gorilla Tragedy: Why Are We So Quick to Blame the Parents?," CNN, June 1, 2016, http://www.cnn.com/2016/06/01/health/gorilla-tragedy-parenting-blame/ (accessed August 8, 2017).

6. Kees van den Bos and Marjolein Maas, "On the Psychology of the Belief in a Just World: Exploring Experiential and Rationalistic Paths to Victim Blaming," *Personality and Social Psychology Bulletin* 35 (2009): 1567–78; Carolyn L. Hafer and Laurent Bègue, "Experimental Research on Just-World Theory: Problems, Developments, and

Future Challenges," *Psychological Bulletin* 131 (2005): 128–67.

7. Thomas Gilovich and Richard Eibach, "The Fundamental Attribution Error Where It Really Counts," *Psychological Inquiry* 12 (2001): 23–26.

8. Warren J. Blumenfeld, "Why Do Christians Always Blame LGBT People for Natural Disasters?" *LGBTQ Nation*, October 12, 2016, https://www.lgbtqnation.com/2016/10/christians-always-blame-lgbt-people-natural-disasters/ (accessed July 23, 2017).

9. Kent D. Harber, Peter Podolski, and Christian H. Williams, "Emotional Disclosure and Victim Blaming," *Emotion* 15 (2015): 603.

10. Kathleen A. Fox and Carrie L. Cook, "Is Knowledge Power? The Effects of a Victimology Course on Victim Blaming," *Journal of Interpersonal Violence* 26 (2011): 3407–27; Harber, Podolski, and Williams, "Emotional Disclosure and Victim Blaming" ; Annemarie Loseman and Kees van den Bos, "A Self-Regulation Hypothesis of Coping with an Unjust World: Ego-Depletion and Self-Affirmation as Underlying Aspects of Blaming of Innocent Victims," *Social Justice Research* 25 (2012): 1–13.

11. Bernard Weiner, "Searching for Order in Social Motivation," *Psychological Inquiry* 7 (1996): 199–216; Hanna Zagefka et al., "Donating to Disaster Victims: Responses to Natural and Humanly Caused Events," *European Journal of Social Psychology* 41 (2011): 353–63.

12. Harber, Podolski, and Williams, "Emotional Disclosure and Victim Blaming."

13. Ellen Berscheid, David Boye, and Elaine Walster, "Retaliation as a Means of Restoring Equity," *Journal of Personality and Social Psychology* 10 (1968): 370–76; David C. Glass, "Changes in Liking as a Means of Reducing Cognitive Discrepancies between Self-Esteem and Aggression," *Journal of Personality* 32 (1964): 520–49.

14. Harber, Podolski, and Williams, "Emotional Disclosure and Victim Blaming" ; Melvin J. Lerner, *The Belief in a Just World: A Fundamental Delusion* (New York: Plenum, 1980).

15. Hafer and Bègue, "Experimental Research on Just-World Theory," 145; Melvin J.Lerner, "The Justice Motive: Where Social Psychologists Found It, How They Lost It, and Why They May Not Find It Again," *Personality and Social Psychology Review* 7

(2003): 388–99.

16. Hafer and Bègue, "Experimental Research on Just-World Theory."

17. Jennifer A. Whitson and Adam D. Galinsky, "Lacking Control Increases Illusory Pattern Perception," *Science* 322 (2008): 115–17.

18. Shelley E. Taylor, *Positive Illusions: Creative Self-Deception and the Healthy Mind* (New York: Basic Books, 1989).

19. Lerner, *Belief in a Just World*, 9.

20. Hafer and Bègue, "Experimental Research on Just-World Theory."

21. Whitson and Galinsky, "Lacking Control Increases Illusory Pattern Perception," 116.

22. Daniel R. Stalder, "Competing Roles for the Subfactors of Need for Closure in Committing the Fundamental Attribution Error," *Personality and Individual Differences* 47 (2009): 701–705.

23. Yamiche Alcindor, "Ben Carson Calls Poverty a 'State of Mind,' Igniting a Backlash," *New York Times*, May 25, 2017, https://www.nytimes.com/2017/05/25/us/politics/ben-carson-poverty-hud-state-of-mind.html (accessed August 8, 2017).

24. Emily Badger, "Does 'Wrong Mind-Set' Cause Poverty or Vice Versa?" *New York Times*, May 30, 2017, https://www.nytimes.com/2017/05/30/upshot/ben-carsons-thinking-and-how-poverty-affects-your-state-of-mind.html (accessed August 8, 2017).

25. "Obama's Own Story Defines His American Dream," NPR, May 30, 2012, http://www.npr.org/2012/05/30/153994202/obamas-own-story-defines-his-american-dream(accessed August 8, 2017).

26. 如果这些话是你支持所爱之人的方式的一部分，或者你惊讶于自己也曾经谴责过受害者，那么请原谅我。我只是提出了这一可能性。正如我所说的，这些话在一些情况下是有帮助的，而你知道肯定比我更了解自己所爱之人。

27. Carolyn Gregoire, "This Is Scientific Proof That Happiness Is a Choice," *HuffPost*,December 13, 2013, http://www.huffingtonpost.com/2013/12/09/scientific-proof-that-you_n_4384433.html (accessed August 8, 2017).

28. "Quotes about Victim Blaming," Goodreads, 2017, http://www.goodreads.com/quotes/tag/victim-blaming (accessed August 8, 2017).

29. Barbara S. Held, "The Tyranny of the Positive Attitude in America: Observation and Speculation," *Journal of Clinical Psychology* 58 (2002): 965–92.

30. Louis Mizell, "Aggressive Driving" (Washington, DC: AAA Foundation for Traffic Safety, 1997), 17.

31. Alexandra Brodsky, "Blame Rape's Enablers, Not the Victims," *New York Times*,October 23, 2013, http://www.nytimes.com/roomfordebate/2013/10/23/young-women-drinking-and-rape/blame-rapes-enablers-not-the-victims (accessed August 8, 2017).

32. Kayleigh Roberts, "The Psychology of Victim-Blaming," *Atlantic*, October 5, 2016,https://www.theatlantic.com/science/archive/2016/10/the-psychology-of-victim-blaming/502661/ (accessed August 8, 2017).

33. Mei-whei Chen, Thomas Froehle, and Keith Morran, "Deconstructing Dispositional Bias in Clinical Inference: Two Interventions," *Journal of Counseling and Development* 76(1997): 74–81; Yael Idisis, Sarah Ben-David, and Efrat Ben-Nachum, "Attribution of Blame to Rape Victims among Therapists and Non-Therapists," *Behavioral Sciences and the Law* 25 (2007): 103–20.

34. Karen Kleiman, "Lying in Therapy: Is It Self-Preservation or Intentional Manipulation?" *Psychology Today*, February 1, 2013, https://www.psychologytoday.com/blog/isnt-what-i-expected/201302/lying-in-therapy (accessed August 8, 2017); Gordon Shippey, "My Client, the Liar," Counselling Resource, January 4, 2011, http://counsellingresource.com/features/2011/01/04/my-client-the-liar/ (accessed August 8, 2017).

35. Joseph Burgo, "Lying to Our Clients," After Psychotherapy, April 12, 2013, http://www.afterpsychotherapy.com/lying-to-our-clients/ (accessed August 8, 2017).

36. Harber, Podolski, and Williams, "Emotional Disclosure and Victim Blaming."

37. John Barton, "The Great CBT Debate," John Barton Therapy (blog), November 18,2014, http://www.johnbartontherapy.com/blog/the-great-cbt-debate (accessed August 8,2017); William J. Lyddon and Robin Weill, "Cognitive Psychotherapy and Postmodernism: Emerging Themes and Challenges," *Journal of Cognitive Psychotherapy: An International Quarterly* 11 (1997): 75–90.

38. David D. Burns, *The Feeling Good Handbook* (New York: Plume, 1999), 77–78,314; Daniel R. Stalder, "It's Not the End of the World: Comforting but Illogical," PARBs Anonymous (blog), February 21, 2016, https://parbsanonymous.wordpress.com/2016/02/21/its-not-the-end-of-the-world-comforting-but-illogical/ (accessed August 9, 2017).

39. Karl Ask and Pär A. Granhag, "Hot Cognition in Investigative Judgments: The Differential Influence of Anger and Sadness," *Law and Human Behavior* 31 (2007): 537–51; Michael T. Moore and David M. Fresco, "Depressive Realism: A Meta-Analytic Review," *Clinical Psychology Review* 32 (2012): 496–509; John H. Yost and Gifford Weary, "Depression and the Correspondent Inference Bias: Evidence for More Effortful Cognitive Processing," *Personality and Social Psychology Bulletin* 22 (1996): 192–200.

40. Taylor, *Positive Illusions*; Shelley E. Taylor et al., "Are Self-Enhancing Cognitions Associated with Healthy or Unhealthy Biological Profiles?" *Journal of Personality and Social Psychology* 85 (2003): 605–15.

41. Timothy P. Baardseth et al., "Cognitive-Behavioral Therapy versus Other Therapies: Redux," *Clinical Psychology Review* 33 (2013): 395–405; Gro Janne H. Wergeland et al., "An Effectiveness Study of Individual vs. Group Cognitive Behavioral Therapy for Anxiety Disorders in Youth," *Behaviour Research and Therapy* 57 (2014): 1–12; Henny A. Westra and David J. A. Dozois, "Preparing Clients for Cognitive Behavioral Therapy: A Randomized Pilot Study of Motivational Interviewing for Anxiety," *Cognitive Therapy and Research* 30 (2006): 481–98.

第九章　个人因素也很重要

1. David Myers, *Social Psychology*, 11th ed. (New York: McGraw Hill, 2013).

2. Ibid.

3. Rachel Manning, Mark Levine, and Alan Collins, "The Kitty Genovese Murder and the Social Psychology of Helping: The Parable of the 38 Witnesses," *American Psychologist* 62 (2007): 555–62.

4. John M. Darley and Bibb Latané, "Bystander Intervention in Emergencies:

Diffusion of Responsibility," *Journal of Personality and Social Psychology* 8 (1968): 377–83.

5. Joachim I. Krueger, "A Componential Model of Situation Effects, Person Effects, and Situation-by-Person Interaction Effects on Social Behavior," *Journal of Research in Personality* 43 (2009): 127–36.

6. Ibid.; Scott O. Lilienfeld, "Further Sources of Our Field's Embattled Public Reputation," *American Psychologist* 67 (2012): 808–809.

7. "SITUATIONS MATTER by Sam Sommers," YouTube video, 2:46, posted by "RiverheadBooks," March 15, 2011, https://www.youtube.com/watch?v=90YC_yReluc (accessed August 18, 2017).

8. Sam Sommers, *Situations Matter: Understanding How Context Transforms Your World* (New York: Riverhead, 2011), 201. Sommers's ultimate message in his book did leave some room for the individual, though sometimes he didn't get to it until the ends of chapters. I will discuss more of Sommers's romance message later in this chapter.

9. "When Situations Not Personality Dictate Our Behaviour," PsyBlog, December 15, 2009, http://www.spring.org.uk/2009/12/when-situations-not-personality-dictate-our-behaviour.php (accessed August 18, 2017); Allen R. McConnell, "Paterno Surprise Reflects Ignoring the Power of the Situation," *Psychology Today*, November 10, 2011, https://www.psychologytoday.com/blog/the-social-self/201111/paterno-surprise-reflects-ignoring-the-power-the-situation (accessed August 18, 2017).

10. Leonard S. Newman and Daria A. Bakina, "Do People Resist Social-Psychological Perspectives on Wrongdoing? Reactions to Dispositional, Situational, and Interactionist Explanations," *Social Influence* 4 (2009): 256–73; Leonard S. Newman, Daria A. Bakina, and Ying Tang, "The Role of Preferred Beliefs in Skepticism about Psychology," *American Psychologist* 67 (2012): 805–806; Lilienfeld, "Further Sources of Our Field's Embattled Public Reputation" ; Daniel R. Stalder, "A Role for Social Psychology Instruction in Reducing Bias and Conflict," *Psychology Learning and Teaching* 11 (2012): 245–55.

11. Craig Haney and Philip G. Zimbardo, "Persistent Dispositionalism in Interactionist Clothing: Fundamental Attribution Error in Explaining Prison Abuse,"

Personality and Social Psychology Bulletin 35 (2009): 807; Philip G. Zimbardo, *The Lucifer Effect: Understanding How Good People Turn Evil* (New York: Random House, 2007).

12. Daniel R. Stalder, "Revisiting the Issue of Safety in Numbers: The Likelihood of Receiving Help from a Group," *Social Influence* 3 (2008): 24–33.

13. Manning, Levine, and Collins, "Kitty Genovese Murder."

14. Darley and Latané, "Bystander Intervention in Emergencies" ; Bibb Latané and Steve Nida, "Ten Years of Research on Group Size and Helping," *Psychological Bulletin* 89 (1981): 308–24. 约翰·达利和比布·拉塔内没有报告详细的概率值，但是比布·拉塔内和斯蒂夫·尼达为支持他们的研究而给出了详细的数值。

15. Latané and Nida, "Ten Years of Research on Group Size and Helping."

16. Stalder, "Revisiting the Issue of Safety in Numbers."

17. Robert C. MacCallum et al., "On the Practice of Dichotomization of Quantitative Variables," *Psychological Methods* 7 (2002): 19–40.

18. Arthur L. Beaman et al., "Increasing Helping Rates through Information Dissemination: Teaching Pays," *Personality and Social Psychology Bulletin* 4 (1978): 406–11.

19. Sommers, *Situations Matter*, 64–65. 除了萨默斯，其他作者已经指出，在通过电脑完成的交流中很有可能找到说明存在旁观者效应的证据。

20. Daniel R. Stalder, "Updating the Bystander-Effect Literature: The Return of Safety in Numbers" (presentation, Annual Convention of the Midwestern Psychological Association, Chicago, IL, May 5–7, 2011).

21. Cara Buckley, "Man Is Rescued by Stranger on Subway Tracks," *New York Times*, January 3, 2007, http://www.nytimes.com/2007/01/03/nyregion/03life.html (accessed August 19, 2017).

22. Scott O. Lilienfeld et al., *50 Great Myths of Popular Psychology: Shattering Widespread Misconceptions about Human Behavior* (Chichester, UK: Wiley-Blackwell, 2010).

23. Manning, Levine, and Collins, "The Kitty Genovese Murder."

24. Craig Haney, Curtis Banks, and Philip Zimbardo, "Interpersonal Dynamics in a

Simulated Prison," *International Journal of Criminology and Penology* 1 (1973): 69–97.

25. Joachim I. Krueger, "Lucifer's Last Laugh: The Devil Is in the Details," *American Journal of Psychology* 121 (2008): 338; Stephen Reicher and S. A. Haslam, "Rethinking the Psychology of Tyranny: The BBC Prison Study," *British Journal of Social Psychology* 45 (2006): 4.

26. Thomas Carnahan and Sam McFarland, "Revisiting the Stanford Prison Experiment: Could Participant Self-Selection Have Led to the Cruelty?" *Personality and Social Psychology Bulletin* 33 (2007): 603–14.

27. Ibid., 612.

28. Haney and Zimbardo, "Persistent Dispositionalism in Interactionist Clothing."

29. Jared M. Bartels, Marilyn M. Milovich, and Sabrina Moussier, "Coverage of the Stanford Prison Experiment in Introductory Psychology Courses: A Survey of Introductory Psychology Instructors," *Teaching of Psychology* 43 (2016): 136–41.

30. Myers, *Social Psychology*; Sommers, *Situations Matter*.

31. Donald G. Dutton and Arthur P. Aron, "Some Evidence for Heightened Sexual Attraction under Conditions of High Anxiety," *Journal of Personality and Social Psychology* 30 (1974): 510–17.

32. Tom Bartlett, "Does Familiarity Breed Contempt or Fondness," *Chronicle of Higher Education*, December 9, 2013, http://www.chronicle.com/blogs/percolator/does-familiaritybreed-contempt-or-fondness/33767 (accessed August 19, 2017).

33. Richard L. Moreland and Scott R. Beach, "Exposure Effects in the Classroom: The Development of Affinity among Students," *Journal of Experimental Social Psychology* 28 (1992): 255–76. 这项研究不是典型的基于实验设计的研究，因为实验参与者没有被随机分配到与同一位女演员处在不同的环境下，但是研究人员确实控制了多位女演员进入教室的频率，而且不同女演员的吸引力也事先调整至相似水平。

34. Sommers, *Situations Matter*, 209.

35. Shelley E. Taylor, *Positive Illusions: Creative Self-Deception and the Healthy Mind* (New York: Basic Books, 1989), 135.

36. Stephen J. Blumberg and David H. Silvera, "Attributional Complexity and

Cognitive Development: A Look at the Motivational and Cognitive Requirements for Attribution," *Social Cognition* 16 (1998): 253–66; Lou E. Hicks, "Is There a Disposition to Avoid the Fundamental Attribution Error?" *Journal of Research in Personality* 19 (1985): 436–56; Daniel R. Stalder, "Does Logic Moderate the Fundamental Attribution Error?" *Psychological Reports* 86 (2000): 879–82.

37. Paul R. D' Agostino and Rebecca Fincher-Kiefer, "Need for Cognition and the Correspondence Bias," *Social Cognition* 10 (1992): 151–63.

38. Whitney L. Heppner et al., "Mindfulness as a Means of Reducing Aggressive Behavior: Dispositional and Situational Evidence," *Aggressive Behavior* 34 (2008): 486–96.

39. Nurit Tal-Or and Yael Papirman, "The Fundamental Attribution Error in Attributing Fictional Figures' Characteristics to the Actors," *Media Psychology* 9 (2007): 331–45.

40. Dale T. Miller, Stephen A. Norman, and Edward Wright, "Distortion in Person Perception as a Consequence of the Need for Effective Control," *Journal of Personality and Social Psychology* 36 (1978): 598–607; Daniel R. Stalder, "Competing Roles for the Subfactors of Need for Closure in Committing the Fundamental Attribution Error," *Personality and Individual Differences* 47 (2009): 701–705.

41. Garth J. O. Fletcher et al., "Attributional Complexity: An Individual Difference Measure," *Journal of Personality and Social Psychology* 51 (1986): 875–84.

42. Garth J. O. Fletcher, Glenn D. Reeder, and Vivian Bull, "Bias and Accuracy in Attitude Attribution: The Role of Attributional Complexity," *Journal of Experimental Social Psychology* 26 (1990): 275–88.

43. Daniel R. Stalder, "Are Attributionally Complex Individuals More Prone to Attributional Bias?" (presentation, Annual Convention of the Midwestern Psychological Association, Chicago, IL, May 1–3, 2014). 可以告诉好奇的读者，在我的元分析研究中，高归因情结（高归因复杂性）与基本归因错误之间关系的标准化均差的平均值是 0.18。而且，同一个元分析结果发现，虽然具有高归因情结的个体很容易出现自利偏误，但是不太容易出现利群偏差，而且始终如此。高归因情结个体是一个有意思的群组。

44. Chi-yue Chiu, Ying-yi Hong, and Carol S. Dweck, "Lay Dispositionism and Implicit Theories of Personality," *Journal of Personality and Social Psychology* 73 (1997): 19–30; Carolyn L. Hafer and Laurent Bègue, "Experimental Research on Just-World Theory: Problems, Developments, and Future Challenges," *Psychological Bulletin* 131 (2005): 128–67; Yexin J. Li et al., "Fundamental(ist) Attribution Error: Protestants Are Dispositionally Focused," *Journal of Personality and Social Psychology* 102 (2012): 281–90; Charles G. Lord et al., "Leakage Beliefs and the Correspondence Bias," *Personality and Social Psychology Bulletin* 23 (1997): 824–36; Linda J. Skitka et al., "Dispositions, Scripts, or Motivated Correction? Understanding Ideological Differences in Explanations for Social Problems," *Journal of Personality and Social Psychology* 83 (2002): 470–87.

45. Daniel T. Gilbert and Patrick S. Malone, "The Correspondence Bias," *Psychological Bulletin* 117 (1995): 21–38; Kimberly J. Duff and Leonard S. Newman, "Individual Differences in the Spontaneous Construal of Behavior: Idiocentrism and the Automatization of the Trait Inference Process," *Social Cognition* 15 (1997): 217–41; Takahiko Masuda and Shinobu Kitayama, "Perceiver-Induced Constraint and Attitude Attribution in Japan and the US: A Case for the Cultural Dependence of the Correspondence Bias," *Journal of Experimental Social Psychology* 40 (2004): 409–16.

46. Fredda Blanchard-Fields and Michelle Horhota, "Age Differences in the Correspondence Bias: When a Plausible Explanation Matters," *Journal of Gerontology: Psychological Sciences* 60B (2005): 259–67.

47. Igor Grossmann and Michael E. W. Varnum, "Social Class, Culture, and Cognition," *Social Psychological and Personality Science* 2 (2011): 81–89; Michael W. Kraus, Paul K. Piff, and Dacher Keltner, "Social Class, Sense of Control, and Social Explanation," *Journal of Personality and Social Psychology* 97 (2009): 992–1004.

48. Jack Block and David C. Funder, "Social Roles and Social Perception: Individual Differences in Attribution and Error," *Journal of Personality and Social Psychology* 51 (1986): 1200–207; Liz Goldenberg and Joseph P. Forgas, "Can Happy Mood Reduce the Just World Bias? Affective Influences on Blaming the Victim," *Journal of Experimental Social Psychology* 48 (2012): 239–43; Joseph P. Forgas, "On Being

Happy and Mistaken: Mood Effects on the Fundamental Attribution Error," *Journal of Personality and Social Psychology* 75 (1998): 318–31; Daniel R. Stalder and Jessica A. Cook, "On Being Happy and Mistaken on a Good Day: Revisiting Forgas's (1998) Mood-Bias Result," *Journal of Social Psychology* 154 (2014): 371–74.

第十章　认知偏差的利与弊

1. Faith H. Brynie, *Brain Sense: The Science of the Senses and How We Process the World around Us* (New York: AMACOM, 2009); Thomas Gilovich and Lee Ross, *The Wisest One in the Room: How You Can Benefit from Social Psychology's Most Powerful Insights* (New York: Free Press, 2015).

2. Daniel R. Stalder, "The Bias Myth: Bias Is All Bad," PARBs Anonymous (blog), June 3, 2015, https://parbsanonymous.wordpress.com/2015/06/03/the-bias-myth-bias-is-all-bad/ (accessed September 2, 2017); R. W. Sternglanz and Bella M. DePaulo, "Reading Nonverbal Cues to Emotions: The Advantages and Liabilities of Relationship Closeness," *Journal of Nonverbal Behavior* 28 (2004): 245–66.

3. Anjelica Oswald, "Even Rockstar Author J. K. Rowling Has Received Letters of Rejection," *Business Insider*, July 29, 2016, http://www.businessinsider.com/jk-rejection-letters-2016-7 (accessed September 2, 2017). Of course, many persevering authors' manuscripts are never published.

4. David S. Greenawalt and Adele M. Hayes, "Is Past Depression or Current Dysphoria Associated with Social Perception?" *Journal of Social and Clinical Psychology* 31 (2012): 329–55; Michael T. Moore and David M. Fresco, "Depressive Realism: A Meta-Analytic Review," *Clinical Psychology Review* 32 (2012): 496–509.

5. Shelley E. Taylor, *Positive Illusions: Creative Self-Deception and the Healthy Mind* (New York: Basic Books, 1989); Shelley E. Taylor et al., "Psychological Resources, Positive Illusions, and Health," *American Psychologist* 55 (2000): 99–109; Shelley E. Taylor et al., "Are Self-Enhancing Cognitions Associated with Healthy or Unhealthy Biological Profiles?" *Journal of Personality and Social Psychology* 85 (2003): 605–15. A primary critique was written by C. R. Colvin and Jack Block, "Do Positive Illusions

Foster Mental Health? An Examination of the Taylor and Brown Formulation," *Psychological Bulletin* 116 (1994): 3–20.

6. Shelley E. Taylor et al., "Portrait of the Self-Enhancer: Well Adjusted and Well Liked or Maladjusted and Friendless?" *Journal of Personality and Social Psychology* 84 (2003): 174.

7. Ibid.

8. Daniel T. Gilbert and Patrick S. Malone, "The Correspondence Bias," *Psychological Bulletin* 117 (1995): 34.

9. Mei-whei Chen, Thomas Froehle, and Keith Morran, "Deconstructing Dispositional Bias in Clinical Inference: Two Interventions," *Journal of Counseling and Development* 76 (1997): 74–81.

10. David Myers, *Social Psychology*, 11th ed. (New York: McGraw Hill, 2013), 291.

11. Lissa Rankin, "The Nocebo Effect: Negative Thoughts Can Harm Your Health," *Psychology Today*, August 6, 2013, https://www.psychologytoday.com/blog/owning-pink/201308/the-nocebo-effect-negative-thoughts-can-harm-your-health (accessed September 2, 2017); Sternglanz and DePaulo, "Reading Nonverbal Cues to Emotions."

12. Gilbert and Malone, "Correspondence Bias," 35.

13. Daniel R. Stalder, "Using Social Psychology Instruction to Reduce Bias, Defensiveness, and Conflict" (presentation, Annual Teaching Institute of the Association for Psychological Science and Society for the Teaching of Psychology, Chicago, IL, May 22–25, 2008).

14. Earl Hunt, "Situational Constraints on Normative Reasoning," *Behavioral and Brain Sciences* 23 (2000): 680.

15. James Friedrich, "On Seeing Oneself as Less Self-Serving than Others: The Ultimate Self-Serving Bias?" *Teaching of Psychology* 23 (1996): 107–109; Emily Pronin, Daniel Y. Lin, and Lee Ross, "The Bias Blind Spot: Perceptions of Bias in Self versus Others," *Personality and Social Psychology Bulletin* 28 (2002): 369–81; Daniel R. Stalder, "A Role for Social Psychology Instruction in Reducing Bias and Conflict," *Psychology Learning and Teaching* 11 (2012): 245–55.

16. Gilovich and Ross, *Wisest One in the Room.*

17. Kathleen A. Fox and Carrie L. Cook, "Is Knowledge Power? The Effects of a Victimology Course on Victim Blaming," *Journal of Interpersonal Violence* 26 (2011): 3407–27; Scott O. Lilienfeld, Rachel Ammirati, and Kristin Landfield, "Giving Debiasing Away: Can Psychological Research on Correcting Cognitive Errors Promote Human Welfare?" *Perspectives on Psychological Science* 4 (2009): 393; Heidi R. Riggio and Amber L. Garcia, "The Power of Situations: Jonestown and the Fundamental Attribution Error," *Teaching of Psychology* 36 (2009): 108–12; Stalder, "Role for Social Psychology Instruction."

18. Leonard S. Newman and Daria A. Bakina, "Do People Resist Social-Psychological Perspectives on Wrongdoing? Reactions to Dispositional, Situational, and Interactionist Explanations," *Social Influence* 4 (2009): 256–73; Ying Tang, Leonard S. Newman, and Lihui Huang, "How People React to Social-Psychological Accounts of Wrongdoing: The Moderating Effects of Culture," *Journal of Cross-Cultural Psychology* 45 (2014): 752–63.

19. Vincent Y. Yzerbyt et al., "The Dispositional Inference Strikes Back: Situational Focus and Dispositional Suppression in Causal Attribution," *Journal of Personality and Social Psychology* 81 (2001): 365–76.

20. Stalder, "Role for Social Psychology Instruction."

21. Gilovich and Ross, *Wisest One in the Room*, 70.

22. "Author Malcolm Gladwell on His Best-Selling Books," interview by Anderson Cooper, 60 Minutes Overtime, November 24, 2013, video, http://www.cbsnews.com/news/ author-malcolm-gladwell-on-his-best-selling-books/ (accessed July 25, 2017).

23. Jerry M. Burger, "Changes in Attributions over Time: The Ephemeral Fundamental Attribution Error," *Social Cognition* 9 (1991): 182–93.

24. Didier Truchot, Gwladys Maure, and Sonia Patte, "Do Attributions Change over Time When the Actor's Behavior Is Hedonically Relevant to the Perceiver," *Journal of Social Psychology* 143 (2003): 202–208.

25. Gilbert and Malone, "Correspondence Bias."

26. Daniel T. Gilbert et al., "Blurry Words and Fuzzy Deeds: The Attribution of Obscure Behavior," *Journal of Personality and Social Psychology* 62 (1992): 18–25.

27. Jennifer S. Lerner and Philip E. Tetlock, "Accounting for the Effects of Accountability," *Psychological Bulletin* 125 (1999): 255–75; Philip E. Tetlock, "Accountability: A Social Check on the Fundamental Attribution Error," *Social Psychology Quarterly* 48 (1985): 227–36.

28. Sean Illing, "Why We Pretend to Know Things, Explained by Cognitive Scientist," *Vox*, April 16, 2017, http://www.vox.com/conversations/2017/3/2/14750464/truth-facts-psychology-donald-trump-knowledge-science (accessed September 2, 2017).

29. Mark Schaller et al., "Training in Statistical Reasoning Inhibits the Formation of Erroneous Group Stereotypes," *Personality and Social Psychology Bulletin* 22 (1996): 829–44.

30. Joseph P. Forgas, "On Being Happy and Mistaken: Mood Effects on the Fundamental Attribution Error," *Journal of Personality and Social Psychology* 75 (1998): 318–31; Daniel R. Stalder and Jessica A. Cook, "On Being Happy and Mistaken on a Good Day: Revisiting Forgas's (1998) Mood-Bias Result," *Journal of Social Psychology* 154 (2014): 371–74; John H. Yost and Gifford Weary, "Depression and the Correspondent Inference Bias: Evidence for More Effortful Cognitive Processing," *Personality and Social Psychology Bulletin* 22 (1996): 192–200.

31. Liz Goldenberg and Joseph P. Forgas, "Can Happy Mood Reduce the Just World Bias? Affective Influences on Blaming the Victim," *Journal of Experimental Social Psychology* 48 (2012): 239–43.

32. Annemarie Loseman and Kees van den Bos, "A Self-Regulation Hypothesis of Coping with an Unjust World: Ego-Depletion and Self-Affirmation as Underlying Aspects of Blaming of Innocent Victims," *Social Justice Research* 25 (2012): 1–13.

33. Kent D. Harber, Peter Podolski, and Christian H. Williams, "Emotional Disclosure and Victim Blaming," *Emotion* 15 (2015): 604.

34. Chen, Froehle, and Morran, "Deconstructing Dispositional Bias in Clinical Inference."

35. David Aderman, Sharon S. Brehm, and Lawrence B. Katz, "Empathic Observation of an Innocent Victim: The Just World Revisited," *Journal of Personality and Social Psychology* 29 (1974): 342–47.

36. Theresa K. Vescio, Gretchen B. Sechrist, and Matthew P. Paolucci, "Perspective Taking and Prejudice Reduction: The Mediational Role of Empathy Arousal and Situational Attributions," *European Journal of Social Psychology* 33 (2003): 455–72.

37. Mariëlle Stel, Kees van den Bos, and Michèlle Bal, "On Mimicry and the Psychology of the Belief in a Just World: Imitating the Behaviors of Others Reduces the Blaming of Innocent Victims," *Social Justice Research* 25 (2012): 14–24.

38. Seiji Takaku, "The Effects of Apology and Perspective Taking on Interpersonal Forgiveness: Introducing a Dissonance-Attribution Model of Interpersonal Forgiveness," *Journal of Social Psychology* 141 (2001): 494–508; Seiji Takaku, "Reducing Road Rage: An Application of the Dissonance-Attribution Model of Interpersonal Forgiveness," *Journal of Applied Social Psychology* 36 (2006): 2362–78.

39. Jon Kabat-Zinn, *Wherever You Go There You Are: Mindfulness Meditation in Everyday Life* (New York: Hyperion, 1994).

40. Jennifer Block-Lerner et al., "The Case for Mindfulness-Based Approaches in the Cultivation of Empathy: Does Nonjudgmental, Present-Moment Awareness Increase Capacity for Perspective-Taking and Empathic Concern?" *Journal of Marital and Family Therapy* 33 (2007): 501–16.

41. Tim Hopthrow et al., "Mindfulness Reduces the Correspondence Bias," *Quarterly Journal of Experimental Psychology* 70 (2017): 351–60.

42. J. D. Creswell, "Mindfulness Interventions," *Annual Review of Psychology* 68 (2017): 491–516.

43. "Raisin Meditation," Greater Good in Action, 2017, http://ggia.berkeley.edu/practice/raisin_meditation (accessed September 2, 2017). Also try entering "raisin meditation" on YouTube.

44. Pema Chödrön, *Comfortable with Uncertainty: 108 Teachings on Cultivating Fearlessness and Compassion* (Boston: Shambhala, 2002); Jamie Holmes, *Nonsense: The Power of Not Knowing* (New York: Crown, 2015).

45. Daniel R. Stalder, "How to Reduce Biases: Accept Uncertainty," PARBs Anonymous (blog), March 23, 2015, https://parbsanonymous.wordpress.com/2015/03/23/how-to-reduce -biases-accept-uncertainty/ (accessed September 2, 2017).

46. Jason E. Plaks, Sheri R. Levy, and Carol S. Dweck, "Lay Theories of Personality: Cornerstones of Meaning in Social Cognition," *Social and Personality Psychology Compass* 3 (2009): 1069–81.

47. Adrienne Shaw et al., "Serious Efforts at Bias Reduction: The Effects of Digital Games and Avatar Customization on Three Cognitive Biases," *Journal of Media Psychology*, May 20, 2016, https://doi.org/10.1027/1864-1105/a000174 (accessed September 2, 2017).

48. Chi-yue Chiu, Ying-yi Hong, and Carol S. Dweck, "Lay Dispositionism and Implicit Theories of Personality," *Journal of Personality and Social Psychology* 73 (1997): 19–30.

49. "Resources for Teaching Growth Mindset," Edutopia, January 5, 2016, https://www.edutopia.org/article/growth--resources (accessed September 2, 2017).

50. Jesse Chandler and Norbert Schwarz, "How Extending Your Middle Finger Affects Your Perception of Others: Learned Movements Influence Concept Accessibility," *Journal of Experimental Social Psychology* 45 (2009): 123–28; Myers, *Social Psychology*; Simone Schnall and James D. Laird, "Keep Smiling: Enduring Effects of Facial Expressions and Postures on Emotional Experience and Memory," *Cognition and Emotion* 17 (2003): 787.

51. Manizeh Khan and Meredyth Daneman, "How Readers Spontaneously Interpret Man-Suffix Words: Evidence from Eye Movements," *Journal of Psycholinguistic Research* 40 (2011): 351–66.

52. Elizabeth F. Loftus and John C. Palmer, "Reconstruction of Automobile Destruction: An Example of the Interaction between Language and Memory," *Journal of Verbal Learning and Verbal Behavior* 13 (1974): 585–89.

53. Klaus Fiedler and Tobias Krüger, "Language and Attribution: Implicit Causal and Dispositional Information Contained in Words," in *The Oxford Handbook of Language and Social Psychology*, ed. Thomas M. Holtgraves (New York: Oxford University Press, 2014), 250–64.

54. Gün R. Semin and Christianne J. De Poot, "The Question-Answer Paradigm: You Might Regret Not Noticing How a Question Is Worded," *Journal of Personality and*

Social Psychology 73 (1997): 472–80.

结语 理性的幸福

1. Barnaby D. Dunn, "Helping Depressed Clients Reconnect to Positive Emotion Experience: Current Insights and Future Directions," *Clinical Psychology and Psychotherapy* 19 (2012): 326–40; Catherine J. Harmer, Guy M. Goodwin, and Philip J. Cowen, "Why Do Antidepressants Take So Long to Work? A Cognitive Neuropsychological Model of Antidepressant Drug Action," *British Journal of Psychiatry* 195 (2009): 102–108.

2. Alexander Pope, as quoted in Jonathan Swift, *Swift's Miscellanies* (1727). The quote from Socrates might be apocryphal.

3. Jordi Quoidbach, Moïra Mikolajczak, and James J. Gross, "Positive Interventions: An Emotion Regulation Perspective," *Psychological Bulletin* 141 (2015): 655–93.